智慧图书馆建设与服务创新研究

王晓燕 著

天津出版传媒集团

天津科学技术出版社

图书在版编目(CIP)数据

智慧图书馆建设与服务创新研究 / 王晓燕著. -- 天津 : 天津科学技术出版社, 2024.1
ISBN 978-7-5742-1767-6

Ⅰ.①智… Ⅱ.①王… Ⅲ.①数字图书馆－图书馆服务－研究 Ⅳ.①G250.76

中国国家版本馆CIP数据核字(2024)第043951号

智慧图书馆建设与服务创新研究
ZHIHUI TUSHUGUAN JIANSHE YU FUWU CHUANGXIN YANJIU

责任编辑：刘　鸫

责任印制：兰　毅

出　　版：	天津出版传媒集团 天津科学技术出版社
地　　址：	天津市西康路35号
邮　　编：	300051
电　　话：	（022）23332377
网　　址：	www.tjkjcbs.com.cn
发　　行：	新华书店经销
印　　刷：	河北万卷印刷有限公司

开本 710×1000　1/16　印张 17　字数 220 000
2024年1月第1版第1次印刷
定价：98.00元

前言 preface

科技的发展总是与时代的进步相互交织，推动着社会的发展。图书馆，作为社会文化记忆的重要载体，也必须顺应这一潮流。面对大数据、人工智能、云计算等科技发展的浪潮，图书馆的运行模式、服务方式以及社会角色都发生了深刻的变化。传统的图书馆服务已经无法满足现代社会的需求，因此，图书馆必须进行创新，才能适应新的挑战，满足读者的需求。智慧图书馆代表了图书馆发展的新阶段和未来方向，它在网络图书馆、虚拟图书馆和数字图书馆的基础上进一步演变，实现了技术和图书馆服务的更高层次的融合。智慧图书馆具有全面感知、互联互通、绿色发展等特点，不仅是对新技术的应用，更是对传统图书馆模式的升级和创新。

鉴于此，笔者撰写了本书，其理论意义和实践价值自是不言而喻。本书在内容编排上共设了八章，各章节内容如下。

第一章主要界定了智慧图书馆的相关概念，梳理了智慧图书馆的演进发展，介绍了智慧图书馆的特征与功能，阐述了智慧图书馆的实现载体与主要构成，为后续的讨论和研究奠定良好基础。

第二章深入探讨了智慧图书馆建设的理论基础，首先论述了智慧图书馆的基本架构与应用系统建设，其次阐述了智慧图书馆建设的目标与内容，最后分析了智慧图书馆建设的原则。这部分的论述为智慧图书馆的有效性建设奠定了坚实的理论基础。

第三章主要论述了四项有代表性的新兴技术在智慧图书馆建设中的应用，包括物联网技术、人工智能技术、大数据技术、云计算技术，在介绍各项新兴技术的同时强调了其在智慧图书馆建设中的作用，为智慧图书馆的进一步建设提供强大的技术支撑。

第四章以医院图书馆为例，从馆藏角度对智慧图书馆建设进行了深入的探讨。本章首先介绍了馆藏建设相关理论，其次阐述了智慧医院图书馆馆藏建设过程中应遵循的原则与要求，最后分析了智慧医院图书馆馆藏建设的组织与管理，对于智慧图书馆馆藏建设具有一定的参考意义。

第五章以医院图书馆为例，从馆员建设入手，论述了智慧图书馆的建设。本章明确了智慧医院图书馆馆员的角色定位，分析了智慧医院图书馆馆员的甄选与聘用，并阐述了智慧医院图书馆馆员的考核和激励，最后探讨了智慧医院图书馆人力资源的开发。

第六章以医院图书馆为例，着眼于电子资源角度，对智慧图书馆建设展开了全面研讨。本章论述了图书馆电子资源的相关理论，阐述了智慧医院图书馆电子资源绩效评价，并全方位阐述了智慧医院图书馆电子资源管理系统的建设。

第七章在介绍智慧图书馆基础服务的基础上，提出了三个具有创新性的智慧图书馆服务模式，包括知识服务模式、移动服务模式、嵌入式学科服务模式，以推动智慧图书馆服务的创新性发展。

第八章从管理与服务相融合的角度出发，论述了"以人为本"管理与服务的融合发展，提供了几个开拓智慧图书馆网络信息服务的新方法，提出了智慧图书馆管理与服务能力提升的实现路径，为智慧图书馆管理与服务的创新发展提供支撑。

由于笔者知识和水平有限，书中错漏之处在所难免，恳请各位领导、专家、同行及读者们多提宝贵意见，以便不断改进与完善。

目录 contents

第一章 概述 / 001

 第一节　智慧图书馆的概念阐释　/　001
 第二节　智慧图书馆的演进发展　/　009
 第三节　智慧图书馆的特征与功能　/　014
 第四节　智慧图书馆的实现载体与主要构成　/　029

第二章 智慧图书馆建设的理论之基 / 036

 第一节　智慧图书馆的基本架构与应用系统建设　/　036
 第二节　智慧图书馆建设的目标与内容　/　055
 第三节　智慧图书馆建设的原则　/　069

第三章 新兴技术在智慧图书馆建设中的应用 / 073

 第一节　物联网技术的应用　/　073
 第二节　人工智能技术的应用　/　096
 第三节　大数据技术的应用　/　112
 第四节　云计算技术的应用　/　129

第四章 智慧图书馆馆藏建设——以医院图书馆为例 / 135

 第一节　馆藏建设概述　/　135

第二节　智慧医院图书馆馆藏建设的原则与要求　/　138

第三节　智慧医院图书馆馆藏建设的组织与管理　/　144

第五章　智慧图书馆馆员的建设——以医院图书馆为例　/　155

第一节　智慧时代医院图书馆馆员的角色定位　/　155

第二节　智慧医院图书馆馆员的甄选与聘用　/　162

第三节　智慧医院图书馆馆员的考核与激励　/　169

第四节　智慧医院图书馆人力资源的开发　/　184

第六章　智慧图书馆电子资源的建设——以医院图书馆为例　/　192

第一节　图书馆电子资源概述　/　192

第二节　智慧医院图书馆电子资源绩效评价　/　198

第三节　智慧医院图书馆电子资源管理系统的建设　/　204

第七章　智慧图书馆的基础服务与模式创新　/　212

第一节　智慧图书馆的基础服务　/　212

第二节　智慧图书馆知识服务模式　/　218

第三节　智慧图书馆移动服务模式　/　225

第四节　智慧图书馆嵌入式学科服务模式　/　234

第八章　智慧时代图书馆管理与服务创新的融合之道　/　242

第一节　以人为本管理与服务的融合发展　/　242

第二节　开拓智慧图书馆网络信息服务新方法　/　249

第三节　智慧图书馆管理与服务能力提升的实现路径　/　256

参考文献　/　262

第一章 概述

第一节 智慧图书馆的概念阐释

一、图书馆的根本宗旨

图书馆的历史悠久,与人类文明的发展历程紧密相连,最早的图书馆距今已有大约 2 800 年的历史。对于古代图书馆、近代图书馆与现代图书馆的区分,关键标准并不是文献载体形式和信息内容,也不是管理模式和信息技术,而是图书馆的办馆理念与宗旨。办馆理念和宗旨反映了图书馆在社会发展历程中所扮演的角色,以及社会对图书馆功能的期待和需要,是图书馆历史演变的核心组成部分,也是人类研究和理解图书馆历史的关键。

关于"宗旨"这一词语的概念,《汉语大词典》中有如下释义。①佛教的教义。佛教一般于解释经论时,多称旨趣为宗旨或宗趣。后多指主要的目的和意图。②主要的思想和意图。这是现在使用频率较高的一个释义。显而易见,图书馆的办馆宗旨就是图书馆工作的主要思想和意图。①

现代图书馆的根本宗旨已经得到了许多学者的深度探讨和阐述。张海波提出,在各种各样的图书馆服务中,面向读者的服务工作是极其重要的,是图书馆的第一道防线。②周聪、张德林认为,一切为了读者,是所有图书馆工作的出发点和终点。读者工作效果的优劣,是衡量一个图书馆成功与否的重要标志。③陈慧香、邵波认为,为读者服务,是图书馆的永恒宗旨,无论时代如何变迁,图书馆都应秉持这一宗旨。④杜亮、朱广智指出,图书馆的根本宗旨应该是"以人为本",这意味着图书馆应该把满足读者需求和提供优质服务作为自己的立足点和归宿。无论是在服务的具体实施,还是在决策的制定过程中,都应以人的需求和利益为核心。⑤

部分高校图书馆在其图书馆简介或馆长寄语中也强调了为读者服务的观点,如北京大学图书馆的"用户至上,服务至上";清华大学图书馆的"以读者为中心,以服务为主导";南开大学图书馆的"读者至上,服务为本",都体现了高校图书馆对于服务理念的一致认同,这些宗旨都以读者为中心,确立了服务的重要地位。郝艳艳认为,高校图书馆的

---

① 汉语大词典编辑委员会,汉语大词典编纂处.汉语大词典:3[M].上海:汉语大词典出版社,1989:1350.

② 张海波.智慧图书馆功能架构研究综述及再认识[J].大众科技,2019,21(4):120-122.

③ 周聪,张德林.基于机器学习的图书智能采编模式的构建[J].中华医学图书情报杂志,2018,27(12):43-49.

④ 陈慧香,邵波.国外图书馆领域用户画像的研究现状及启示[J].图书馆学研究,2017(20):16-20.

⑤ 杜亮,朱广智.基于图书预约数据的大学生阅读倾向研究[J].大学图书情报学刊,2014,32(5):86-90.

服务质量和其在教学和科研中的地位密切相关。只有紧密联系教学科研和读者需求，图书馆的服务才能具有针对性和实效性；图书馆需要立足高起点，考虑社会效益，这样才能在为读者提供服务的过程中，实现其自身价值，确保其长期稳定的发展。①

总之，图书馆的宗旨是以服务为核心，满足读者的需求，无论是高校图书馆，还是社会图书馆，基本宗旨都是为读者服务。通过提供优质的服务，图书馆不仅可以实现自身的价值，更能在社会文化的发展中占据重要地位。

对于图书馆而言，提供优质的读者服务是一项永无止境的任务，这是一个持续不断的追求，特别在信息化时代，图书馆的服务必须紧跟时代步伐。这要求图书馆工作人员在实践中积累经验，发现并解决问题，不断优化服务方式，丰富服务内容。图书馆工作的各种规范应该以服务为中心，这意味着所有图书馆工作人员应全心全意服务读者，这样的核心服务理念应贯穿于图书馆的整个服务体系中，始终坚持"读者第一，服务至上"的原则。同时，图书馆应在提供读者服务的深度和广度上，不断推动改革，创新拓展服务领域。尊重和热爱读者是图书馆服务的基石。图书馆应该把读者视为亲人一般，对他们的需求充满敬意和理解，努力满足他们的需求。图书馆馆员的工作就是把读者的需要视为自己的任务，尽可能满足这些需求。

在实际场景中，图书馆的服务也有好坏之分，"人难看，事难办"是服务，"读者第一，服务至上"也是服务。大部分图书馆馆员在主观上都倾向于提供优质服务，希望将"读者第一，服务至上"理念落到实处，在付出辛勤劳动之后获得读者的肯定与认可。但有时也不尽如人

---

① 郝艳艳.基于读者荐购系统的高校图书采访模式优化策略研究[J].中国管理信息化,2019,22(18):181-182.

意，如有时馆员提供的服务可能并非读者真正需要的，读者所需要的可能无法第一时间在图书馆内找到。为了有效解决这些问题，图书馆必须紧跟信息化时代的步伐，广泛运用现代科学技术，通过加快推进电子化、网络化、数字化和智能化进程，提供高质量的服务，以满足广大读者的实际需求。

图书馆在其发展历程中经历了办公网络化、资源数字化、管理信息化的过程，如今已步入智慧化阶段。这里所说的网络化主要是指图书馆已具备了局域网、互联网等网络设施的支持；数字化主要是强调图书馆的资源已经数字化，并已构建了各种数据库系统；信息化主要是指图书馆已经建立了各种信息系统，包括但不限于办公、业务、电子资源库、知识库等系统。现今正步入智慧化时代，这是图书馆发展历程中的必然阶段，这是一次根本性的转变，也是未来图书馆发展的方向；是对过去成绩的继承和提升，也是对未来图书馆服务的一种新的期待。

二、智慧图书馆的概念

"智慧图书馆"这一概念最初源自艾托拉在 2003 年人机交互移动设备国际研讨会上发表的《智慧图书馆：基于位置感知的移动图书馆服务》一文。随后在 2008 年 11 月，时任国际商业机器公司总裁兼首席执行官彭明盛在他的《智慧地球：下一代的领导议程》演讲中，第一次向世界提出了"智慧地球"的构想，引发了各界的广泛关注，由此衍生出了"智慧国家""智慧城市""智慧校园"等一系列相关概念，"智慧图书馆"也因此而诞生。2010 年，我国严栋发表名为《基于物联网的智慧图书馆》的文章[①]，开启了国内的智慧图书馆研究。自此之后，智慧图书馆在国内学术界的关注度日益攀升，逐渐成为图书馆研究的重要课题。

[①] 严栋.基于物联网的智慧图书馆[J].图书馆学刊,2010,32(7):8-10.

近些年来，智慧图书馆的研究成果数量稳步增加，但目前智慧图书馆的尚未形成统一的定义，研究者仁者见仁，智者见智，从不同角度提供了不同的定义。通过归纳整理，关于智慧图书馆的观点主要包括以下几种。

（一）感知论

感知论是智慧图书馆研究的一个重要观点，它强调智慧图书馆的可感知性。感知论关注的重点在于借助物联网等感知技术，影响图书馆主要构成要素，包括建筑环境、文献资源以及读者等，使之能够实时主动地获取相关感知数据。

侯松霞认为，智慧图书馆是数字图书馆发展的高级阶段，它可以利用RFID（射频识别）等多种智能技术，对图书馆的各种要素进行深度感知，实现系统化的服务和管理。这些要素包括读者、各种形态的馆藏资源、图书馆工作人员和建筑设施等。[1]乌恩更加关注人物互联，他认为智慧图书馆是在以RFID为代表的物联网环境下，以云计算为基础，结合智慧化设备，为读者提供智慧化服务。[2]

胡海燕将智慧图书馆视为一个流程化的系统，它通过感知和捕捉读者需求信息，然后进行统计和分析，从而提供快速高效的智慧化服务。[3]王新才和谢鑫认为，智慧图书馆就是在无须人工干预的前提下，实现图书馆管理与服务的智慧化。[4]

---

[1] 侯松霞.论智慧图书馆的机遇与挑战：基于云计算与物联网融合视角[J].图书馆工作与研究，2019(S1):50-53,60.
[2] 乌恩.智慧图书馆及其服务模式的构建[J].情报资料工作,2012(5):102-104.
[3] 胡海燕.传播学视角下高校图书馆数字阅读推广策略研究[J].传播与版权,2022(6):93-95,99.
[4] 王新才,谢鑫.图书馆服务创新的目的、动力源与制度设计[J].大学图书馆学报,2018,36(5):17-22.

总之，感知论在智慧图书馆研究中占有重要地位，是我国智慧图书馆研究的一个主流观点。

（二）智能技术论

智能技术论主要强调的是在智能技术的背景下，以物联网为基础的设备、系统和流程之间的互联互通。由于智慧图书馆的概念本身受到技术发展的推动，因此智能技术论也得到了很多研究者的关注。例如，韩丽和范兴丰看重智慧图书馆利用物联网技术主动感知读者需求并提供智慧化服务与管理的能力，他们认为这是数字图书馆发展的终极目标和高级形态。[①] 李显志和邵波更强调智慧图书馆建设中馆员与读者之间的协同感知和创新，他们认为智慧图书馆是将技术、馆员、读者、服务与资源融为一体的智慧协同体。[②]

（三）人文服务论

人文服务论主要强调图书馆馆员在借助新技术解决问题过程中的主观能动性，并突出人在智慧图书馆建设中的关键作用。比如，王世伟提出"智慧"的五个显著特征：第一，以数字化、网络化、智能化为技术支撑；第二，具备互联互通、高效快捷的沟通协调能力；第三，追求数字惠民与绿色发展；第四，整合集群与协同、服务泛在和跨越时空；第五，具有模式创新和可持续性。[③] 马然从宏观与微观两个方面探究智慧图书馆建设，认为宏观层面主要包括思想与技术层面，微观层面主要包

---

① 韩丽,范兴丰.数字技术在图书馆领域的运用研究[J].江苏科技信息,2016(33):8-10.

② 李显志,邵波.国内智慧图书馆理论研究现状分析与对策[J].图书馆杂志,2013,32(8):12-17.

③ 王世伟.论人工智能与图书馆更新[J].图书情报知识,2019(4):35-42.

括资源建设与读者服务层面。① 朱强认为智慧图书馆是图书馆发展的新形态，它是基于新的信息技术、能体现人工智能的知识服务系统。② 李凯旋认为智慧图书馆共包含五部分组成要素，分别为图书馆馆员、智能建筑、信息资源、智能化设备、云计算，其中图书馆馆员共包括两部分，分别为技术专家、人文学者，两者可以通过智能化设施充分利用各种信息资源。③

（四）要素论

要素论主要研究智慧图书馆的基本构成要素，重点关注的是组成智慧图书馆的客观实体和为保持其生成、发展、变化等动态过程所必需的基本系统单位。目前，要素论对智慧图书馆有两种主要的观点："三要素论"和"五要素论"。刘丽斌和李娜提出了智慧图书馆"三要素论"，认为智慧图书馆主要由三个要素构成：人、资源、空间。其中，"人"处于核心的位置，"资源"和"空间"则是基本点。在这个理论中，技术被视为基础，服务被视为灵魂，服务的改善依赖于技术的提升。④ 陈进等人提出了智慧图书馆的"五要素论"，他们认为智慧图书馆应包括资源、服务、技术、馆员和读者这五大要素。在资源方面，智慧图书馆需要提供多样化、高效且优质的馆藏资源，以满足读者的需求；在服务方面，智慧图书馆需感知读者需求并随时提供智能服务；在技术方面，智慧图书馆需通过精准、智能和快捷的技术提升服务效率；在馆员方面，智慧图书馆期待馆员能够专业、敬业并具有创新精神，以利用新技术提供创新

---

① 马然.馆员驾驭智慧图书馆的研究[J].情报探索,2012(9):109-111.
② 朱强.国外图书馆的发展趋势及其启示[J].国家图书馆学刊,2015,24(5):12-15.
③ 李凯旋.人文视角下"智慧图书馆"定义的再思考[J].图书馆界,2013(6):14-16.
④ 刘丽斌,李娜.图书馆转型的要素诠释：读《转型与超越：无所不在的图书馆》[J].山东图书馆学刊,2015(4):100-103.

服务；在读者方面，智慧图书馆需要提供易用、协同并对用户需求敏感的服务，确保读者能乐于使用系统并与图书馆进行协同互动。①

（五）综合论

综合论并不是从单一的视角定义智慧图书馆，而是全面考虑了资源、服务、技术、实体等多个维度的因素。初景利等人并没有给出明确的智慧图书馆定义，但认为数字图书馆或新型图书馆的核心就是智慧图书馆，这将是图书馆未来发展的更高阶段，并驱动图书馆的进步。②刘炜赞认为，智慧图书馆是在复合图书馆基础上的进一步提升，它以信息技术和智能设备为基础，实现图书馆内人、文献、设备、建筑等各元素的互联互通，从而达到为读者提供智能服务的目标。③孙利芳等人对智慧图书馆的理解更为全面，认为智慧图书馆的目标是实现"5A"服务，即任何人、任何时候、任何地点，都可以通过任何方式获取任何服务。智慧图书馆的核心要素包括智慧馆员、读者、管理和发现，而实现这些的手段则是先进的技术设备。④李玉海等人认为智慧图书馆是虚拟图书馆与现实图书馆的有机融合，通过信息技术将图书馆的专业管理与智能设备的感知功能相结合，为读者提供快速、准确、优质的资源和深度加工的专业知识服务，让读者能够享受到智能空间和文化空间的双重体验。⑤

---

① 陈进,郭晶,徐璟,等.智慧图书馆的架构规划[J].数字图书馆论坛,2018(6):2-7.
② 初景利,任娇菡,王译晗.从数字图书馆到智慧图书馆[J].大学图书馆学报,2022,40(02):52-58.
③ 刘炜赞.我国智慧图书馆研究述评与思考[J].图书馆理论与实践,2015(5):32-36.
④ 孙利芳,乌恩,刘伊敏.再论智慧图书馆定义[J].图书馆工作与研究,2015(8):17-19,68.
⑤ 李玉海,金喆,李佳会,等.我国智慧图书馆建设面临的五大问题[J].中国图书馆学报,2020,46(2):17-26.

通过上述分析可知，目前关于智慧图书馆概念的认识存在多种理论，主要包括感知论、智能技术论、人文服务论、要素论和综合论，这些理论是根据不同学者对智慧图书馆的不同理解和观点划分的，而不是按照研究发布的时间顺序来分类。这就意味着，我国的智慧图书馆研究并未经历一个线性的、从感知论到智能技术论，然后到人文服务论、要素论，最后到综合论的发展阶段。但从研究的发布时间来看，我国的智慧图书馆研究的确在深度和广度上都有所发展，这种发展表现在从浅入深、从个体到整体、从局部到全局的研究方法的转变，以及从专注于智能建筑研究到提供系统化、专业化智慧服务的转变。这个过程也见证了我国智慧图书馆研究范围的持续扩大和深入，涉及的技术和理念也越来越前沿，越来越综合。

第二节　智慧图书馆的演进发展

自 20 世纪中期计算机诞生以来，人类社会从工业社会迈向了信息社会。尤其是在 20 世纪 90 年代，互联网的出现和迅速发展催生了信息文明，人类社会从工业文明跃升为信息文明。在图书馆领域，一些先驱者开始大胆尝试将现代信息技术，如计算机技术和网络通信技术，应用于图书馆中，使图书馆从传统的工作方式转变为网络化、自动化和信息化的工作方式。计算机在图书馆中的应用逐渐变得普遍，原有的卡片检索被计算机检索、联机检索和网络检索所取代。同样，纸质资源，如图书和期刊，逐渐被网络数据库和数字文献所替代。在此过程中，网络图书馆、数字图书馆、虚拟图书馆等新形式的图书馆开始出现并被广泛应用，这些都已经成为现代图书馆的标志性特征。总的来看，图书馆的演进主要经历了以下四个阶段。

一、无网络时代的实体图书馆（1996年以前）

图书馆的发展可以划分为几个重要阶段，其中起始阶段是 1996 年以前的无网络时代，这个阶段的图书馆也被称为实体图书馆。实体图书馆的主要特点是实体的馆藏和实体的空间，它完全依赖于纸质书籍和实体空间来提供服务。

在这个阶段，图书馆是学术研究、学习和社区交流的中心。读者必须亲自去图书馆，通过翻阅卡片目录或者阅读书架上的标签，才能找到他们需要的书籍。图书馆工作人员的主要任务包括为读者提供服务，处理新进图书，维护图书馆秩序以及对书籍进行分类和编目。实体图书馆对社会的贡献不可忽视。它是信息和知识的重要存储中心，为广大读者提供了学习和研究的场所。在这个阶段，图书馆已经从单纯的书籍收藏机构，发展成为教育、文化和科研的重要支持机构。在许多地方，图书馆也是社区活动的重要场所，它为社区居民提供了阅读、学习、交流和娱乐的场所。

同时，实体图书馆的运营也面临一些挑战。由于空间和资金的限制，图书馆无法收藏所有的书籍和资料，这使得读者的选择有限。图书馆的开放时间也受到限制，读者不能随时使用图书馆的资源。图书馆的资源共享也面临一些困难，距离较远的读者无法借阅到图书馆的书籍。尽管实体图书馆面临诸多挑战，但它在知识传播和社区服务方面发挥了重要作用。在没有网络的年代，图书馆是人们获取信息和知识的主要渠道。图书馆的存在对教育、科研和社会文化发展产生了深远影响。当回顾图书馆的发展历程时，人们不能忽视实体图书馆在其中所起的重要作用。

二、依托互联网和计算机的数字图书馆（1996—2004年）

图书馆发展的第二阶段是从 1996 年至 2004 年，这一阶段的特点是广泛应用互联网和计算机，以及增加了数字资源服务，人们通常称这种图书馆为数字图书馆。

随着计算机和互联网技术的快速发展，图书馆的服务方式和内容也发生了革命性的变化。数字图书馆充分利用了计算机技术和互联网技术，使得图书馆服务的形式和内容发生了根本性的变化。数字图书馆的出现极大地扩大了图书馆资源的范围。除了实体书籍，图书馆开始提供各种类型的数字资源，如电子书、电子期刊、数据库等，这些数字资源可以长期保存，且不受空间和时间的限制，读者可以在任何时间、任何地点访问和使用。数字图书馆提供了更为便捷和个性化的服务。通过计算机系统和网络，读者可以在家中远程访问图书馆的资源，同时，图书馆可以根据读者的需求和偏好，提供个性化的信息检索和服务。例如，读者可以通过在线目录迅速找到所需的书籍或资料，也可以通过电子邮件或者在线聊天系统，直接向图书馆工作人员提问或求助。数字图书馆大大提高了图书馆资源的共享效率。通过互联网，不同地方的图书馆可以实现资源的共享，读者可以访问其他图书馆的资源。这为读者提供了更丰富、更广泛的信息资源，也在一定程度上降低了图书馆的运营成本。

虽然数字图书馆在许多方面都优于传统的实体图书馆，但它也面临一些新的挑战。例如，如何有效管理和利用大量的数字资源，如何保护数字资源的安全和隐私，如何提高数字资源的可用性和可接近性等。

从总体上来看，1996年至2004年是图书馆由实体图书馆向数字图书馆转变的重要阶段。在这个阶段，图书馆充分利用了计算机技术和互联网技术，提供了更为丰富和便捷的服务，也为图书馆的未来发展奠定了坚实的基础。

三、基于移动设备和无线技术的移动图书馆（2005—2012年）

图书馆发展的第三阶段是从2005年至2012年，这一阶段的特点是利用手机、平板电脑等移动设备和无线技术，图书馆服务进一步发展，人们通常称之为移动图书馆。在这一阶段，随着移动设备和无线技术的普及，图书馆开始转向移动服务，从而使读者可以更方便地访问图书馆的资源和服务。移动图书馆的出现进一步推动了图书馆的数字化和网络化进程，使图书馆服务的形式和内容发生了更深层次的变化。

移动设备，如手机、平板电脑等成为图书馆服务的新载体。这些移动设备具有便携性和实时性，使得读者可以在任何时间、任何地点访问图书馆。同时，移动设备还具有互动性和个性化的特点，可以提供更为丰富和多样化的服务，如图书预约、资料检索、在线咨询等。无线技术的应用使图书馆服务的范围得到了进一步扩大。通过无线网络，高校图书馆可以将其服务延伸到校园的每一个角落，甚至是校园之外。此外，通过无线技术，图书馆可以实现资源的无线传输，使得读者可以更快速地获取所需的信息。

然而，移动图书馆也面临一些新的挑战，如何提供适应移动设备的图书馆服务，如何保障无线网络的安全，如何提高无线网络的覆盖范围和速度，都是移动图书馆需要解决的问题。

在此期间，一些前沿的图书馆开始尝试利用移动设备和无线技术提供更为便捷和个性化的服务。例如，通过手机应用程序，读者可以随时随地访问图书馆的各项服务；通过无线网络，读者可以在任何地方浏览和下载图书馆的数字资源。

总的来说，2005年至2012年是图书馆从数字图书馆向移动图书馆转变的关键阶段。在这个阶段，图书馆充分利用了移动设备和无线技术，提供了更为便捷和个性化的服务。

四、依托大数据、物联网等信息技术的智能图书馆（2013年至今）

图书馆发展的第四阶段，即2013年至今，是图书馆发展的智能时代。在这一阶段，新兴的信息技术，如大数据、物联网、云计算等，兴起并开始被广泛应用，图书馆服务发生了革命性的改变。特别是大数据技术的引入，使图书馆服务变得更加高效，使用更加便捷，内容更加丰富，标志着图书馆进入了智能图书馆的时代。

大数据技术的引入使得图书馆服务变得更加高效。大数据技术使图书馆能够收集和处理大量的用户数据。通过对这些数据的分析，图书馆能够了解用户的行为和需求，从而提供更加精确和个性化的服务。例如，通过分析用户的检索记录，图书馆可以预测用户可能感兴趣的主题，并推送相关的资源。通过分析用户的借阅记录，图书馆可以评估图书的流通情况，并根据结果调整图书的采购和保留策略。

物联网技术的应用使得图书馆服务变得更加便捷。物联网技术可以将图书馆的各种设备和系统连接起来，从而提供更加便捷的服务。例如，通过物联网技术，读者可以远程操作图书馆的自助设备，如自助借阅机、自助还书机等。通过物联网技术，图书馆可以实现资源的远程管理和控制，如远程监控图书的位置和状态，远程控制设备的开关等。

云计算技术的应用使得图书馆服务内容更加丰富。通过云计算技术，图书馆可以构建和使用大型的数字资源库，包括电子书、电子期刊、数据库等各种类型的资源。通过云计算技术，图书馆可以提供各种在线服务，如在线检索、在线阅读、在线学习等。此外，通过云计算技术，图书馆可以实现资源的共享和合作。例如，多个图书馆可以共享同一套电子资源，或者共同开发和维护一套图书馆管理系统。

图书馆的服务变得更加精细化。借助人工智能技术，图书馆可以对大量的数据进行深度分析和挖掘，从而了解读者的具体需求，提供更加精细化的服务。比如，图书馆可以通过对用户数据的分析，了解读者的阅读习惯和兴趣，然后为读者推荐他们可能感兴趣的图书。图书馆还可以通过人工智能技术，自动处理图书的分类、编目等工作，进一步提高工作效率。

图书馆的服务变得更加智能化。通过人工智能技术，图书馆可以提供更加智能化的服务。例如，图书馆可以通过自然语言处理技术，提供语音查询服务；通过图像识别技术，提供图像检索服务；通过机器学习技术，提供智能推荐服务等。这些智能化的服务不仅提高了图书馆服务的效率，也极大地增强了用户体验。

图书馆的服务变得更加人性化。图书馆利用人工智能技术，能够更好地理解和满足用户的需求。比如，通过人工智能技术，图书馆可以提供个性化的阅读推荐，满足读者的个性化需求；通过人工智能技术，图书馆可以提供无障碍服务，满足特殊群体的需求；通过人工智能技术，图书馆可以提供 24 小时的自助服务，随时满足读者的需求等。

总的来看，2013 年至今，图书馆进入了其发展历程的第四阶段，即智能图书馆时代。在这个阶段，图书馆的服务变得更加精细化、智能化、人性化，这是图书馆发展的重要趋势，也是图书馆未来的发展方向。

第三节　智慧图书馆的特征与功能

一、智慧图书馆的特征

智慧图书馆是信息时代的产物，它依赖于信息技术，同时致力于提供创新和可持续的服务。智慧图书馆的主要特征可以概括为全面感知、互联互通、绿色发展和智慧管理与服务，如图1-1所示。

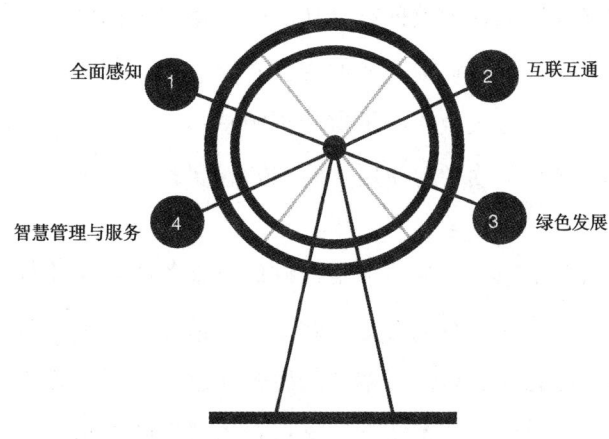

图1-1 智慧图书馆的主要特征

（一）全面感知

智慧图书馆的全面感知能力是由物联网和相关的智能感知技术设备实现的，旨在提供智能化的服务和管理。智慧图书馆的全面感知主要涉及四个方面的内容，分别为资源感知、人员感知、环境感知和服务质量感知。

1. 资源感知

资源感知是智慧图书馆的重要特征之一，主要包括对馆内设备及纸质文献资源的感知和对数字资源的感知两种。其中，对馆内设备和纸质资源的感知主要依靠物联网技术，通过射频识别、红外线感应、激光扫描和物体定位系统等技术设备，按照特定的网络协议，将设备和纸质文献资源链接到网络上，实现信息交换和通信，从而进行资源识别、定位、跟踪和管理。同时，数字资源感知也是智慧图书馆资源感知的重要部分。随着搜索引擎技术的不断进步，为读者在海量信息中准确、高效地找到所需信息，提高查找资源效率成为智慧图书馆建设的关键挑战。借助于大数据分析平台的数据整合功能，智慧图书馆可以采用智能搜索算法快速"感知"数字资源，从而为读者提供精准和便捷的服务。整体来看，智慧图书馆通过全面而细致的资源感知，不仅提高了资源管理效率，还极大地提升了读者的使用体验和满意度。

2. 人员感知

在智慧图书馆中，人员感知是提供优质服务的重要环节，包括对读者和馆员的全面感知。对读者的感知主要包括对读者本体的感知和对读者兴趣及需求的感知。对读者本体的感知通过自动门禁感知、人物定位和馆内地图自动导引等技术实现，这些技术帮助图书馆更好地了解和服务读者。同时，对读者兴趣和需求的感知需要利用云计算和大数据分析技术，根据读者的个人信息，如年龄、专业和爱好，以及借阅信息等大数据，通过数据分析构建读者的资源喜好画像，实现对读者需求的精准感知，并能将适合的资源推送给读者。

对馆员的感知也是智慧图书馆工作的重要部分。尽管许多服务已经实现智能化和自动化，但馆员仍然是图书馆服务的核心。在智慧图书馆的环境中，馆员需要从职能型转变为服务型和专业型，以更好地为读者提供服务。通过感知和定位馆员工作的各个方面，并将其与读者感知结合，智慧图书馆可以通过智能寻呼系统等平台将馆员和读者联系起来，实现更有效的交流和沟通。

3. 环境感知

智慧图书馆对环境的全面感知是为了更好地保护馆藏资源和保障人员安全。由于图书馆中藏书丰富，特别是存有古籍和珍贵文献的图书馆，其环境的温度、湿度和光线对图书的保存有着至关重要的影响。因此，图书馆需要利用物联网技术，配备能自动监测和调节馆藏环境的智慧环境设备管理系统，以确保藏书的最佳保存状态。同时，由于图书馆人员众多，安全保护问题也不能忽视，尤其是消防安全。智慧图书馆的环境感知系统可以自动感知和调节馆内温度、湿度，实现防霉、防虫，保护藏书。而智慧消防安保系统可以在地震、火灾等紧急情况下，帮助工作人员及时引导人员疏散，有效避免或减少人员伤亡。

总之，智慧图书馆的环境感知功能可以实现自动监测、自动调节和自动报警，为馆藏资源的保存和人员的安全提供强有力的保障，体现了智慧图书馆在技术运用上的优势和进步。

4.服务质量感知

用户服务质量感知是评价智慧图书馆建设水平的重要依据，它涉及用户对图书馆服务的期待与实际体验之间的差异。智慧图书馆的根本目的是更好地服务用户，因此，用户对服务质量的感知和评价尤为重要。优质的服务和良好的用户体验始终是图书馆追求的目标。智慧图书馆可以利用人工智能和大数据等技术，对用户服务质量进行综合的感知、分析和评估。图书馆通过多种手段收集用户的反馈和评价，获取丰富的用户服务质量感知数据。这些数据的价值在于，图书馆可以根据这些信息对服务内容和策略进行调整和优化，从而更好地满足用户需求，提升服务质量。因此，用户服务质量感知在智慧图书馆中的作用不可忽视，它是图书馆服务优化和发展的重要驱动力。

（二）互联互通

智慧图书馆的互联互通是利用数字化、网络化和智能化的技术，将用户、知识和图书馆管理智能有效连接起来，从而实现知识共享。这一特点不仅提高了图书馆对用户知识需求的反应速度和效率，为用户提供了优质的服务，而且大大节省了时间。在智慧图书馆的环境中，互联互通主要有泛在化、聚合化和协同化这三个特征。

1. 泛在化

智慧图书馆的"泛在化"理念意味着图书馆的服务是无处不在的，无论是何时何地，任何人都能够按需获取所需的图书馆服务。这个理念不仅体现了图书馆的服务本质和社会使命，而且在智慧图书馆阶段显得尤其重要，因为图书馆服务在这个阶段应该更加的泛在化。泛在化理念强调的是无论何时何地，全世界的任何读者都能获取所需的任何类型、任何格式、任何语种的信息资源或信息服务。图书馆服务如空气般与读者同在。

在时间方面，虽然图书馆一般有固定的开放和闭馆时间，但通过网络服务，图书馆可以实现全天候开放，并为用户提供服务。在智慧图书馆阶段，用户在时间上享有更大的自由和选择，感觉到图书馆的服务随时可用，从而强化了图书馆的存在感和使用感。

在空间方面，智慧图书馆的泛在化理念意味着用户无论身处何处，只要有网络连接，就能通过各类终端设备接入图书馆的信息资源，并使用图书馆提供的服务。这样的智慧图书馆让用户感受到了图书馆随地存在，且使用便利，真正实现了图书馆成为用户日常生活中的一部分。

在终端方面，智慧图书馆能够支持多种设备接入，包括台式机、笔记本电脑、智能手机、平板电脑、掌上电脑等。这种多样性的终端选择，让用户在获取图书馆服务的方式上拥有了更广泛的选择空间，最大限度地实现了服务的泛在性。无论用户选择哪种设备接入图书馆，都能感受到图书馆的服务无处不在，且满足其不同的信息需求。

2. 聚合化

在智慧图书馆的构建过程中，图书馆之间以及图书馆内部的信息系统都实现了跨系统、跨部门的信息共享，跨库的数据转换，跨媒体的深度融合，以及跨馆的物流快递等。这些广泛的联系极大地提高了信息资源的聚合性。通过这种方式，各个图书馆间利用信息技术形成地区联盟、行业联盟，或者建立起总分馆制，有效地解决了信息资源的同质化问题。

此外，这种聚合模式也带来了资金、人力、信息资源的集中，进一步凸显了规模效应。具体来说，这种规模效应使得图书馆能够更有效地进行资源配置，提高运营效率，也能为用户提供更为丰富、多元的信息服务。在智慧图书馆的构建过程中，这种规模效应在资源利用、服务提供等多个方面发挥了重要作用，成为推动图书馆发展的重要力量。

3. 协同化

智慧图书馆利用先进的信息网络技术打造了一个动态交互的合作与服务平台。这个平台不仅支持用户之间进行协同阅读、学习、研究或工作，还能让馆员和读者进行实时的交流，如进行读者问答、参考咨询等服务。这实现了用户与馆员之间的协同探讨，也创造了一个丰富互动的环境。

智慧图书馆也侧重于信息资源的实时协同更新。一旦在共享数据中心平台的某个系统中进行了数据更新，那么所有与之相关的系统也将同步更新和变化。这就意味着当一个图书馆的信息资源发生变动时，所有与之互联互通的智慧图书馆都能感知并响应这种变化，从而保证信息的实时更新和准确性。这种方式大大提高了图书馆服务的效率和质量，为用户提供了更为优质的体验。

（三）绿色发展

绿色图书馆是以最大程度节能、节水和减轻环境负担为目标，同时致力于创造一个健康、适用和高效的使用空间的图书馆。它追求的是在建筑的全生命周期内的环保和高效，从选址、使用可持续建筑材料，到实现负责任的废物处理等环节，都体现出对自然环境的最大尊重和保护，致力于图书馆对环境的负面影响最小化。

作为一种公共文化设施，图书馆的核心工作是提供服务。因此，绿色图书馆的构建应包括概念的设立、建筑和相关配套设施的实现、资源与信息系统的搭建以及节能管理与低碳服务等一系列的常态化项目。同时，环境审计、认证标准以及相关政策是推动绿色图书馆持续运营和发展的重要因素。在绿色图书馆中，每一个元素都以环保为中心，每一项实践都要展示一个理想的图书馆如何在提供优质服务的同时，尽可能地降低对环境的影响，实现可持续发展。

在智慧图书馆的发展过程中，绿色和可持续发展的理念是至关重要的。智慧图书馆应遵循可持续发展的原则，倡导低消耗、无污染，同时兼顾对自然资源的合理利用和生态环境的保护，以实现人文、自然、健康与和谐的统一。

在硬件设施上，绿色图书馆追求的是节能环保的建筑设计，以及和谐优美的内外环境。这意味着图书馆需要采用技术先进的低能耗、无污染的设备，以达到对资源的节约利用和环保。在软件设施方面，图书馆需要建立和倡导一种绿色的发展观念，包括对科学发展观、可持续发展观、和谐发展观和人文精神的理解和认同。这种观念不仅需要被倡导，更需要在图书馆的每一项工作中得到贯彻和落实。

（四）智慧管理与服务

智慧图书馆的智慧管理和服务是坚持"以人为本"的核心理念，通过聚合各类图书馆的资源，并建立起跨系统、跨空间的立体互联网络，打破物理空间和时间的限制，为读者提供快速高效的服务。它为图书馆管理者提供智能化的管理和决策支持，同时以多种形式和方式利用图书馆的知识服务渠道，为读者提供智能服务。这种智慧管理与服务是智慧图书馆的显著特征。

1. 智慧管理

在智慧图书馆的框架下,智慧管理的重要性不言而喻,它主要涉及两方面内容:一是为图书馆馆员提供智慧管理,二是为管理者提供智慧决策。

不论图书馆发展到何种阶段,图书馆馆员的存在始终是图书馆正常运转和提供服务的基础。因此,为图书馆馆员提供智慧管理手段成为保证智慧图书馆顺利运行的必备环节。智慧管理涵盖了全馆的纸质书刊、信息资源、建筑环境、硬件设施环境、阅览室、书库、节能、安全消防、日常运行和维护等多个方面。一个完善的智慧图书馆不仅涵盖各种管理任务,还会将这些任务集成到一个全面的信息管理系统中。这一系统通过专门的传感节点收集有针对性的监控信息,然后通过后端信息处理系统进行综合处理。通过这种方式,智慧图书馆能够实现对管理流程的智能化控制,从而提高图书馆的运行效率和服务质量。

智慧图书馆能够为管理者提供智慧决策。管理者在日常工作中经常面临各种复杂的决策,包括人事管理、馆舍管理、采购决策、阅读服务、经费使用、咨询服务、设备管理等。在大数据时代,图书馆的数据被视为重要的生产力构成和发展要素,其蕴含的巨大战略资产和价值不可小觑。这些数据可以为图书馆的服务模式变革、服务内容创新、产业升级和市场竞争力提升提供有力的支撑。通过数据分析,智慧图书馆可以为管理者提供深入、准确的洞察,帮助他们进行更有效、更及时的决策,实现图书馆运行和服务的优化。

在大数据时代,图书馆要充分发挥大数据的优势,如可以利用数据挖掘和人工智能等技术,从大量数据中提取有价值的知识,以更高效、精准地提供辅助决策服务。这些数据来自图书馆的业务系统和其他信息系统,它们包含了大量关于人员、资源、空间、设备、管理、服务等方面的信息。研究如何有效地将这些数据用于图书馆工作，将数据转化为知识，从而更好地服务读者并为管理者提供决策支持，是数据挖掘专家和图书馆工作人员的共同责任。

2.智慧服务

智慧服务是智慧图书馆的核心，其基本理念是促进用户的智慧生成，重点是培养用户在知识运用、掌控和创新方面的能力。智慧图书馆以人为本，致力于提供智慧服务，达到方便和服务民众的基本目标。智慧服务是图书馆服务发展的新阶段，是继文献服务、信息服务和知识服务后的再次升级，是知识服务的提升和深化。图书馆为了提供智慧服务，应具备智慧性、公共性、管理集群化和资源丰富性等基本特征。智慧服务包括无处不在、形式多样的主动服务、个性化服务、泛在化服务和人性化服务。无论在哪里，无论什么形式，无论用户的个性化需求如何，智慧图书馆都可以提供相应的服务，使用户在任何地方、任何时间都可以享受到方便快捷、个性化和人性化的服务。

智慧图书馆对读者的智慧服务体现在以下六个方面。

（1）服务场所泛在化。智慧图书馆的服务场所无处不在。通过引入物联网、移动通信等新技术，图书馆被塑造为一个真实与虚拟相结合的智慧空间，实现了馆与馆、人与人、人与书、书与书之间的连接，从而在空间上大大扩展了服务。

（2）服务空间虚拟化。图书馆通过采用虚拟现实和增强现实技术，可以建立具有虚拟现实功能的空间，使得其虚拟服务空间得到进一步拓展。

（3）服务手段智能化。高度的智能化是智慧图书馆的一个显著特征。例如，利用大数据和人工智能等技术，图书馆能够进行用户画像，从而精准地了解每个用户的个性化需求，以便提供有针对性的服务。

（4）服务方式集成化。物联网技术的应用，使得图书馆中的各类资源，包括纸质资源、人力资源以及设备等，得以在一个互联网状的图书馆集成系统中完美整合。同时，为了进一步提升资源的利用效率，图书馆也对其各个信息系统进行了归并和融合，成功构建了一个统一的图书馆信息入口。这样的设计使得所有的资源查询和访问都能够通过一键操作进行，极大地节省了用户的时间和精力。简而言之，物联网技术的引入，使得图书馆能够在最短的时间内以最小的成本为用户提供所需的资源和服务。

（5）服务内容知识化。图书馆运用大数据分析和数据挖掘技术，从大规模的信息中提取出价值的知识，并将这些知识转化为有用的智慧或知识产品，以满足用户的需求。例如，它能够为用户提供关于"最受读者欢迎的书籍"或"最适合某个专业新手的书籍"等具有实际参考价值的信息。通过这种方式，图书馆将海量的知识有效地转化为有针对性的智慧或知识产品，进一步丰富和满足用户的阅读和学习需求。

（6）服务体验满意化。随着人工智能和大数据等先进技术的广泛运用，图书馆馆员的智慧服务能力得到了显著提升。智慧图书馆始终顺应时代发展的潮流，致力于为读者提供更加贴心和精准的服务，更深入地展示图书馆的人文关怀和智慧精神。由于达到甚至超过了用户的期待，智慧图书馆能获得用户的高度认同和赞赏。这是图书馆追求的目标，也是智慧图书馆服务的最终目的。

二、智慧图书馆的功能

智慧图书馆的功能主要集中在以下几方面，如图1-2所示。

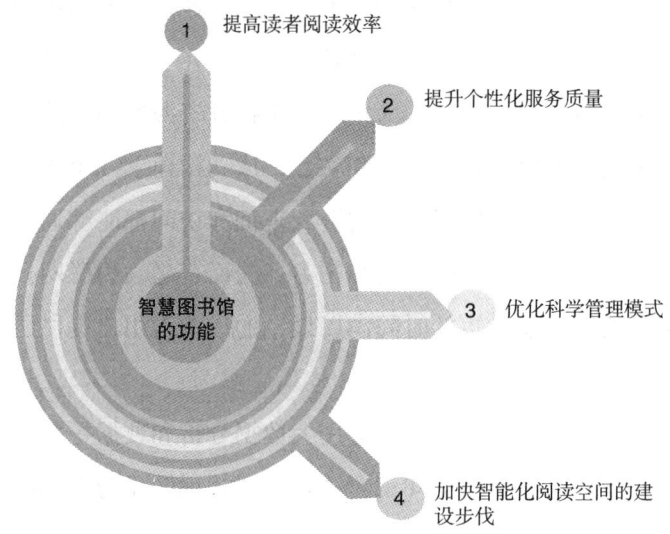

图 1-2　智慧图书馆的功能

(一) 提高读者阅读效率

智慧图书馆是在数字化图书馆的基础上，结合物联网、人工智能、大数据等先进技术形成的新型图书馆模式，它致力于为用户提供高效、便捷、精准的服务。尤其在提高读者阅读效率方面，智慧图书馆的诸多功能发挥了重要作用。

智慧图书馆运用先进的数据处理和检索技术进行资源整合和检索优化，极大地提升了读者寻找和获取信息资源的效率。该技术的运用实现了所有类型资源，包括电子书、期刊、论文和音视频资料等，都可以被快速、精准地检索到。这种整合的资源检索系统的设计，使用户能通过关键字或者短语快速检索到他们需要的内容。更为重要的是，检索系统可以通过模糊匹配和智能推荐等功能，帮助用户找到可能未曾察觉但实际上非常有价值的资源，从而提高他们的阅读效率和获取知识的深度。

此外，用户还能够便捷地查询资源的详细信息、下载资源，或者在线借阅资源。在这个过程中，用户不再需要将量时间花费大在前期的资源查找上，这意味着他们可以将更多的时间用于实质性的阅读和学习，从而显著提升了阅读效率。简而言之，通过优化数据处理和检索技术，智慧图书馆不仅简化了用户寻找和获取信息资源的过程，而且丰富了用户的阅读体验，进一步推动了知识的传播和利用。

借助移动设备，智慧图书馆为用户提供了全新的阅读方式，即可以在任何地方、任何时间阅读图书馆的资源。这一点突破了传统图书馆仅能在固定地点和固定时间提供服务的限制，大大提高了阅读的灵活性和便利性。智慧图书馆的移动阅读服务让用户可以在公交车上、在咖啡店中、在家中床上，或者在任何其他他们觉得舒适的地方进行阅读，从而将阅读融入日常生活的每一刻。这一功能更是利用了碎片化的时间，如在等待的时候或在休息的时候，也可以进行阅读和学习。此外，移动设备还能够提供个性化的阅读体验。比如，用户可以根据自己的阅读习惯调整字体大小和颜色、背景色等，也可以利用系统提供的书签、注释、高亮等功能，进一步增强阅读体验。简而言之，借助移动设备阅读，让智慧图书馆的资源得以全方位、多时间点的利用，这无疑大大提高了阅读效率，且为用户提供了更加自由、个性化的阅读方式，这是智慧图书馆提升用户阅读效率的重要方式之一。

智慧图书馆的智能环境控制系统是通过科技手段优化阅读环境的一项重要措施。这一系统能够调控图书馆内的光照、温度和湿度，以创造出最适合阅读的环境。合适的光照可以保护读者的视力，减轻阅读疲劳，并在一定程度上激发阅读兴趣；适宜的温度和湿度则能让读者在舒适的环境中沉浸在知识的海洋，更专注地阅读，从而提高阅读效率。智能环境控制系统不仅能自动监测并调节环境因素，还能依据读者的个人偏好进行调整，充分满足了不同读者对阅读环境的个性化需求。同时，优质的阅读环境对于阅读者的身心健康也至关重要，是提高阅读效率的重要因素。智慧图书馆通过智能环境控制系统进一步提升了读者的阅读体验和效率，使得读者可以在舒适的环境中进行阅读和学习。

（二）提升个性化服务质量

智慧图书馆通过科技手段提供个性化服务，这些服务不仅大大提升了用户的使用体验，而且大幅提升了图书馆的使用效率。个性化服务的实现主要体现在以下几个方面。

智慧图书馆的个性化推荐服务通过采集和分析用户的阅读历史、偏好以及搜索行为等大数据信息，构建起精准的用户画像。在此基础上，利用人工智能和机器学习等技术，智慧图书馆能够精确推送符合用户兴趣和需求的图书、期刊或研究资源。这种推荐方式不仅加速了用户寻找所需资源的过程，节省了他们的时间，提高了阅读效率，而且在很大程度上扩大了用户的信息视野，让他们有可能接触到那些他们会忽略但实际上非常有价值的信息。这不仅提高了图书馆的服务效率，也极大提升了用户体验和满意度。个性化推荐服务已经成为智慧图书馆提升服务质量、赢得用户认可的重要手段之一，它体现了智慧图书馆在信息服务方面的创新和先进性。这种服务的实现离不开大数据技术的支持和应用，展现了大数据技术在图书馆领域的巨大价值和潜力。

智慧图书馆提升个性化服务质量的另一个重要方式是提供定制化的教育和培训服务。这一服务主要是利用智能化的教学方式，为用户提供精准的、符合其需求和兴趣的教育和培训，这在提升用户的信息素养方面表现得尤为重要。通过一对一的方式，智慧图书馆能够根据用户的具体情况和需求，提供如何高效检索信息、如何评估信息质量、如何合理利用信息等方面的个性化教学，极大地提高了用户的信息素养，使他们能够在海量信息中找到真正有价值的内容。另外，针对不同的用户群体，智慧图书馆能够提供不同的服务。例如，对于硕士研究生、博士研究生、教师等高级研究人员，智慧图书馆可以提供一系列的定制化研究服务，包括提供最新的学术资讯、推荐有关的学术资源，甚至提供研究方法和写作技巧等培训，帮助他们提高研究能力，从而更好地完成研究工作。这种个性化的教育和培训服务不仅能提升用户的研究效率和质量，也能提升图书馆的服务价值，进一步实现图书馆与用户的共赢。

（三）优化科学管理模式

智慧图书馆的建设打破了传统管理模式，使得管理模式更加科学，有助于提高图书馆的管理质量和效率。

在智慧图书馆的运营中，大数据和人工智能的应用极大地提高了管理和服务的效率。以大数据为例，通过对借阅数据、访问数据、搜索数据等进行分析，图书馆可以精准地掌握读者的阅读需求和偏好。这不仅可以为读者提供更个性化、更精准的服务，还可以帮助图书馆更有效地进行资源的采购和配置，确保图书馆的资源能够最大限度地满足读者的需求。同样，通过对服务数据进行分析，图书馆可以实时了解并评估各项服务的效果和质量，及时进行调整和优化，从而持续提高服务的质量和效率。另外，通过对运营数据进行分析，图书馆可以更好地了解自身的运营状态和发展趋势，为运营决策和管理提供科学、准确的数据支持。

在智慧图书馆中，智能设施和设备的应用极大地提高了图书馆的运营效率和服务质量。例如，自助借还机、自助查阅机等智能设备，为读者提供了更为方便快捷的服务，使得读者无须等待或者排队，就可以完成图书的借阅、续借、查询等操作。这不仅大大节省了读者的时间，也提高了读者的满意度。另外，这些智能设备也减轻了图书馆馆员的工作负担，使他们可以有更多的时间投入更高级的服务和管理工作中，如资源开发、用户教育等。此外，智能化的安全和维护系统，如视频监控系统、火灾自动报警系统、设施维护系统等，可以提供全天候的图书馆安全监控和维护，保障了图书馆的安全，防止因为安全问题而对图书馆的正常运营产生影响，也提高了图书馆设施的使用寿命和效率，减少了因设施故障而导致的运营损失。

智慧图书馆运用各种信息技术，为图书馆馆员提供了一种既便捷又高效的工作方式。移动工作站的引入，使得图书馆馆员可以在任何地方、任何时候进行工作，大大提高了工作效率。他们可以远程查阅数据、进行数据分析、策划新的服务模式等，使得工作不再受地点的限制，提高了工作的灵活性。此外，各种协同工作和知识管理工具的应用，使得图书馆馆员之间可以更好地进行知识的共享和交流。图书馆馆员可以通过这些工具共享工作经验，讨论问题解决方案，共同完成一些工作任务等，使得他们之间的协作更加高效，工作质量得到提高。同时，这些工具也为图书馆馆员的知识管理提供了支持，他们可以通过这些工具更好地组织和管理自己的知识资源，提高知识的利用效率。总之，智慧图书馆的各种信息技术的应用，使得图书馆馆员的工作更加便捷、高效，也提高了图书馆的整体服务质量和效率。

（四）加快智能化阅读空间的建设步伐

智慧图书馆以其独特的智能化特性，在推动智能化阅读空间建设方面起到了至关重要的作用。智能化阅读空间不仅是对传统阅读空间的扩展和升华，更是通过融合和应用一系列的现代信息技术，打造出一种全新的、高度个性化、富有互动性的学习和阅读环境。在这样的环境中，读者可以根据自己的需求和兴趣，自主选择和利用各种服务和资源，实现更优质、更高效的阅读和学习体验。

智能化阅读空间极大地增强了阅读和学习的互动性和趣味性。举例来说，图书馆借助 AR/VR 技术，能够为读者构建一种沉浸式的阅读和学习环境。这种新颖的体验不仅提升了阅读和学习的趣味性，而且能有效吸引更多的读者参与其中。进一步来说，图书馆还可以利用社交媒体等手段，构建一个线上的学习社区，这样不仅有利于读者之间的交流和互动，还可以借此推动阅读的社会化进程，使得阅读不再是单一的、孤立的行为，而变成了一种集体的、互动的体验。通过这些举措，智能化阅读空间有效地促进了图书馆的互动性和社区化，使得阅读和学习的体验得到了全面的提升。

第四节 智慧图书馆的实现载体与主要构成

一、智慧图书馆的实现载体

（一）感知技术

在全球范围内，无论国内还是国外的智慧图书馆建设，最为广泛使用的技术就是各种感知技术，如 RFID、ZigBee（蜂舞协议）、iBeacon 等，其中，RFID 技术具有显著的代表性。RFID 技术主要以 RFID 标签的形式在图书馆中应用，它为图书馆的藏书管理带来了革新，包括图书排架、自助借还书、藏书清点等工作。这些标签主要贴在图书馆的各类藏书上。RFID 技术在智慧图书馆建设中的应用，显著提升了图书馆的管理效率和服务质量。RFID 标签能够自动识别和记录藏书的信息，从而大大提高了图书馆的藏书管理效率。自助借还书功能使得读者可以在任何时间自助借还图书，无须等待图书馆馆员的服务，大大提高了读者的使用便利性。此外，RFID 技术还能够自动进行藏书清点，保证了藏书的准确性，避免了传统人工清点的误差和效率低下。

对于用户来说，感知技术的应用成功地融合了物理空间与虚拟空间，打造了一个动态互动的环境，让用户与图书馆实现了主动连接。这种技术改变了用户获取资源的过程，让其更加简洁直接，同时推动了获取方式的创新，丰富了用户的使用体验。更重要的是，这种技术允许图书馆根据用户的独特需求和偏好提供个性化服务，提升了服务的满意度。对于图书馆而言，感知技术的应用提升了其运营的自动化程度，进一步优化了图书馆的运营和管理效率。这不仅帮助图书馆从重复劳动中解脱出来，而且提高了图书馆的有效供给能力，满足了更多读者的需求。通过这种方式，图书馆馆员可以将更多的精力投入更具挑战性和创新性的工作中，如策划新的活动，提供更个性化的服务等，以提供更高品质的服务。

（二）传感技术

感知技术与建筑结构的融合为智慧图书馆创造了一个智能化的空间。这是通过将各种类型和功能的传感器接入图书馆的物联网系统实现的。这些传感器可以实时收集监测数据，然后通过物联网技术，对图书馆内的照明、温度、通风等系统进行远程控制。以国家图书馆采用的电子可控伸缩式屋顶窗帘为例，传感器可以根据环境光线的变化自动调节窗帘的开启和关闭，以调节室内的光照强度。同样，温度传感器可以监测室内外的温度差异，自动控制空调或供暖系统的开启和关闭。湿度传感器和空气质量传感器可以监测室内的湿度和空气质量，自动控制通风系统的开启和关闭，以保持室内的舒适环境。声音传感器则可以监测图书馆内的噪声水平，保证阅读的安静环境。这些智能化的管理方式不仅使图书馆的管理更加高效，而且实现了绿色化的运营，最大限度地减少了能源消耗，节省了图书馆的运营成本。这不仅提高了图书馆的运营效率，也有利于环境保护。因此，传感技术的应用对于智慧图书馆的建设具有重要的意义。

智慧图书馆借助传感技术，可以收集和分析各种关于人员、行为和建筑物的信息，提供实时的、图表化的信息展示，以便图书馆能够快速地应对各种突发情况。这种传感器体系的部署，使得图书馆能够实时了解其运营状况，及时调整其服务和管理策略，从而提高了图书馆的运营效率和服务质量。传感技术也为图书馆用户提供了便捷的导航服务。例如，美国伊利诺伊大学香槟分校利用移动技术和低功耗的蓝牙技术开发的Estimote信标就是一个很好的例子。香槟分校在其图书馆的书库中部署了Estimote信标，可以帮助那些对图书馆环境不熟悉的学生找到自己的位置，并在他们的移动设备上构建交互式的地图。通过这个地图，学生不仅可以清楚地了解自己在图书馆中的位置，还可以得到基于位置的定向导航服务，方便他们在图书馆中找到自己需要的资源。这种基于传感技术的导航服务，无疑极大地提高了用户的阅读和学习体验，也使得图书馆的服务更加人性化和智能化。这说明，传感技术在智慧图书馆建设中起到了至关重要的作用，有力地推动了图书馆的智能化和现代化建设。

（三）人工智能

人工智能（AI）已经成为现代科技领域的一大热点。AI技术基于机器学习原理，利用大数据进行训练，模拟人的认知和思考过程，其核心目标是让机器能够完成一些通常需要人类智能才能完成的复杂任务。从智能机器人、语音识别技术，到机器学习平台，再到生物特征识别技术，AI的应用领域越来越广泛。在智慧图书馆的建设中，人工智能技术显示出了其巨大的潜力。AI能有效处理那些标准化程度高、业务量大、重复性强的工作，这与智慧图书馆追求的互联互通的建设理念非常契合。例如，AI 可以帮助图书馆进行自动化的文献分类、检索和推荐，提高了图书馆的服务效率和质量；AI 也可以帮助图书馆进行智能化的用户行为分析和预测，优化图书馆的资源配置和服务策略。

在当下，人工智能在图书馆中的主要应用表现在智能服务的提供上，尤其是各种类型的机器人提供的服务。这些机器人结合图书馆的实际环境，集成了迎宾、讲解、导航等功能，为用户提供了开放式的互动体验。一些成功的实例包括中国国家图书馆的多功能机器人"小图"，上海图书馆的参考咨询机器人"图小灵"，以及深圳宝安图书馆的自动化分拣和运输机器人。这些都是人工智能在智慧图书馆建设中的体现。此外，人工智能在文献检索和分析领域也有所应用。例如，中国知网可以根据用户的检索需求，生成包括文章作者、发表时间、主题等不同类型的可视化图谱，以帮助用户更深入、直观地分析文献情况，这为智慧图书馆的建设提供了新的思路：图书馆是否可以利用其丰富的资源优势，为用户提供更简洁、直观的信息展示，从而提升用户获取信息和学习知识的效率。

（四）读者与馆员

图书馆始终是由人来管理和提供服务的。这是一个不变的事实，无论图书馆发展到何种阶段或者技术如何进步。技术和资源的最终目的都是为了更好地服务于人，提高人们的生活质量。王子舟和吴汉华认为，读者对于图书馆而言是一种隐形的、具有不稳定性的活态资源。[①] 刘兹恒认为，图书馆的天职是提供服务，而服务的优劣从来都取决于图书馆

---

① 王子舟,吴汉华.读者既是图书馆的服务对象也是活态资源[J].图书馆杂志，2009,28(9):10-15, 32.

馆员而不是技术或设备。①

毫无疑问,"以人为本"是指导图书馆发展的核心原则。在这个原则的推动下,读者和图书馆馆员的角色变得尤为重要,他们不仅是图书馆最具价值的资源,也是智慧图书馆的智慧来源。智慧图书馆通过技术手段把读者、馆员与图书馆紧密相连。它不断地探索和理解读者与馆员的思维模式和行为模式,以便更好地满足他们的需求。通过对这些信息的深入研究和分析,智慧图书馆能够把读者和馆员在长期使用和管理过程中形成的知识资源整合起来,为智慧图书馆的未来发展提供指导。这样做的目的不仅是为了提供更好的服务,也是为了保证智慧图书馆能够在服务和管理工作中保持持续、健康的发展。智慧图书馆不仅是一个提供信息服务的场所,更重要的是,它还是一个学习、交流和共享知识的社区。因此,读者和馆员的参与和贡献对于智慧图书馆的发展至关重要。

二、智慧图书馆的主要构成

(一)服务

智慧图书馆在服务层面的表现是通过精确感知和分析实现与用户需求的精准匹配。这种服务是在正确的时间、适当的地点以合适的方式向用户提供符合他们需求的资源。在这个过程中,用户体验到的是一种个性化和交互式的服务方式。在高度自动化和智能化的环境下,用户甚至无须提出明确的服务请求或输入完整的检索指令。通过整合多种数据来源,智慧图书馆能感知用户所处的物理空间和网络空间,分析他们潜在的资源需求,并提供有针对性的互动和反馈,从而提供高质量的图书馆

---

① 刘兹恒.大众创新背景下的图书馆学研究[J].山东图书馆学刊,2017(1):113-115.

服务。这种方式的优势在于，它不仅能够满足用户当前的需求，还能预测并满足他们未来的需求。智慧图书馆的服务不再是被动地提供信息，而是主动地提供解决方案。这种改变不仅提高了图书馆服务的效率和质量，也进一步提升了用户的满意度和忠诚度。

当前的智慧图书馆已经可以将各种不同地域和类型的图书馆的藏书和资源进行有效的串联，使得各种实体或虚拟资源在每个用户之间形成立体化的流动，实现用户与图书馆前后端平台的无缝连接。同时，它们也能根据用户的不同需求提供空间规划、设备获取和个性化的信息建议，以实现信息资源和知识的全面共享。现在的智慧图书馆服务正在逐步发展为一个平台，它能帮助用户自主地检索和利用信息资源。在有效地使用图书馆提供的各种类型的智慧设备的基础上，智慧图书馆正在引导用户构建适合自己的知识获取体系，从而形成结构化的信息素养。这种服务方式的优势在于，它不仅提供了用户需要的信息，还提供了如何获取和使用这些信息的工具和策略。这不仅使用户能够更有效地利用图书馆资源，还提高了他们的信息素养，这是在现代社会中越来越重要的技能。

（二）管理

在管理层面，智慧图书馆体现为人员、物体和数据流的多维度交互。它们能够基于各种数据，自动地、实时地、周期性地对图书馆的运营进行评估，并提供动态的修正方案。这种方式可以提高决策和服务质量，以达到预设的目标。具体来说，这包括用户参与的决策流程、自动优化的管理程序，以及对图书馆大数据的实时分析等。这些都是智慧图书馆在管理层面的直观体现。例如，通过用户参与的决策流程，智慧图书馆可以更好地理解和满足用户的需求。自动优化的管理程序则可以提高图书馆的运营效率，降低人工错误。而通过实时分析图书馆大数据，智慧图书馆可以持续改进其服务和运营，使其更好地服务于读者和社区。这种管理重点在于将包括图书馆馆员、用户和各种机构在内的社区在科研和业务工作中积累的互动和反馈信息集中起来。这将形成具有普适性的图书馆学研究和业务工作方法论。这种管理模式可以持续提升用户获取相关信息和公共服务的质量，并在一定程度上持续优化图书馆的核心业务。同时，它也可以让图书馆决策层利用其信息优势，更深入地融入包含用户和各种信息机构在内的广泛信息生态系统中，成为其重要的组成部分。这样一来，图书馆不再是在传统管理中被动、孤立地做出决策，而是积极参与并影响着更广泛的信息生态系统。

（三）馆员

印度图书馆学家阮冈纳赞曾经将图书馆描述为一个不断成长的有机体。[①] 作为适应后工业时代发展的产物，智慧图书馆是这个有机体的新表现形式，这一观点凸显了馆员在智慧图书馆中的核心角色。图书馆并非工厂，不进行流水线式的生产，它是信息交换的中心，这是一个强调图书馆馆员重要性和图书馆作为信息交流场所的表述。

图书馆不仅仅是一些书籍和数据库的集合，更深层次地，它是人类社会伦理、道德、法律等理论的体现。这些社会理论问题无法完全依靠技术来解决，因此即便在智慧图书馆的发展中，馆员依然是日常运营和全面发挥其功能的关键。如今，拥有优良的职业素质和专业素养的专业馆员正在不断加入智慧图书馆的建设中。这些馆员的存在不仅使图书馆工作逐渐摆脱因缺乏专业人员导致的低效重复建设，而且在技术环境日益复杂时，有助于弥补图书馆在人文情感方面的缺失。

---

① 阮冈纳赞.图书馆学五定律[M].夏云,王先林,等译.北京：书目文献出版社，1988：33-64.

第二章 智慧图书馆建设的理论之基

第一节 智慧图书馆的基本架构与应用系统建设

一、智慧图书馆的基本架构

按照智慧图书馆的定位,智慧图书馆的基本架构可以划分为系统层、资源层、应用服务层。

(一)智慧图书馆的系统层

智慧图书馆的系统层涉及三个层次,即技术层、系统层、感知层。智慧图书馆的系统层构建的目标是实现图书馆服务的高效、便捷和个性化。通过系统层的不断优化和完善,智慧图书馆能够更好地服务于读者,提高读者的满意度和图书馆的服务质量。

1. 技术层

智慧图书馆的建设,离不开一系列尖端技术的强力支持,主要有互联网技术、物联网技术、云计算技术、大数据技术、资源整合技术、社交网络技术、移动通信技术等。其中，互联网技术是图书馆信息交流的基础，实现了图书馆资源的网络化和数字化；物联网技术在智慧图书馆中扮演着至关重要的角色，使图书馆的物理实体能够互相连接和交流，为管理和服务提供便利；云计算技术则让图书馆的存储和处理能力达到了全新的水平，通过云计算，智慧图书馆可以提供大规模的存储空间和强大的处理能力，实现更加深度的数据挖掘和分析；大数据技术让图书馆能够有效地收集、分析和利用海量的用户数据，从而提供更加精准和个性化的服务；资源整合技术在智慧图书馆中的应用，使得各类资源可以更好地结合，为用户提供一站式的服务；社交网络技术则将图书馆的服务范围扩展到了社交媒体平台，使得用户能够更方便地获取信息和服务，同时使图书馆能够更好地了解用户的需求；移动通信技术让图书馆的服务不再受地点限制，无论用户身在何处，只要有网络连接，就可以获取图书馆的服务。这些技术共同构成了智慧图书馆强大的技术支撑，使图书馆真正成为一个现代化、智能化的信息服务平台。

2. 系统层

智慧图书馆的核心构成部分是其系统层，它为各种应用服务提供基础支撑，确保所有应用服务的高效和稳定运行。系统层主要包括数据管理层、数据分析层、统一认证系统、移动图书馆、信息共享系统、数据库系统。其中，数据管理层是系统层的关键部分，负责收集、存储、处理和传输大量的数据，确保数据的安全性和可用性；数据分析层通过利用云计算和大数据技术，对收集的海量信息进行深度分析和挖掘，从而发现数据之间的关联性和潜在价值，为决策提供支持；统一认证系统则对用户进行身份验证，保证了数据和服务的安全性，也为用户提供了便捷的服务入口；移动图书馆是智慧图书馆的重要组成部分，通过移动通信技术，用户无论身处何处，都可以享受图书馆的各种服务；信息共享系统使图书馆能够有效地共享和利用各类信息资源,实现资源的最大化利用;数据库系统是智慧图书馆的核心,负责存储和管理图书馆的所有数据,使用户可以方便地查询和获取所需的信息。

3. 感知层

智慧图书馆的感知层充当了图书馆的"神经系统",主要包括RFID感知、二维码认证、声音感知、光线感知、温度感知、湿度感知、烟雾感知和智能定位,负责实时采集各种基础数据和感知环境变化,为图书馆的智能运行提供关键支持。其中,RFID感知技术使图书馆能够实时跟踪和管理图书的位置和状态,从而提高了图书管理的效率和准确性;二维码认证为图书馆提供了一种简单而有效的身份验证方法,用户只需扫描二维码,就可以获取各种服务;声音感知、光线感知、温度感知、湿度感知和烟雾感知则为图书馆提供了全方位的环境感知能力,这些感知技术可以实时监测图书馆的声音、光线、温度、湿度和烟雾状况,确保图书馆的环境舒适和安全;智能定位技术则为用户和管理者提供了准确的位置信息,无论是找某一本书,还是找某一个位置,都变得非常方便。这些感知技术使得智慧图书馆能够及时地获取和反馈外界数据,以便根据外界环境的变化做出相应的反应和调整。

(二)智慧图书馆的资源层

智慧图书馆的资源层和数据层是其运行的基础,分别承担着为智慧图书馆提供内容资源和所需数据的关键任务。资源层可以被视为智慧图书馆的"血液和肌肉",它为图书馆提供了丰富多样的内容资源,包括书籍、期刊、电子资源等,这些都是图书馆为读者提供的基础信息服务。

1. 数据层

数据层为智慧图书馆提供各种必需的数据,这些数据可以分为原生数据和再生数据。原生数据主要包括图书馆原有的数据或购买的数据，如馆藏结构化数据和馆藏非结构化数据，通常包括书籍信息、作者信息、出版信息等。再生数据是图书馆各个主体在使用图书馆过程中产生的数据，包括用户行为数据、管理行为数据和感知系统数据等。此外，图书馆还会获取一些馆外资源数据，如与其他图书馆或机构共享的数据。

2.资源层

智慧图书馆的资源层担负着提供用户所需各类资源的重要任务，构成了图书馆信息资源的主体。这一层级包罗万象，既包括传统的印本资源，也涵盖了数字化、网络化的资源。

馆藏印本资源是智慧图书馆的基础，包括书籍、杂志、报纸等传统的图书馆资源。尽管智慧图书馆侧重于数字化和网络化，但这些物质形态的资源仍然是不可或缺的一部分。馆藏数字资源是智慧图书馆的一大特色，包括电子书、电子期刊、数字图片、音频、视频等，它们可以通过互联网远程访问，为用户提供了极大的便利。数据库资源也是重要组成部分，这些数据库通常集成了大量专业的、系统的信息，对于学术研究和专业学习非常有用。馆外信息资源则通过与其他图书馆或机构的合作，为用户提供更多的信息资源。多媒体资源，如影音资料、互动内容等，丰富了图书馆的服务形式，使得用户可以通过多种感官接收信息。数据资源，特别是学术数据资源，为学者们提供了宝贵的研究素材，这对于推动学术进步具有重要价值。

（三）智慧图书馆的应用服务层

智慧图书馆的应用服务层是智慧图书馆的重要组成部分，是其各种应用的载体，通过应用服务层，智慧图书馆的价值得以充分实现。

1. 应用层

应用层在智慧图书馆中起着至关重要的作用，它承载着图书馆的各种应用，正是这些应用的协同工作才使得智慧图书馆的价值得以体现和实现。应用层主要包括智慧感知系统、智慧资源系统、智慧管理系统、智慧学习系统、智慧馆员系统、智慧社交系统以及智慧服务系统等。

智慧感知系统就像是智慧图书馆的眼睛和耳朵，能够实时地捕捉和处理各种信息，提供图书馆运行所需的关键数据。智慧资源系统是图书馆的心脏，负责整合和管理图书馆的各种资源，包括印本资源、数字资源和数据库资源等，确保这些资源能够有效地被用户利用。智慧管理系统是图书馆的大脑，它对图书馆进行全面的管理，涵盖了馆藏管理、用户管理、服务管理等方面，使得图书馆的运行更加高效和科学。智慧学习系统为用户提供了专门的学习平台，用户可以在此进行自我提升和学习交流。智慧馆员系统为馆员提供了专业的工作平台，使得馆员能够更好地完成自己的工作任务。智慧社交系统是图书馆的社区中心，为用户提供了交流和分享的空间，提升了图书馆的社区活力和用户黏性。智慧服务系统是图书馆服务的主要平台，为用户提供了各种服务，包括借阅服务、查询服务、学习服务等，它的运行质量直接决定了用户对图书馆的满意度。

2. 服务层

智慧图书馆的服务层作为智慧图书馆的终端，是实现其核心价值的直接表现。服务层主要分为两大部分：参与主体、服务平台和终端。参与主体是服务层的活动主体，包括图书馆馆员、图书馆管理者、用户和合作客户。图书馆馆员和图书馆管理者是提供服务的主体，他们通过对各种资源的整合和管理，以及对用户需求的洞察和满足，为用户提供高质量的服务。用户是服务的接受者，他们通过使用图书馆的资源和服务，实现自己的学习和研究目标。合作客户则是与图书馆进行深度合作的外部单位,他们与图书馆共享资源、共同开发项目,或者为图书馆提供特殊的服务。服务平台和终端是服务交付的载体,包括内网平台、互联网平台、移动应用平台和智能显示平台。内网平台通常用于图书馆内部的管理和服务交付。互联网平台和移动应用平台则让用户能够在任何地方、任何时候获取图书馆的服务。智能显示平台,如智能信息屏、虚拟现实设备等,通过先进的显示技术为用户提供丰富和高效的信息服务。

尽管图书馆是公益机构,但现代图书馆,尤其是大学图书馆,也会提供一些面向用户深度需求的服务,如深度知识服务。这些服务往往需要更深入地理解用户的需求,提供更专业、更个性化的服务。

二、智慧图书馆的核心组成要素

(一)馆员

馆员在智慧图书馆中的角色至关重要,他们是服务的主导者和图书馆活动的执行者。在图书馆的各个运营环节,馆员的职责是不可或缺的。

馆员负责图书馆的资源建设,他们需要对图书馆的资源进行评估和选择,以确保提供的资源满足用户的需求。此外,他们还需定期更新和补充资源,以保持图书馆资源的活力和新颖性。参考咨询是馆员的重要职责之一,他们需要回答用户的问题,提供必要的参考资料,指导用户如何查找和使用图书馆资源,帮助用户提升信息检索和利用的能力。流通阅览工作关乎图书馆资源的有效利用。馆员负责管理图书的借阅和归还,确保图书的流通顺畅。同时,他们也要维护阅览环境,以提供一个适合学习和研究的空间。学科服务是馆员的专业领域,他们需要对特定学科的资源进行整理和推广,为特定学科的用户提供专业的咨询和指导服务。另外，馆员也要负责技术保障工作，需要掌握和使用各种图书馆技术，如自动化系统、数据库、电子资源等，为图书馆的运行提供技术支持。

（二）资源

资源是图书馆的核心，是提供各项服务的基础，对于智慧图书馆而言更是如此。智慧图书馆的资源不仅包含传统图书馆的印本资源，还包括一系列适应当今数字化时代的新型资源，如数字化资源、多媒体资源、数据资源。

传统的印本资源是图书馆资源的基础，它包括各种书籍、杂志、报纸等，它们提供了丰富的知识和信息，为读者的学习和研究提供了基础资料。在数字化时代，智慧图书馆的资源不应只限于传统的印本资源，数字化资源已经成为图书馆资源的重要组成部分，它包括电子书、电子期刊、在线数据库等，这些资源具有便于检索、易于传播、空间利用高效等特点，大大提升了图书馆服务的便利性和效率。多媒体资源也是智慧图书馆的重要资源，包括音频、视频、图像等，它们以更为直观和生动的方式展示信息，满足了用户多样化的需求。数据资源是智慧图书馆的新型资源，包括各种数据集、统计数据、研究数据等，这些数据资源对于学术研究、决策支持等具有重要的价值。

（三）服务

服务是图书馆工作的核心，也是图书馆存在的价值所在。对于智慧图书馆来说，为用户提供高效、贴心和个性化的服务是其主要任务。智慧图书馆的服务体系主要包括借阅服务、参考咨询服务、用户驱动的获取与服务、学科化服务以及情报研究服务等多个方面。

借阅服务是图书馆服务的基本形式，智慧图书馆通过实施自动化、无人化的借阅流程,为用户提供更为便捷和高效的借阅体验。参考咨询服务是智慧图书馆的重要服务之一。馆员需要提供专业的咨询服务,帮助用户寻找和使用图书馆资源,提升用户的信息获取能力。用户驱动的获取与服务是智慧图书馆的新型服务方式,它是以用户需求为导向,通过互动和参与,实现资源获取与服务的个性化和精准化。学科化服务是智慧图书馆的专业服务,主要为特定学科的用户提供专门的资源和服务,满足他们的学术需求。情报研究服务是智慧图书馆的高级服务,主要为决策者提供基于大数据分析的深度情报研究,以支持他们的决策。

(四)技术

技术是智慧图书馆实现其功能和价值的重要基础,它像灵魂一样,支撑着智慧图书馆各个系统的运行。智慧图书馆主要运用了物联网技术、互联网技术、云计算技术、大数据技术、社交网络技术以及移动通信技术等。

(五)建筑

建筑作为智慧图书馆的物理载体,承担着举足轻重的角色,为图书馆的工作人员提供工作环境,为图书馆资源提供保管和展示空间,为各种图书馆服务提供活动场所,并为各种系统和技术提供设备存放和运行的物理环境。如同树需要根基,水需要源泉,没有建筑作为基础,智慧图书馆也将失去它的实体基础。

图书馆建筑为馆员提供了一个专业、高效、舒适的工作环境。在这里,他们进行信息的整理、处理、研究和交流,以确保图书馆的正常运行和提供优质的服务。建筑为图书馆的各种资源提供了安全、有序、适宜的存储和展示空间。无论是传统的纸质书籍,还是数字化的资源,都需要在建筑中得到适当的安置和展示。建筑是图书馆提供服务的重要场所。阅览室、讨论区、展览厅等多样化的空间，都在为读者提供舒适、专业的学习和交流环境。另外，图书馆的各种系统和技术设备，如服务器、网络设备、物联网设备等，都需要在建筑中进行适当的布置和安置，这些设备是智慧图书馆实现其智能化服务的重要基础。

三、智慧图书馆应用系统建设

应用系统作为图书馆的窗口，扮演着极其重要的角色，它是图书馆提供各项服务的前沿阵地，也是满足智慧图书馆所有相关方需求的重要支柱。智慧图书馆不仅需要继承和优化数字图书馆、虚拟图书馆等既有系统，更需要在技术和服务创新的基础上发展出新的系统和模式。

（一）智慧感知系统

智慧感知系统是智慧图书馆的基础应用系统，它通过各类感知手段收集各种数据，并运用这些数据推动图书馆的实际业务运作。该系统可以分为图书馆运行状态感知系统和智慧环境感知系统两个子系统。

1. 图书馆运行状态感知系统

图书馆运行状态感知系统是智慧图书馆核心组件之一，它主要借助各类先进的软硬件设备，如电子显示屏、感应器、电子摄像头以及互联网和移动通信网络，实时监控、了解图书馆的运行状态，并能迅速地传递和接收相关信息。这一系统主要的监控内容包括图书馆的人流量、读者的到馆情况、图书和期刊的借还信息等。此系统的独特之处在于，它能够根据一段时间内读者使用图书馆资源和服务的情况，迅速地进行计算并做出反应。这样的功能不仅为图书馆管理者提供了精准的数据支持，还可以实时反映图书馆服务的效率和效果，以及读者对图书馆服务的需求和满意度。

2. 智慧环境感知系统

智慧环境感知系统是智慧图书馆的重要组成部分，它利用物联网技术实时监控和感知图书馆各个功能空间以及图书馆分馆馆舍空间的环境条件。该系统涵盖了对图书馆环境中的多种因素进行监测，如光照、温度、湿度、烟雾以及声音等，主要功能是对图书馆内部环境进行全方位的监控，以实时收集和返回环境数据。当环境发生变化时，这些数据能够立即传送到图书馆的管理中控系统，使图书馆能够根据这些数据及时做出调整和应对，以维持图书馆的环境稳定性。例如，通过对光照的监测，可以调节图书馆内部的照明系统，确保提供适合阅读的光线环境；通过对温度和湿度的监测，可以维护图书馆的空调系统，确保图书馆内部温度和湿度适宜，既能保护馆藏资源，又能提供舒适的阅读环境；通过对烟雾和声音的监测，可以提前发现和处理可能出现的安全问题。

智慧图书馆的环境感知系统通过智能化控制电力、水资源等，不仅能根据光线、室内外温度和人员密集度等参数自动调整和控制，从而实现节能减排的目标，还可以通过图书馆的运行状态感知系统，有效地防止发生可能威胁图书馆安全的事件，达到智能安防的效果。

（二）智慧资源系统

智慧资源系统是智慧图书馆存在的根本，是智慧图书馆非常重要的内容之一，主要包括以下4个子系统。

1. 知识发现系统

知识发现是一种处理和分析信息的过程，其目标是从各种形式的原始数据中提取有意义且简洁的知识，从而简化用户对原始数据的理解和解析过程。这个过程的核心是将复杂和烦琐的原始数据转换成有用、易于理解的知识，提供给用户。知识发现系统主要是通过运用各种相关技术，如数据仓储、资源集合、知识挖掘、数据分析和文献计量学模型，这些技术共同解决了如何整合和处理复杂异构数据库群的问题，实现了对学术资源的高效、精确和统一搜索。

2. 数字资源定位系统

利用数字资源借阅终端，用户可以方便地查询各类数字资源的分布状况，并可按需要使用各类数字资源。

3. 统一检索系统

统一检索系统建设的目的在于创建一个新的搜索平台，为读者提供强大、便利和个性化的服务，从而构建一个具有高用户黏性的个性化图书馆。这种系统应该具备以下五个主要功能特点。

（1）无缝连接互联网账户。系统允许用户使用微博、QQ、微信等社交媒体账户进行登录，为用户提供更便捷的服务。

（2）与书评网站和在线书店的互通互联。系统能够与各种书评网站和在线书店进行数据共享和交互，从而增强用户体验。

（3）个性化的借阅排行和新书推荐。根据每个用户的兴趣和阅读历史，系统能够生成个性化的借阅排行和新书推荐，提供更精准的阅读建议。

（4）提供读者推荐的绿色通道。系统应设有特定的机制，让读者能够推荐他们喜欢或感兴趣的书籍，从而增强图书馆的书目多样性。

（5）简单实用的期刊目录推送。通过系统，用户能够接收他们订阅的期刊的目录更新信息，及时了解学术进展或热门话题。

4. 特色资源管理系统

图书馆应积极结合其所拥有的各类特色资源，进行科学的分类管理和数字化处理，构建管理规范、分类明确、查询便捷的特色资源服务体系，并通过云服务平台，为用户提供方便的资源接入服务，这些特色资源主要包括反映本地历史、文化、教育、科技等特色的各类文献和信息资源。为了更好地推广和分享这些特色资源，图书馆应建立资源共享平台，使得这些特色资源能够得到广泛的传播和高效的利用。这不仅能丰富公众的知识来源，也能让更多的人了解和认识到本地区的特色和价值。

(三) 智慧管理系统

智慧管理系统的运用主要面向图书馆的管理人员和其他工作人员，该系统利用各种先进技术，并结合图书馆的发展需求和特定业务需求，推动图书馆管理的智慧化。智慧管理系统主要有以下几个子系统。

1. 二维码

二维码技术以其能够存储大量的文字、图形，甚至声音信息，被广泛应用在各个领域中。在智慧图书馆的建设和运营中，二维码的使用尤为重要和广泛。二维码可以作为用户身份识别的替代方案，用户只需扫描二维码即可实现借书、还书的无证操作，这极大地提高了图书馆服务的便利性。二维码可以作为使用指南在特定的场所提供给用户。例如，图书馆可以在各个楼层或者特定的阅览区张贴二维码，用户只需扫描二维码即可了解该区域的详细信息和使用指南。

图书馆书库中的二维码可以提供书库的分类和架位信息，方便用户查找和定位图书。二维码还可以被用于分享图书的简介和书评信息，增加图书馆的互动性和社交性。图书馆发布的信息和相关的位置信息也可以通过二维码传递给读者，提高信息传播的效率。在智慧图书馆建设过程中，对部分图书和其他馆藏以及读者证、员工证采用二维码技术，不仅可以丰富数据采集的方式，也能够弥补RFID等技术存在的不足。总的来说，二维码在智慧图书馆中的应用具有重要的价值，对于提高图书馆的运营效率和服务质量有着重要的作用。

2. 智能定位系统

智慧图书馆的定位系统是智慧图书馆必不可少的一部分，它包括馆内和馆外定位系统，旨在实现对人员、馆藏资源和图书馆自身的实时位置感知。馆外定位系统主要通过全球定位系统来定位用户的实时位置。结合大数据和云计算技术，这一系统能够实时地为用户推送他们周围的图书馆地点及相关的目的地信息，并能够为用户提供全程的位置导航服务，极大地方便了用户找到和到达图书馆。馆内定位系统主要负责定位馆内人员和馆藏资源的具体位置。这一系统主要利用 Wi-Fi（无线局域网技术）和 ZigBee 进行定位。其中，Wi-Fi 定位技术是主要的定位方式，用于提供大范围的定位服务；ZigBee 技术则作为 Wi-Fi 技术的补充，用于提高定位的精确度。

智慧图书馆的馆藏资源定位主要依赖于 RFID 的智能感知技术。每个馆藏品都附有一个 RFID 标签，这些标签可以被图书馆中智能书架的感知系统所读取。用户利用智能感知技术能够实时追踪和定位馆藏资源的位置，并且这些信息可以直接反馈到图书馆管理系统和用户的移动设备上，使得用户能够迅速、精确地找到所需的馆藏资源，大大增强了图书馆的服务人性化。智慧图书馆的建设需要综合应用各种定位技术，包括 RFID、Wi-Fi、ZigBee 和 GPS 等。这些基于位置的服务不仅可以提高读者的使用体验，也有助于提高图书馆馆员的工作效率以及图书馆整体的管理水平。总之，利用智能定位技术，可以为用户、图书馆工作人员和图书馆管理层创造更大的价值。

（四）智慧学习系统

智慧学习系统是一种网络学习平台，它融合了各种在线教学、自学、技能训练和学生培训资源，旨在为学生和教师提供全方位的教学服务支持。该系统能实现实时或非实时的教学辅导，包括网上教学指导、自主学习、图书馆技能训练、学生在线培训、师生互动、在线作业提交、在线测试以及学习质量评估等功能。智慧学习系统还为教学管理者提供了一个有效的工具，能够帮助他们监控和记录学生的学习进度和情况。通过这个系统，管理者可以安排和调整各种学习活动，根据学生的学习进度和需要，进行个性化的学习方案设计和课程调整，从而实现高效、有针对性的学习。这样的智慧学习系统无疑将对教学管理和学习效果带来深远影响。

慕课，又称为"大规模开放在线课程"，是一种新兴的在线学习模式，它为学生提供了更广泛、更灵活的学习机会。在智慧图书馆中，这种模式被有效利用，让图书馆的用户能够在网络学习平台上直接接受慕课教育。慕课不仅将优秀的教学资源开放给大众，还可以将这些资源与图书馆的先进在线平台结合，创造更高效的学习环境。在这样的环境中，图书馆的用户可以随时随地进行学习，突破地理位置的限制，也可以充分利用图书馆丰富的资源，如电子书籍、数据库等，为学习提供更多的参考资料。在这种模式下，智慧图书馆不仅仅是一个传统意义上的信息储存和获取场所，更是一个学习、研究和交流的综合平台。慕课的引入让智慧图书馆成为用户自我提升、终身学习的重要场所，大大提升了图书馆的服务水平和用户满意度。

（五）智慧馆员系统

智慧图书馆的建设不仅转变了图书馆的运营方式，也对图书馆的馆员提出了更高的要求。他们不仅需要熟练地运用各种智慧应用系统，而且需要成为能够解决读者问题的专家。这就需要智慧馆员系统的支持，智慧馆员系统是智慧图书馆的核心支撑系统，其建设内容主要包括如下几点。

1.馆员工作站业务系统

馆员工作站业务系统是图书馆工作的基石，它为馆员提供了一个方便可靠的平台来执行各种图书管理任务。该系统的功能包括但不限于图书信息核查、图书盘点以及图书出借情况的登记。这个系统的设计和开发应根据图书馆的实际业务需求进行。这意味着需要首先对图书馆的运营模式、服务流程以及用户需求进行深入的了解，以便创建一个与图书馆工作实际相匹配的系统。

2. 智慧馆员培训系统

在图书馆的转型过程中，馆员的角色也需要随之升级，即从传统的图书管理员转变为所谓的"智慧馆员"。这个转变需要通过专门的培训和学习来实现，因此，建立智慧馆员培训系统是至关重要的。智慧馆员培训系统是一个全面的学习平台，旨在满足不同馆员的培训需求。该系统可以同时满足集体和个人培训的需求，提供灵活的学习方式，以适应不同馆员的学习节奏和风格。对于集体培训，系统可以提供在线课堂、讲座或研讨会，以便馆员能够共同学习和讨论。对于个人培训，系统可以提供各种自学课程、模拟操作以及在线辅导等，以帮助馆员在自己的节奏和时间表上学习和提高。

3. 馆员任务管理系统

面对馆员各自独特的工作任务，开发个性化的馆员任务管理系统是一个关键步骤。这个系统主要根据图书馆的内部工作需求，对各种工作任务进行详细的分解和管理。任务管理系统的关键作用在于，它能够把一项大的工作任务分解成若干个小的、具体的、易于管理的子任务。这种分解方式可以帮助馆员更清晰地理解他们的责任和期望，从而提高他们的工作效率。

此外，该系统还提供了一个动态管理平台，可以实时追踪和更新任务的进度。这种动态管理模式不仅可以让馆员时刻了解任务进展，也有助于提升整个图书馆的作业管理水平和执行效率。

4. 馆员综合管理系统

馆员综合管理系统是一种全面的、个性化的信息系统，用于处理与馆员工作直接相关的各种业务，如考勤记录、绩效评估、职务等级、财务收支。该系统是馆员自我管理的重要工具，可以帮助他们追踪自己的工作表现，记录出勤情况，明确职务级别，并管理个人的财务状况。它提供了一个集中化、易于使用的平台，让馆员能够便捷地自助办理各项业务。在整体的工作流程中，这个系统可促进提高透明度和效率，对于管理者来说，它也可以提供关于图书馆馆员工作表现的宝贵数据。

（六）智慧社交系统

信息技术的飞速进步正在转变生产方式，并深刻影响人们的生活模式，移动社交应用的普及尤为突出，通信方式已从传统的电话和短信转变为微信等移动应用。在这样的背景下，智慧图书馆应积极响应这一变化，将实现强大的智慧社交功能作为建设的重要目标，这不仅是智慧图书馆自身的发展需求，也是顺应新一代读者需求的必然选择。智慧社交系统的构建应以"为读者提供一种集学习、社交和娱乐于一体的环境"为基本理念，并采取线上线下融合发展的方式。这种方式不仅提供了全方位的支持，也让读者能够在交流学习、社交活动和娱乐之间无缝转换。智慧社交系统通过深度融合线上线下的服务，致力于打造一种可以满足新一代读者多元化需求的全新的图书馆体验。智慧社交系统的建设内容如下。

1. 微信服务平台

微信作为广泛使用的社交工具，已经深度融入人们的生活。在图书馆中，充实并完善微信服务平台的功能对于图书馆与读者之间的沟通具有重要的意义。这个平台的主要功能包括以下几个方面：首先，微信号与借书证号的绑定让读者能够通过微信直接进行图书借阅和场馆预约等操作，这大大方便了读者。其次，微信号也可以作为管理个人图书馆账户的工具，使读者可以随时查看各种个人数据，包括已借阅的图书、借阅历史、逾期罚款等信息。再次，微信平台可以使读者直接获取图书馆内外的各类资源，包括电子文献和影音资源等。最后，微信还可以作为缴纳各类费用的工具，包括逾期罚款，打印、复印以及其他有偿服务的费用。在活动预约方面，读者可以利用微信预定各类讲座、影视节目的座位。另外，微信也可以作为服务学科发展的工具，通过建立学科微信群，满足学科发展的需求。通过以上功能的整合，微信服务平台不仅提供了全面的图书馆服务，也极大地提高了读者使用图书馆服务的便利性和效率。

2.读者评价系统

读者评价系统为读者提供了一个平台，使读者能够表达他们的观点，分享自身的阅读体验，并与其他读者互动。这样的系统可以增加读者的参与度，也可以提高他们的阅读质量和深度。该系统鼓励读者积极参与评价，提出高质量、负责任的评价，这可以通过设立积分机制来实现，即通过评价获得积分，激励读者投入更多的时间和精力阅读和评价图书。

读者评价系统不仅鼓励读者多做评价，也促使他们认真对待评价。这种积分系统可以设置多层次的奖励，如对有深度、质量高的评价给予更多积分。这种方式可以培养读者的批判性思维，鼓励他们发表有深度的评论，从而提升整个阅读社区的质量。

3.读者荐购系统

图书馆应该充分考虑读者的需求，并努力满足这些需求。读者荐购系统是一种能够直接获取读者需求并且将其转化为图书馆采购行动的机制，该系统允许读者直接向图书馆建议他们希望看到的图书或其他资源，尤其是那些图书馆尚未收藏的图书。这种反馈能够帮助图书馆了解到哪些书籍或资料对读者有价值，并有可能影响未来的采购决策。

4. 合作客户渠道

图书馆应建立一个专门的平台或窗口,为其与出版商、书店、地方文化资源提供者、其他图书馆以及其他有业务往来的机构进行业务交流和联络。这个平台的作用就像一个沟通的桥梁,让所有相关的合作伙伴能够更便捷地进行业务交流和信息交换,从而提高合作的效率和效果。例如,这个平台可以使得图书馆更快速地从出版商那里获取新书的信息,或者与其他图书馆分享和交流藏书的情况和策略。同时,它也可以为图书馆与地方文化资源提供者建立更紧密的合作关系,共享资源,共同发展。通过建立这样的在线业务平台,图书馆可以进一步加强与各类合作伙伴的合作关系,简化业务流程,并为未来的业务发展提供强大的技术支撑。这将有助于图书馆更好地服务于读者,也能为合作伙伴提供更优质的服务。

(七)智慧服务系统

智慧服务是智慧图书馆的核心功能,不仅包括图书馆传统服务的智慧化,还包括利用各种新技术提供的创新服务。智慧服务系统主要包括以下子系统。

1. 自助服务系统

智慧图书馆的一项重要特征就是提供多种自助服务,以满足读者的个性化需求并提高服务效率。这种自助服务让读者能够按照自己的需求和喜好,自主选择和使用图书馆的各项服务,从而提升他们的满意度和图书馆的服务水平。自助服务的内容十分丰富,包括自助办证,自助借还书籍,自助打印、复印、扫描,自助预约图书馆内的开放空间,自助检索电子资源,以及自助缴纳各项费用等,这些服务的存在,让读者能够在图书馆中轻松完成各种任务,而不需要等待工作人员的协助,从而提高了读者使用图书馆的效率。同时,自助服务也让图书馆工作人员能够将更多的精力投入更专业的服务中，如读者咨询、专题讲座、藏书整理等。此外，根据图书馆和读者的实际需求，图书馆还可以开发更多新的自助服务项目，进一步丰富图书馆的服务内容，提升读者的服务体验。

2. 移动图书馆

移动图书馆利用了先进的移动通信网络、互联网和多媒体技术，为读者提供了一种无论何时何地都能方便地查询和浏览图书馆信息的方式。这种方式允许读者使用各种便携式移动设备，如手机、PDA（掌上电脑）、手持阅读器和平板电脑等，获取图书馆的纸质图书和电子资源。读者可以通过移动端的应用程序来享受图书馆提供的一系列服务。其中，移动图书馆的一个重点是解决手机客户端访问的联机公共检索目录系统问题。通过访问移动 APP，读者可以实现基本字段检索、书目查询、全文阅读、新书预约、图书续借、新书通报和关注等主要功能。这意味着读者可以随时随地进行图书检索和管理，大大提高了他们的使用效率。

除此之外，移动图书馆还应具备提示书籍阅读期限、到期提醒等功能，以帮助读者及时归还图书，避免逾期的情况发生，提升了图书馆服务的用户体验。

3. 个性化定制服务

个性化定制服务是根据读者的特定兴趣、职业特性和地理位置等因素提供的精准服务。个性化定制服务充分考虑每位读者的独特需求，提供精准的图书推荐，使读者能够接触到与他们兴趣、专业或工作相关的图书。例如，对于电子期刊订阅，图书馆可以根据读者的阅读偏好和专业需求，提供定制化的期刊选择，使其了解相关领域的最新信息。根据读者的兴趣和时间安排，图书馆可以提供个性化的讲座推荐服务，让读者能参与他们感兴趣的活动。个性化的科技查新服务能根据读者的工作或研究领域，提供最新的科技动态，使他们始终保持在知识前沿。针对爱好视听媒体的读者，图书馆可以提供个性化的影视媒体欣赏安排，让他们能观看到感兴趣的影视作品。个性化定制服务始终站在读者的角度，结合读者的实际需求进行优化和完善，以满足读者的期待。

4. 特色服务

智慧图书馆可以从实际需求出发，推出各式各样的特色服务，吸引更多的读者，让阅读服务更广泛、更多元、更智慧。

第二节 智慧图书馆建设的目标与内容

一、智慧图书馆建设的目标

构建智慧图书馆的过程并不是各种新兴技术的堆叠，而是从图书馆的独特需求和特性出发，利用物联网、信息技术等高新技术实现图书馆业务的全面提升和服务能力的增强。概括来说，智慧图书馆建设的目标主要包括以下4个。

（一）建设一个全面感知的智慧图书馆

建设智慧图书馆的首要目标是构建一个全面感知的系统。在这个系统中，感知技术和感知系统被用于采集和存储图书馆的运行数据、用户的行为数据，以及图书馆外部的相关数据。这些数据是实现智慧管理和智慧服务的基石，因为它们能够提供关于图书馆运行状况和用户需求的深度和全面的理解。

全面感知的智慧图书馆并不仅仅意味着对图书馆内部运行的深入理解，也包括对用户行为和需求的洞察。例如，通过跟踪和记录用户的搜索查询、浏览历史和借阅记录，感知系统可以深入了解用户的阅读偏好、课程需求、研究方向等。此外，通过分析用户在图书馆内的行为路径，如用户在哪些区域停留的时间最长、最常使用哪些设施等，图书馆可以有针对性地优化空间布局和设施配置。

全面感知的智慧图书馆包括对图书馆运行数据的全面理解，包括对图书馆的藏书、借阅、预约、罚款等业务数据的详尽记录和分析，以便对图书馆的运行效率和服务质量进行持续优化。例如，图书馆通过分析图书的借阅数据，可以调整藏书策略，优化图书采购和淘汰机制；通过对罚款数据的分析，可以找出并改进图书馆政策的漏洞和不合理之处。

全面感知的智慧图书馆还要求图书馆对外部相关数据进行收集和分析，包括对学术界的研究趋势、学科发展方向、新出版的书籍等进行持续的跟踪和关注，以便及时调整图书馆的服务策略和藏书策略。同时，图书馆还需要关注社会热点、公众需求等信息，以便提供更符合社会需求和公众期待的服务。

（二）建设一个广泛互联的智慧图书馆

广泛互联就是将智慧图书馆的相关因素和参与方互相连接起来，既要实现人人相连、书书相连、书人相连，又要实现更高层次上的馆馆相连、网网相连、库库相连，使过去相对孤立的图书馆各个单元和服务模块有机融合，实现互联互通，创造出新的价值。

（三）建设一个开放泛在的智慧图书馆

开放泛在的智慧图书馆构想是基于现代信息技术和社会发展趋势的产物，它将图书馆的服务逐步从传统的、有限的物理空间中解放出来，实现图书馆服务时间、空间的全面开放。

时间的开放是指图书馆的服务时间的延长和无缝化。智慧图书馆应能满足用户24小时全天候的学习和信息获取需求，通过自助服务设备、在线咨询和资源访问等方式,让用户随时随地都可以使用图书馆的服务和资源。这不仅方便了用户,也充分提高了图书馆的服务效率和利用率。服务范围的开放则体现在服务对象和服务内容两个方面。一方面,智慧图书馆不再仅仅为特定的用户群体服务,而是面向全社会,服务所有的信息和学习需求者。另一方面,智慧图书馆也不再只提供传统的图书借阅和参考咨询等服务,而是拓展到电子资源、在线学习、文化活动等多种服务领域,以满足用户的多元化、个性化需求。

泛在的图书馆服务是指图书馆的服务无论在物理空间还是在虚拟空间,无论在固定设备还是在移动设备,都可以方便用户使用。例如,用户可以在图书馆的实体空间中通过自助设备或人工服务窗口获取服务,也可以在家中或路上通过互联网、移动设备等获取同样的服务。此外,图书馆的服务也可以延伸到社交媒体、学习平台、企业和社区等多种场所,以最方便用户的方式提供服务。

(四)建设一个深度融合的智慧图书馆

深度融合的智慧图书馆的建设是一个将各种先进的信息技术,如物联网、大数据、云计算以及以5G为代表的移动通信网络等融入图书馆的各个方面的过程,这不仅包括图书馆的建筑设计、资源建设、管理和服务,还包括图书馆的平台和设备。这种深度融合使得图书馆能够提供一体化、一站式的服务体验。

物联网和5G移动通信技术的应用,使得图书馆的设备、资源和服务能够相互连接,实现无缝对接。用户可以通过各种移动设备随时随地访问图书馆的资源和服务,使得图书馆服务的便利性和可达性得到了极大的提升。物联网技术还可以帮助图书馆实现智能管理,如智能图书管理、智能环境控制等。大数据和云计算的应用使得图书馆能够对大量的用户行为数据进行采集、分析和应用,以提供更加精准和个性化的服务。通过分析用户的搜索行为、借阅行为等，图书馆可以了解用户的需求和偏好，推送符合用户需求的资源和服务。云计算技术则使得图书馆的资源能够存储在云端，用户可以随时随地访问，极大地提升了图书馆资源的可用性。

这些技术融入图书馆的建筑设计，可以构建符合现代化需求的智能图书馆。比如，通过物联网技术，图书馆可以实现环境的自动调控，提升阅读环境的舒适度。通过大数据和5G技术，图书馆可以实现空间的智能化管理，提升空间的使用效率。

二、智慧图书馆建设的内容

随着社会的数字化、网络化发展，各种挑战接踵而至，图书馆一直面临着各方面的压力，如要不要转型、如何转型。从另一个角度来看，社会的发展，也为图书馆开创了一个前所未有的时代，包括传统的馆舍、资源建设以及服务创新、合作共享、数字平台建设、阅读推广等，都是图书馆发展的崭新成果。随着移动互联网和物联网的兴起，以及平板电脑、智能手机和可穿戴设备的广泛应用，用户需求发生了显著变化，他们不再仅满足于获取文献信息，而是更期待直接获取知识和享受智慧服务，随之而来的是图书馆服务模式的与时俱进。下面简单列举了不同发展形态下的图书馆主要服务模式，使这一变化表现得更加直观、清晰，如表2-1所示。

表2-1 不同发展形态下的图书馆主要服务模式

服务模式	传统图书馆	复合图书馆	数字图书馆	移动图书馆	智慧图书馆
文献借还	√	√	√	√	√
讲座培训	√	√	√	√	√
自习阅览室	√	√	√	√	√

续表

服务模式	传统图书馆	复合图书馆	数字图书馆	移动图书馆	智慧图书馆
参考咨询服务		√	√	√	√
自动化管理系统		√	√	√	√
微博微信服务			√	√	√
通借通还			√	√	√
手机图书馆				√	√
智慧安防管理系统					√
自助服务					√
3D全景导航					√
智能机器人					√
智慧泛在服务					√
信息共享空间					√

（一）图书智能分拣、盘点系统

RFID 标签的应用彻底改革了图书馆的工作流程。与 RFID 设备配套使用，图书馆的数据流管理业务流程经历了一系列变化，从采编到分拣，再到盘点，最后是借阅，全过程变得更加高效和精准。每本新入库的图书都需要进行分类编目和粘贴标签工作，RFID 标签的添加赋予每本书一个独特的电子身份，提高了书籍管理的效率。自动分拣系统会根据 RFID 标签上的信息，进行书籍的快速分配和上架，这大大降低了人工分拣和上架的复杂性和耗时。读者在完成借阅后，可以通过自助借还设备进行图书的归还，归还的图书由分拣系统整理并重新分配和上架，这种自助服务不仅方便了读者，也大大减轻了图书馆工作人员的负担。而且，RFID 标签的存在也极大地简化了图书的清点工作。RFID 读写设备可以自动读取书籍的标签信息，并实时更新书籍的存放位置，使得图书的在架情况一目了然。

（二）馆内自助系统

1. 自助借还一体机

自助借还一体机的应用，极大地改变了图书馆服务模式和读者的借阅体验，该设备不仅可以提供 24 小时无人值守的服务，使读者不再受制于服务台的工作时间，还大大提高了借还书的效率，实现了真正的自助服务。对于拥有图书馆智能卡的读者来说，自助借书变得非常简单，他们只需将智能卡片和所借图书放在自助设备的感应区内，设备就会自动扫描和识别，读取卡片上的用户信息和书籍信息，之后，用户只需核对并确认这些信息，就可以完成借阅。这一过程不仅简单快捷，而且用户可以在任何时间进行借书操作，这大大提高了图书馆的服务效率。与此同时，自助还书的流程更加简便，读者只需选择设备显示屏上的"还书"选项，将要归还的图书放在感应区，设备会自动识别并确认归还信息。在这个过程中，读者无须出示借书卡，甚至可以同时归还多本图书，大大节省了时间。

自助借还一体机的使用，不仅让读者借阅图书变得更加便捷，也显著减少了图书馆工作人员的工作量。最重要的是，这种设备提高了图书的流通速率和图书馆的服务品质，带来了更好的用户体验。

2.座位预约系统

RFID 技术也在座位预约系统中得到了广泛应用,这为图书馆内的用户和设备之间建立了有效的连接。每个座位上都安装了重量传感器,通过图书馆的无线网络,传感器可以实时地发送座位是否被占用的信息,所有的信息都会被汇总到控制中心,然后在显示屏上以图形化的方式展示出来。读者可以根据自己的需求和喜好到图书馆预约座位,也可以通过"我的图书馆"这样的移动应用程序在移动设备上进行预约。座位预约系统的应用既体现了图书馆的智能化,也体现了人性化的服务理念,可以满足读者多样化的需求,使读者可以选择他们最喜欢的座位。同时,对于那些恶意预约座位的用户,图书馆也可以通过限制他们的预约权限或者减少他们的借阅数量等方式进行处罚,以此来遏制这种行为的发生。

3.图书馆多媒体终端机

图书馆导航、书目检索和报纸期刊的阅读,如今都可以通过自助操作来完成。此外,图书馆也可以通过自助操作设备为读者展示和宣传图书馆的各种资源和服务。

4.自助打印复印一体机

用户可以根据自己的需求,使用图书馆的自助打印复印一体机。这不仅方便了用户,也节省了图书馆工作人员的工作量。而且,用户还可以将自己需要的纸质图书资源扫描并发送到自己的邮箱中,这样他们就可以在任何有网络连接的地方,完成打印操作。这无疑大大提升了用户操作的便利性和图书馆的服务水平。

5.触摸屏阅报机

图书馆内配备多台触摸屏阅报机,可以让读者方便地阅读报纸和期刊。并且,这些设备还能提供图书馆 3D 全景地图导航服务,帮助读者在图书馆内快速找到他们需要的资源或服务区域。

（三）智能管理和安全系统

1. 综合能耗管理系统

在智慧城市的大背景下，智慧图书馆的建设不仅关注技术和服务的提升，还强调建筑主体的环保和节能特性。以此为基础，智慧图书馆采用了综合能耗管理系统，实时监测并优化图书馆的内部环境，包括空调、照明、给排水等各项设施。该系统通过在相关设备内部嵌入传感器，可以实时监控并控制图书馆的内部环境，以确保读者的舒适度和安全。例如，空调的温度可以根据内部环境的变化自动调节，照明的亮度也可以根据天气和时间的变化进行智能调整。系统还可以对图书馆内的设备进行在线监控，确保设备的良好运行状态和低能耗。智慧图书馆在建筑设计和建材选择上也秉持环保和节能的原则。例如，它会根据所处的地理环境选择绿色环保的建材，以降低建筑的环境影响。此外，智慧图书馆还会充分利用当地的气候因素，如通过设计合适的建筑布局来最大限度地利用自然光，或者通过合理的通风设计来利用自然风，从而实现图书馆的安全和节能。

2. 图书安全防盗系统

在智慧图书馆的建设中，图书安全防盗系统采用射频识别和磁条两种技术来保障图书的安全。正常借阅的图书需要满足三个条件：EAS防盗位、EPC编码字段中的标签类型位、消磁。在网络连接状态下，防盗系统可以实时监控图书的状态，如果发现有图书没有满足上述三个条件，系统将启动声光报警，以提示工作人员进行处理。在网络断开的情况下，该防盗系统仍然可以进行离线报警，保证图书馆的安全。例如，EM-2005电磁波防盗系统，就是一个高效可靠的图书防盗系统。该系统灵敏度高，盲区小，功耗低，寿命长，并且可以支持多通道联机使用，每个通道都可以单独报警。它采用全数字调制技术，并配合微电脑控制技术，具有强大的抗干扰能力，能够有效避免由金属干扰引起的误报。

3. 智能门禁系统

在智慧图书馆的构建中，智能门禁系统的组成主要包括门禁控制器、门禁读卡器、门禁管理软件、电控锁、开门按钮以及管理电脑和门磁等部件。该系统不仅负责控制图书馆的出入权限，还能够联网并与其他安保系统集成，为图书馆提供全面的安全保障。智能门禁系统的联网功能使得它能够同时集成报警系统，这对于应对图书馆内的各种突发事件有着重要的意义。例如，当图书馆内部出现火灾等异常情况，发出火灾警报时，门禁系统可以自动开启消防门和其他安全出口，以便馆内人员及时逃生。另外，消防门上安装的电控锁也具有智能化的设计，在火灾等紧急情况下，电控锁可以自动断电，从而确保消防门打开，为馆内人员提供逃生路径。

（四）移动服务建设

在 21 世纪，互联网和信息技术飞速发展，这一进步为图书馆业带来了翻天覆地的变革。具体来说，图书馆的服务方式和服务载体都经历了重大的变化。在服务方式上，图书馆从基础的短信服务逐渐转变为网站服务，并进一步发展为移动 APP 服务，这种进步不仅使得图书馆服务更为便捷和高效，也更好地满足了用户随时随地接受图书馆数字化服务的需求。在服务载体方面，从普通手机到智能手机，再到电子阅读器和平板电脑，这些设备的迭代更新使得用户可以更为方便地接收和处理图书馆的信息。这种载体的变革进一步推动了图书馆服务方式的转型和升级。

在智能化和互联网技术的推动下，图书馆已经成功转型为广泛互联互通的智慧图书馆。这种转型不仅大大提升了图书馆的服务能力和效率，也进一步丰富了用户的阅读体验。智慧图书馆通过手机、阅读器、互联网协议电视等多种设备，可以实现无缝对接，提供全方位的信息服务。这些设备不仅能够让用户随时随地获取信息，也可以方便用户与图书馆进行信息的双向传输。特别是移动设备，如手机和平板电脑，成为现代图书馆服务的主要载体。利用这些设备的无线上网功能，用户可以随时随地接入图书馆，实现与数字图书馆的无缝对接。在功能服务上，借助 4G、5G 等高速网络，以及移动短信咨询平台、移动阅读和交流平台、网络信息浏览平台等多种工具，智慧图书馆可以为读者提供丰富多样的服务。这些服务不仅包括书目查询、图书续借、预定和到期提醒，还包括参考咨询、读者荐购、个性化定制和移动阅读等。

现代科技的发展使得用户对图书馆服务的使用和获取更为便捷。用户现在可以通过智能手机进行各种图书馆自助服务操作，不论身处何处，都能轻易地进行书目检索、图书预约续借，以及到期查询。更为便利的是，图书馆的最新公告信息以及讲座预告信息也能够实时获取。这些功能的实现为用户的阅读体验提供了极大的便利。在电视方面，数字图书馆与数字电视的交互也在不断发展。通过开发相应接口，两者之间的互联已经成为可能。这意味着用户不需要离开家，只需通过电视，就能够享受到图书馆的各种服务。比如，用户可以在电视上预约或续借图书，查询自己的借阅信息，阅读馆藏的电子书刊，甚至观看视频公开课资源。

（五）智慧空间重构

在互联网技术的推动下，图书馆的功能和结构正经历着一场深刻的变革，那些仅以安静的阅览室为主体的传统图书馆，已经无法满足现代用户多元化和互动化的需求。从世纪之交的开放获取运动开始，信息的开放和共享成为新的趋势，这不仅在信息领域产生了深远影响，也推动了图书馆管理和服务的转型，信息共享空间应运而生。艾奥瓦大学于 1992 年率先尝试将电脑室、视听室和阅览室整合，形成一个以讨论和交流为主要功能的信息共享空间，这开创了图书馆空间再造的先河。自此以后，各类形式的信息共享空间如雨后春笋般在全球范围内蓬勃发展，如学习空间、创客空间和联合办公室等，这无疑为图书馆提供了转型的机遇。信息共享空间的出现和发展，不仅丰富了图书馆的空间形式和功能定位，也为用户提供了更加灵活和多元的学习交流环境。这使得图书馆从单纯的信息提供者逐渐转变为用户学习、创新、交流的场所，从而更好地适应和满足现代社会的信息需求。

信息共享空间是一种新颖的服务模式，旨在推动图书馆用户间的交流、学习、协作和研究，同时以培养用户的信息素养为目标。美国北卡罗来纳大学 Charlotte 图书馆的前 IC 主任 Donald Beagle 从两个方面对信息共享空间进行了定义和阐述。①信息共享空间是一个独特的在线环境，这里的用户可以利用网络工作站上的搜索引擎检索图书馆的馆藏和其他数字资源，同时，通过用户界面，用户可以获取各种各样的数字化服务。②信息共享空间也是一种全新的物理设施和空间，它可以被视为一个全新的信息环境，可以是图书馆的某个部门、某一层楼，或者独立的物理设施。在这种数字环境下，信息共享空间除了提供对工作空间的整理和管理服务，在第一种模式的基础上，还增加了图书馆馆员的服务。①浙江大学图书馆的信息共享空间展示了如何有效地利用和改造现有设施以满足新的需求，它于 2012 年 9 月正式向公众开放，基于原有的电子阅览室进行改造，形成了 8 个功能区域，这些区域包括多媒体空间、知识空间、学习空间、研究空间、文化空间、系统体验空间、创新空间、社交空间。

---

① Beagle D. Conceptualizing an information commons[J]. Journal of academic librarianship, 1999, 25（2）: 82-89.

(六)泛在智慧服务建设

图书馆服务的演变反映了信息技术的发展和用户需求的变化。初期,图书馆主要提供文献服务,侧重于提供文献载体。随着信息技术的发展,图书馆开始提供信息服务,更注重信息的传播。在智慧时代,图书馆的服务模式需要再次转型,从提供知识的场所向培育用户智慧的空间转变。智慧图书馆将用户的智慧生成过程作为中心,以智慧创造为目标,努力培育用户运用和创新知识的能力。这种服务模式注重根据用户的需求、偏好和心理认知提供个性化服务。例如,当用户进行资源检索时,图书馆不仅能够反馈原始信息,而且能够快速分析检索结果,将其组织成综述或研究报告供用户参考,并按照用户需要的格式,从多种形式的用户终端导出。智慧图书馆服务的实质是帮助用户更有效地获取、理解、使用和创新信息。它不仅包括传统的文献和信息服务,还涵盖了个性化服务、智慧创造支持和知识管理等多种服务,能够更好地满足用户在学习、研究和工作中的各种需求。

在泛在网络环境下,图书馆正在改变其传统的服务模式,更加聚焦于满足用户个性化的需求。相比于以往注重对信息资源的占有和检索效率的提升,现代的智慧图书馆更多地从用户的角度出发,提供个性化和集成化的服务。智慧图书馆的服务不再仅仅停留在信息的传播和提供上,而是更多地融入用户的学习和科研生活中。通过移动感知技术,智慧图书馆能够获取用户的原始数据,然后运用数据挖掘技术,获取隐性知识,这些知识可为用户提供更加精准的个性化服务提供依据。

图书馆的情境感知服务可以在移动环境下通过利用各类智能终端以及移动传感设备收集和理解用户的原始情境信息。通过这种方式,图书馆能够更好地理解和适应用户的需求,并为他们提供更为精细和个性化的服务。在智慧图书馆中,个性化和主动服务模式逐渐成为主流。定制服务、聚合服务、推送服务和预约服务等都是其重要的组成部分。定制服务是基于RSS(简易信息聚合)即信息聚合技术开展的个性化服务。这项技术有能力过滤和聚合信息,将指定信息主动推送给用户,因此在图书馆中的具体应用很多,如新书通告、电子期刊RSS服务,以及为读者提供个性化信息的定制服务等。推送服务是依据用户的信息需求,通过智能分析用户请求,使用数据挖掘等分析技术,实现主动信息推送。在图书馆泛在云平台的基础上,通过语义关联技术,系统能够根据用户的历史访问记录和关注领域推断其喜好特征,建立需求预测模型,通过电子邮件和RSS等方式,向用户推送最新的科研信息。预约服务涵盖了纸质资源和数字化资源的预约,自习座位、研讨室等移动设施的空间和设备预约,以及培训预约等。这项服务方便了用户预先规划他们的学习和研究行程,提高了图书馆的使用效率。

(七)智慧机器人

按照系统功能的不同,图书馆智慧机器人服务大致可分为以下四种。

1. 机器人与立体仓库结合的应用系统

将机器人技术与立体仓库相结合的应用系统是一种新型的图书管理方法,其主要目的是提升大型图书馆的自动化处理能力。在这种系统中,比较常见的应用有机器人图书堆叠管理系统等,主要用于自动化地存储和取回图书,可以显著提升工作效率和精确度。

2. 图书馆搬运机器人系统

图书馆搬运机器人系统是一种通过自动化技术实现图书管理的新颖方式,该系统通过预设的路径和任务,自动进行图书的搬运、放置等工作,极大地提高了图书馆的工作效率和准确度。洪堡大学图书馆的

AGV（移动机器人）系统是这类技术的代表之一，该系统不仅能完成图书的搬运和放置，还能进行图书的分拣和上架等复杂任务，该系统的价格较为昂贵，这使得它在一些资金有限的图书馆中难以得到应用。相比之下，日本大阪市立大学图书馆的 AGV 图书馆机器人则更具经济性。尽管这种机器人只能完成图书的搬运和放置等简单的重复性工作，但是由于其价格低廉且工作效率高，因此得到了广泛的应用。

3. 全自主智能图书存取机器人系统

全自主智能图书存取机器人系统是一种前沿的图书馆技术，它具有高度的智能化和自动化程度。这种系统能自动执行一系列的图书馆操作，包括图书的搬运、存取、上架、下架和整理等任务。它的出现预示着图书馆服务将迈向更高级别的自动化和智能化。目前，这项技术还处于研究和开发阶段，虽然其理念先进且潜力巨大，但由于它涉及的技术难度高，如机器人的自主导航、对象识别、精细操控等技术，这些都需要克服才能使机器人系统真正实现全自主智能化操作。同时，研究和开发这类系统的成本也相当高昂，这也是目前阻碍其广泛应用的一大因素。

4. 智能参考咨询机器人

智能参考咨询机器人是现代图书馆服务的新趋势，与其相关的软件大致可以划分为数字参考咨询软件、即时通信软件以及用户定制软件。这些软件和机器人能够以智能化和高效的方式解答读者的疑问，可以提供定制化的信息服务，大幅度提高图书馆服务的质量和效率。在这些机器人中，即时通信软件型的咨询机器人特别受欢迎。例如，清华大学图书馆的智能"小图"和上海交通大学图书馆的"小交"，这些机器人利用即时通信软件进行实时的用户互动，为读者提供参考咨询服务。即时通信软件型的咨询机器人具有许多优点，如成本低廉、交流便捷、覆盖面广等，使得它们在推出之后就广受欢迎。它们不仅能即时回答用户的咨询，而且由于采用的是云计算技术，可以随时随地为用户提供服务，极大地提升了图书馆服务的质量和便捷性。

第三节 智慧图书馆建设的原则

一、标准化和规范化原则

在智慧环境下，图书馆的信息采集、加工、传播和利用都离不开网络的支持。互联网的无处不在不仅对图书馆的建设提供了极大的便利，也为图书馆在全国乃至全球范围内的事业体系的形成提供了可能。然而，想要实现这种全面的共建共享，统一的标准和建设规范是非常必要的。标准化和规范化是智慧图书馆建设的重要前提，这样才能保证信息服务的质量，提高工作效率，降低工作难度，更好地满足读者的需求。没有统一的标准和规范，就无法保证信息服务的质量和效率，也无法满足用户的多元化需求。标准化和规范化也是实现图书馆信息资源共享的前提。只有在统一的标准和规范的基础上，各个图书馆之间的信息资源才能实现有效的共享，从而形成一个完整的图书馆事业体系。

因此，标准化和规范化对智慧化建设的成功具有直接的影响。例如，国际上通用的数据格式标准规范、统一的网络通信协议、符合行业标准规范的设备等，都是建立智慧图书馆、实现系统互联互通、发展智慧服务的基础。对于数字资源系统的构建，采用统一的数据格式可以确保不同类型、不同来源的资源可以被系统有效地管理和利用。统一的网络通信协议则保证了各个系统之间的顺畅沟通，使得信息能够在各个系统之间无障碍地流动。在技术平台的构建上，统一的标准和规范以及兼容性强的软硬件设备可以确保不同技术平台之间的顺利对接，使得各类服务可以在各个平台上顺利进行。另外,对于信息服务系统的开发,统一的标准和规范使得服务开发者可以依据相同的要求进行开发,避免了重复劳动,提高了开发效率,也保证了服务质量的一致性。总之,智慧图书馆的建设和服务功能的实现,必须建立在统一的标准和规范的基础之上。未来,智慧图书馆需要进一步加强标准和规范的制定和推广,确保高效、有序地发展。

二、开放性和集成性原则

智慧图书馆作为未来的发展方向,将在互动性、便利性、个性化服务和信息管理等方面带给读者前所未有的体验。它打破了传统图书馆的服务模式,让图书馆的角色从单一的信息提供者转变为用户和信息之间的桥梁,也使用户从被动接收者变为信息的创造者和传播者。在移动互联网的基础上,智慧图书馆使信息的创建、处理、传输和搜索达到了前所未有的高效和便捷。通过技术手段,智慧图书馆可以实现图书馆馆员和读者之间、读者与读者之间,以及馆员与馆员之间的实时互动和协作。读者在接收信息的同时,也成为信息的创造者和传播者,使得信息的扩散速度更快,信息的流动更直接。智慧图书馆的个性化服务将在很大程度上满足读者的需求。通过数据分析和机器学习等技术,智慧图书馆可以根据读者的阅读习惯和兴趣提供个性化的推荐,提高读者的阅读体验。同时,通过微信互动、微博分享、电话预约、就近取书等服务,智慧图书馆为读者提供了更多的参与机会,使得读者能够更加积极地参与图书馆的服务和管理。智慧图书馆不仅让信息的传播更加高效和便捷,也降低了读者使用图书馆服务的门槛,使得图书馆更加亲近大众。在这种环境下,馆员和读者、读者与读者、馆员与馆员之间可以自由互动,共同参与图书馆的管理和服务,构建一个更加开放、共享、互动的图书馆环境。

智慧图书馆代表着图书馆服务的新篇章，它依托云计算技术和物联网技术，将文献信息机构和不同类型的文献信息融为一体，实现了跨系统应用集成、跨部门信息共享以及跨媒体深度融合。这种集群管理和文献感知服务的新模式，以无障碍转换和跨时空传递为特点，旨在提供更集约、便捷的服务。以上海图书馆的"同城一卡通"为例，这项服务打破了地理和时间的限制，使得读者可以实时获取文献的存储和流通状态，不论在237个总分馆中的任何一处，读者都能够通过这张卡片实现各个单一集群系统的互联互通。这种跨时空、实时的信息获取将图书馆的服务拓宽到了全新的领域。智慧图书馆通过知识信息的共建整合，实现了知识资源的视角扩展。这种扩展不再只局限于个别的点，而是拓宽到了线、面、区域，使得信息的交流、联系和互动可以在更大的范围内进行，进一步增强了图书馆的服务效能。通过集群化综合服务平台，智慧图书馆可以实现资源的集约展示和便捷获取，也实现了知识资源的深度整合和共享。图书馆服务创新的关键在于新技术的智慧化应用。利用现代化的信息技术，不同类型、不同系统、不同部门的信息可以实现共享和深度融合，图书馆可以实现智慧化运作。这种智慧化运作将使图书馆成为一个真正的知识中心，从而为读者提供全方位、高效、便捷的服务。智慧图书馆的建设和发展无疑将推动图书馆事业进入一个全新的时代。

三、共建性和共享性原则

在全国范围内建设智慧化图书馆体系是一项重大而复杂的任务，这需要遵循一个基本原则：单个图书馆的力量是有限的，不能独自完成这项宏大的工程。尽管每个图书馆都拥有丰富的资源和专业的服务，但如果独立于其他图书馆，它的能力有限，短期内很难完成智慧资源建设。因此，图书馆之间的合作和资源共享就显得尤为重要。实现图书馆信息共享有多重好处。首先，通过共享人力、物力，图书馆可以在短时间内丰富馆藏资源，提升服务水平，从而最大限度地满足用户的需求。比如，一些大型图书馆可能拥有某些小型或者地区图书馆所没有的专业或者稀有资源，通过资源共享，这些专业或稀有资源可以为更多的读者所利用。共享不仅限于实体资源，也包括数字资源和服务。例如，多个图书馆可以共享一套先进的信息技术平台，从而提高各自的服务能力和效率。在这种模式下，图书馆可以将更多的精力放在提供个性化和优质服务上，而非纠结于技术设施的建设和维护。通过合作和共享，各个图书馆可以互相学习，互相借鉴，共同进步。大型图书馆可以分享其在信息技术和服务方面的经验，小型图书馆可以提供对地方文化和社区需求的深入理解，所有的图书馆都可以从中受益。

为了实现信息资源的共建共享，图书馆个体可以选择联盟的方式进行协作。联盟模式的实践在国际上已有许多成功的例子，如联机计算机图书馆中心就是一个成功的例证。在国内，中国高等教育文献保障系统也在推动各个图书馆的联合协作。联盟的形式对于图书馆的发展具有多方面的优势。首先，图书馆联盟可以形成规模优势，以联盟的名义采购图书、数据库等资源，从供应商处获得更低的采购价格，这不仅节省了图书馆的经费，也使更多的读者能够接触到更丰富的资源，扩大了资源的利用率。图书馆联盟还可以实现技术和平台资源的共享。在数字化建设的过程中，各个图书馆可以共享自身已有的技术资源，避免技术资源的重复开发，节约开发和维护成本。通过联盟协作，图书馆可以将更多的经费和精力用在提高读者服务的质量上，进一步推动图书馆的智慧化建设。图书馆联盟还能加强各图书馆间的交流和学习，互相借鉴，共同进步。

第三章 新兴技术在智慧图书馆建设中的应用

第一节 物联网技术的应用

一、物联网的概念及基本特征

(一) 物联网的概念

物联网是一个全新的技术范畴,其核心理念在于将各种物体或过程通过网络进行广泛连接,以实现更高效和智能的监视、交互和管理。在这个系统中,任何需要被关注的对象或过程都能够被收录并进行实时监控。

物联网通过使用智能传感器技术可以实时收集各种必要的信息。这些传感器有能力对环境中的各种变化进行感知和识别,如温度的变化、物体的移动、声音的变化,然后将这些数据转换成数字信号。RFID 和全球定位等技术也在物联网系统中扮演着重要的角色，它们可以帮助人们对物体进行定位和追踪，无论物体在什么地方，只要有网络，人类就能知道它的状态和位置。物联网利用网络连接所有的物体，使它们能够进行数据的交互和共享。所有的这些数据和信息都会被送入数据处理中心，经过分析和处理后，就可以用来对物体进行智能的感知、识别、监测和管理，这就是物联网的最终目标。物联网通过对大量数据的智能处理和分析，使人们的生活变得更加便捷、高效。

总之，物联网技术通过连接和交互任何需要监视的对象或过程，利用智能传感器及射频识别和全球定位等技术，实现对物体的智慧感知、识别、监测和管理，从而逐步改变人类的生活方式。

（二）物联网的基本特征

从交互对象和过程的角度来看，事物与事物之间及人与事物之间的相互作用是物联网的核心。物联网的基本特点可以总结为整体感知、可靠传输和智能处理。

1. 整体感知

物联网的感知层主要由各种感知设备组成，如 RFID、二维码和智能传感器，这些设备可以收集物体的各种信息，包括但不限于位置、状态、环境等，在物联网中扮演着重要的角色。"整体感知"的概念代表的是一种对环境全面而准确的理解，它需要各种类型的感知设备协同工作，提供多维度、多层次的感知信息。通过对大量感知数据的分析和处理，物联网可以对物体的状态、环境和行为有更深入的理解，从而实现更高效的管理和服务。

2. 可靠传输

在物联网的网络层中，物联网将传统的互联网技术与新型的无线网络技术相结合，实现了各类物体信息的及时、无误地传输。传统的互联网技术,如TCP(传输控制协议),为物联网提供了稳定、可靠的数据传输基础。而新型的无线网络技术,如5G、NB-IoT(窄带物联网),则为物联网带来了更高速度、更大容量、更广覆盖的数据传输能力。在物联网的网络层中,"可靠传输"不仅仅是一种技术要求,更是一种对网络质量的追求。只有确保信息准确无误的传输,物联网才能实现对环境的全面感知,才能提供精确的服务,才能实现真正的智能化。

3.智能处理

根据物联网的诸多特点,按照信息传输过程,物联网信息处理有如下功能。

(1)获取信息的功能。"获取信息的功能"对应于物联网的感知层。在这一层,各种传感器和识别设备,如RFID、二维码、智能传感器,都被用于对各类对象和环境进行监测和识别,这些设备可以将环境中的各种参数,如温度、湿度、声音、光线、位置,或者物体的状态信息,转化为数字信号。这些数字信号是以预定的方式表达的,这样人们就可以理解和使用它们。这个过程就是"获取信息"的过程,它是物联网的基础,为整个系统提供了输入。

(2)传送信息的功能。"传送信息的功能"对应于物联网的网络层。在这一层,物联网采用了各种网络通信技术,包括有线和无线网络,如Wi-Fi、4G、5G、光纤通信技术,这些技术被用来将信息从一个地方(或时间点)发送到另一个地方(或时间点)。在传送过程中,物联网需要保证信息的完整性和准确性,防止信息的丢失或错误。同时,物联网的网络层还需要具备足够的灵活性和可扩展性,以适应各种不同的应用需求。

(3)处理信息的功能。"处理信息的功能"对应于物联网的处理层。在这一层,物联网使用各种信息处理和分析技术,包括数据挖掘、机器学习、人工智能等，将原始的、庞大的数据转化为有价值的信息。通过对数据的处理和分析，物联网可以发现数据中的模式和规律，从而提取有价值的信息，用于决策或预测。这个过程就是信息的转化过程，它是物联网的核心，是实现智能化的关键。

（4）施效信息的功能。"施效信息的功能"对应于物联网的应用层。在这一层，处理后的信息被用于执行各种操作，实现对物体或环境的控制和管理。这个过程就是信息最终起作用的过程，可以包括各种方式，如自动控制、人工干预、优化决策等。例如，智能家居系统可以根据用户的生活习惯和环境变化，自动调整家居设备的状态，以实现更高效的能源使用和更舒适的生活环境。

二、基于物联网技术的智慧图书馆的特点

智慧图书馆是物联网技术与图书馆服务相结合的产物，它不仅作为一个全面开放的知识中心提供综合的学术资源和信息服务，也是一个设施齐全的活动中心，兼具高效和节能的特性。在智慧图书馆的构建中，物联网技术起着关键的作用。通过将各种数据采集设备（如电脑、手机）和其他智能设备（如红外感应器、激光扫描仪）连接在一起，智慧图书馆能够实现对各类纸质和数字资源的实时管理和处理。在这个过程中，物联网的广泛连接性发挥着重要的作用。通过互联网和感知网络，各种设备都被连接在一起，形成一个庞大的信息采集和处理网络。这个网络不仅能够实时采集各类信息，还能将这些信息转换为适合网络传输的数据格式，然后通过网络将这些数据传输到图书馆的数据中心。

智慧图书馆是物联网技术与图书馆管理结合的创新实践，它利用物联网技术的"感、知、联、控"功能，改变了传统图书馆的运作模式，可以为读者提供更高效、更便捷的服务。智慧图书馆的智能化管理体现在自动化的图书处理上。例如，自动顺架和盘点技术可减少人力成本，

并提高准确率。此外，通过 RFID 等技术，馆藏文献的自动定位可以使管理员迅速找到特定书籍。智慧图书馆的服务也更加个性化和便捷。无处不在的地图导航可以帮助读者快速找到想要的书籍，提高读者的借阅体验。同时，图书馆的环境监控系统，如温度和湿度的预警系统，能确保图书馆内的环境适宜，有利于图书的保存。基于物联网的智慧图书馆还使得管理人员和读者能够通过网络精确地掌握各类图书信息。无论是新书入库信息，还是借阅热门书籍，图书馆都能通过系统实时更新并传达给读者，为读者提供了更丰富的信息服务。基于物联网的智慧图书馆利用传感器技术实现了对图书信息的智能管理和服务。图书馆的各个角落，都布置了传感器节点，它们能够捕捉和接收各种应用对象信息，如图书的位置、状态，这些信息被传感器收集并整理后，通过网络传输到图书管理信息系统中，从而实现了对图书信息管理的自动化和智能化。

与传统图书馆的信息获取模式（被动的 PULL 模式）不同，智慧图书馆的信息获取模式更加主动（主动的 PUSH 模式）。当读者想要查找特定的图书时，系统会利用传感器节点信息，引导读者到达目标图书的位置，大大提高了查找效率。物联网技术的应用还使图书馆增添了更多的智能元素。例如，图书馆内配备了电子阅报器，读者只需轻触屏幕，所选的报纸就会在屏幕上全屏显示，为读者提供了全新的阅读体验。只要读者拥有借书卡和数字图书馆账号，就能随时随地登录图书馆系统，无论是查阅图书信息，还是在线阅读，都变得方便快捷。

智慧图书馆不仅仅是一个"网上书屋"，它利用物联网技术，还以更加先进、个性化的方式满足读者的需求。除了在线阅读、借阅图书等基础功能，智慧图书馆还提供视听等多媒体功能，为读者打造丰富的阅读区域。传统的数字化图书馆已经能够通过互联网实现资源共享，但智慧图书馆进一步提升了这一功能。每本图书都被植入了传感器，变成一个独立的信息节点，这使得图书馆间的图书资源可以实现互感，读者能根据感知结果快速、准确地找到需要的资源。而且，智慧图书馆还能实现电子图书和实体图书的信息交互和筛选。系统能自动比对和整合这两类资源，为读者提供更全面、更详细的信息，极大提高了图书查询和借阅的效率。

总之，基于物联网的智慧图书馆打破了传统图书馆的界限，创新了图书馆服务方式，提供了多样化、个性化的阅读体验，为读者带来更高效、更便捷的服务。

三、物联网技术支撑下智慧图书馆服务与管理的实现途径

（一）推进沟通、服务、建筑智慧化

物联网技术的应用极大地丰富了智慧图书馆的通信和信息处理能力。通过内部和外部信息交换手段，以及先进的物联网通信设备，智慧图书馆可以构建一套基于物联网的智慧通信系统，这一系统不仅支持图书馆利用现有互联网进行文献信息服务，还可以实现大范围的信息资源共享。在智慧图书馆内，物联网将各个独立事务的处理通过资源共享和信息交换联系起来，构建了一个集事务处理和管理决策于一体的智慧服务系统。该系统为图书馆馆员提供了一个科学、快速、全新的学习环境，使他们可以提高分析、提炼和比较各类信息的能力，实现了读者服务的智能化。另外，物联网技术还帮助智慧图书馆进行各种设备的控制和综合管理，构建了建筑物的智慧系统。

智慧图书馆在消防和保卫系统的智能化应用中发挥了重要作用。比如，空调系统可以实时监测室内空气质量，如遇有害污染物含量增高，系统会自动进行通风消毒，保证读者和图书馆馆员的安全健康。同时，智能系统也能根据环境情况，自动调节温度、湿度和光线，创造出一个

舒适、健康的阅读环境，以满足读者的需求。智慧图书馆的系统还负责图书馆机器设备的运行、维护和保养工作，它能够根据设备的使用情况和保养需求，优化物资和人力资源配置，使图书馆的运营更加高效，更有利于降低运营成本。在节能减排方面，智慧图书馆利用物联网技术实现了设备和系统的精确控制，优化了资源使用，有助于减少能源消耗和环境污染，体现了图书馆的环保理念和社会责任。

（二）以"第三空间"理念、资源共享为指导，开展图书馆服务与管理

未来的图书馆将由传统以"书籍"为中心的模式，转向以"人"为中心的模式。这种转变旨在满足读者的阅读需求，同时提供休闲空间，为他们提供一个阅读和娱乐相结合的环境。智慧图书馆不仅关注书籍的收藏和阅读服务，更加强调图书馆的休闲功能，即将图书馆建设成为一个"第三空间"，这一概念是近年来对于图书馆建设，特别是公共图书馆建设的期望。这种期望反映出的图书馆休闲理念，已经成为智慧图书馆建设的重要理念之一。图书馆不再仅仅是获取知识的场所，也成为人们休闲、社交、学习和创新的空间，是社区文化和学习的中心。

智慧图书馆致力于提供一个多元化的阅读和学习环境，通过增设音乐室、咖啡馆和文化活动室，打造一个舒适的人文环境、休闲的生活环境和环保的生态环境。这种环境强调图书馆作为一个休闲享受的空间，让读者能在阅读中放松，同时在放松的状态下继续阅读。面对现代社会海量的信息和用户多样化的信息需求，现代图书馆资源建设面临着巨大的挑战，而物联网技术的发展使得资源整合成为可能。基于物联网的信息技术可以集成不同的信息资源，满足不同用户的需求，提高资源的利用率，也提高了图书馆服务的质量和效率。通过利用这些技术，智慧图书馆不仅可以提供传统的书籍阅读

服务，还可为用户提供一个全面、个性化的信息获取和学习环境。

近年来，公共图书馆服务体系的构建已成为图书馆发展的重要方向。我国东部沿海地区的公共图书馆已经开始实践资源共享模式，如集群式、总分馆和联合发展。智慧图书馆作为一种新型的服务模式，以知识信息共享整合、多维度服务及便捷利用为特点，资源共享是其主要特征。因此，每一家智慧图书馆都可以参考国外已经成熟的总分馆建设模式，在资源共享和服务实现途径上，寻找适合自己的发展资源，形成具有独特性的公共服务空间。这种做法不仅能够充分利用各类资源，提高资源利用效率，也可以为读者提供更广泛、更便捷的服务，满足他们多元化的需求。

（三）智慧图书馆新模式开发管理的实现

在构建基于物联网的智慧图书馆过程中，人们需要充分考虑各类图书馆的独特性质和需要。为此，运营商需要以智慧图书馆的实际需求为出发点，开发相应的应用系统。未来的图书馆管理工作需要适应现代物联网技术的发展趋势，充分利用现有的技术系统进行相应的调整，改变图书馆的工作模式和业务流程，甚至可能需要调整图书馆的文化和行为习惯。与过去的管理方式相比，这需要培养一种包含"智慧"的文化和流程，要求所有的参与者具备持续学习和适应的能力。换句话说，不仅要构建一个功能强大的物联网系统，更需要构建一个能够适应这一系统的组织结构和文化环境。只有这样，才能真正实现智慧图书馆的理念，提供更加便捷、个性化的服务，满足现代读者的需求。同时，图书馆馆员还要通过持续的学习和发展，使图书馆在技术变革的浪潮中始终保持领先，成为真正的智慧图书馆。

四、物联网技术在智慧图书馆中的具体应用

(一) RFID 技术及其应用

1.RFID 技术的简介

RFID 技术是一个由三个主要部分构成的系统，包括 RFID 标签（也被称为电子标签或射频标签）、RF 阅读器和天线。其中，RFID 标签是该系统的核心部件，包含芯片、线圈和相应的电路。根据其用途和设计，这些标签可以被制成多种形状和大小，如贴纸或卡片。标签内部的芯片尺寸是设计决定的一个关键因素。接触式 RFID 模块的尺寸通常是固定的，而非接触式芯片的大小则可以有所变化。对于设计者来说，芯片的尺寸缩小可以带来更高的利润，因此现代设计的趋势是芯片尺寸越来越小。RF 阅读器是 RFID 系统中的关键组件，它由通信天线、微控制器及相关电路构成。根据使用环境和需求的差异，RF 阅读器可以有多种部署形式。例如，它可以安装为固定式设备，如超市或图书馆的门禁系统，也可以设计为手持设备，以便在移动场景中使用。RF 阅读器通过其通信天线发送电磁波，与感应范围内的 RFID 标签建立连接并进行信息交换。RF 阅读器和 RFID 标签的天线扮演着至关重要的角色，它们负责接收和发送电磁波，从而建立和维持通信连接。这些天线的设计和尺寸可以根据具体的通信距离需求进行调整。较长通信距离的应用需要较大的天线。反之，较短通信距离的应用可以使用较小的天线。这种灵活性使得 RFID 技术可以适应各种不同的使用环境和应用需求。

2.RFID 系统分类

按照主要参数和用法的不同，RFID 系统可以划分为不同的类型，具体分类方法如下。

（1）按照能源的供给方法分类。

①有源系统。有源RFID系统的标签配备了自己的电池供应。这种类型的标签具有更长的通信距离，并且可以在内部电路中储存更多的信息。因为有自己的电源，这些标签可以主动发送信息到RF阅读器中，从而增加了其通信距离和数据处理能力。然而，电池寿命的限制会影响标签的使用寿命和可靠性。

②无源系统。无源RFID系统的标签没有电池供电。这些标签的内部电路通过接收RF阅读器发出的电磁波，利用线圈产生的感应电流进行激活。无源RFID标签的特点是体积小，成本低，但其感应范围相对较小，通常适用于短距离通信。由于无须电池供电，无源RFID标签的使用寿命可以非常长，且可以轻易地附着在各种物体上，从而作为物品的位置或身份标识。

③半有源系统。半有源系统介于有源系统与无源系统之间，其标签内部拥有一颗小型电池供电。半有源系统的标签用内置电池供电，以驱动其内部电路。其优势在于，即使RF阅读器发出的电磁场弱化，标签的集成电路也不会因电流减小而停止工作，它能够持续向外发送反馈信号。这种标签具有比有源标签更小的体积，而其感应范围又比无源标签更大。

（2）按照工作频率分类。

①低频系统。低频系统的工作频率通常是100到500 kHz，而125 kHz和134.2 kHz是其常用的工作频率。这种系统的特性是传输距离较短，成本相对较低，而且存储容量有限。

②高频系统。高频系统一般在3到30 MHz频段内工作，其中13.56 MHz是较为常见的工作频率。其特点包括传输距离相对较短，成本较低，不过其数据传输速度相较于低频系统要高。

③超高频系统。超高频系统的工作频率范围一般在 300 MHz 到 3 GHz，而 915 MHz 是常用的工作频率。超高频系统的特性是传输距离较远，读写速度较快，然而其信号的穿透性较差。

④微波系统。微波系统的工作频率通常是 2.45 GHz 和 5.8 GHz。其特点与超高频系统相似，多采用半有源系统。

（3）按照存储器类型分类。

①只读系统。在只读系统中，RFID 标签使用的是只读存储器，这意味着标签内部的信息一旦设置就无法更改，固定了标签的编号。这种类型的系统通常适用于不需要更改标签信息的场景。

②可读写系统。可读写系统中的 RFID 标签使用的是带电可擦可编程只读存储器。RF 阅读器不仅可以修改标签的编号，还可以将额外的信息存入标签中。这种系统为人们提供了更大的灵活性，尤其适用于需要频繁更新或更改标签信息的场合。

综上所述，RFID 系统的产品丰富多样，可以根据使用场景的不同挑选相应的产品来满足要求。在图书馆管理中，半有源高频可读写的 RFID 系统是较为理想的选择，因为它可以解决由于书架体积引起的通信距离问题，高频系统能够满足数据读写速度的需求，而可读写功能则能满足在 RFID 标签中存储书籍信息的需求。这样的系统设计将使得图书馆的运营更加高效和便捷。

3.RFID 技术在智慧图书馆中的应用路径

以 RFID 技术为支撑的智慧图书馆系统架构共包含四部分内容，其一是 RFID 标签及数据采集组件；其二是 RFID 系统硬件设备；其三是 RFID 系统应用软件；其四是 RFID 软件中间件系统。

（1）RFID 标签及数据采集组件。RFID 技术，作为物联网感知层的关键技术，构建了物联网的感知环境。一个基本的 RFID 系统主要由三部分构成：电子标签、阅读器和数据传输及处理系统。电子标签是 RFID 系统的核心部分，负责存储信息。电子标签通常分为被动标签和主动标签两种类型。被动标签没有内置电源，需要依靠阅读器发出的无线电波供电，而主动标签则有自己的电源，可以自主发送信号。阅读器的任务是读取标签中的信息，并对这些信息进行解码，然后将解码后的数据发送到数据传输及处理系统。数据传输及处理系统是 RFID 系统的后端部分，负责接收来自阅读器的数据，对其进行处理和分析，以便于进一步使用。

RFID 阅读器是与电子标签相关联的重要设备，其主要构成包括发射机、接收机、天线和译码器。这些组件共同工作，识别和读取 RFID 标签上的信息。一般情况下，RFID 阅读器的工作范围在离标签 30 cm 到 45 cm。值得注意的是，RFID 阅读器的读取速度非常快，通常在 100 毫秒以下，这使得它可以在短时间内读取大量标签上的信息。另外，RFID 阅读器具有同时批量读取标签的能力，这在提高图书馆或其他场所中物品管理效率方面起到了关键作用。

（2）RFID 系统硬件设备。图书馆中的 RFID 系统硬件设备是实现高效图书管理和服务的重要工具，这些设备大大提高了图书馆的自动化程度，减轻了馆员的工作负担，同时为读者提供了更为便捷和高效的服务。自助借还书机是一个有力的例子，它允许读者自行完成借书和还书的操作，减少了在服务台等待的时间，提高了服务效率。同时，这也使得图书馆工作人员可以将更多的精力投入更复杂的需要人工处理的问题上。图书分拣设备可以自动分类和归档图书，大大提高了图书整理和上架的效率。馆员工作站是图书馆工作人员进行各种图书管理任务的重要工具，包括图书标签的编写、编码、激活和维护等工作。24 小时还书设备为读者提供了一种无论图书馆是否开放都可以归还图书的方式，极大地方便了读者。移动式盘点设备使得图书馆工作人员可以更方便地进行图书库存的盘点和核查，节省了大量的时间和劳动力。RFID 监测安全门是保障图书馆财产安全的重要设备，它可以监测并阻止未经正常流程借出的图书被带出图书馆。

（3）RFID 系统应用软件。

①自助借还系统。自助借还系统将射频识别、计算机科技、网络技术、软件应用以及触摸屏操作整合在一起，为图书信息管理提供了一个自动化的解决方案。该系统通过读取每本图书上粘贴的 RFID 电子标签，实现了图书的自动化识别和信息管理。同时，它还利用智能环形轨道技术实现图书的自动化上下架。对于读者来说，他们可以通过这个系统自助办理图书馆证件，查询图书目录，进行图书借阅、归还、续借和预约等操作，这大大提高了借阅图书的便捷性和效率，让借阅图书变得就像在 ATM 机上取钱一样简单快捷。

②自动分拣系统。自动分拣系统是一种集成了先进的物联网技术的图书馆管理设备，它采用模块化的硬件和软件设计，能兼容包括 ISBN、条形码、二维码以及 RFID 标签等多种标识方式和码制。这一系统不仅极大地节省了人力成本，而且可以提供 24 小时全天候的服务，提高了图书馆的服务效率和满意度。更重要的是，自动分拣系统还具备自动收集、分类和整理图书的功能，这大大降低了图书馆工作人员的工作量，提高了图书馆的管理效率和服务质量。综合来看，自动分拣系统为现代图书馆的智能化管理提供了强大的支持。

③馆员工作站系统。馆员工作站是图书馆工作人员日常操作的主要平台。它主要负责处理读者的借书、还书、续借，以及办理读者卡等一系列任务。除了这些常规操作外，工作站还负责进行标签转换操作。标签转换是一个将原图书信息与新的 RFID 标签绑定的过程。这是一个重

要的步骤,因为它确保了图书的物理实体与它们的电子标签之间的对应关系,这对于图书的追踪和管理至关重要。通过有效地进行标签转换,图书馆能够确保对每一本图书的精确跟踪和有效管理。总的来说,馆员工作站通过执行这些任务,不仅使得图书馆的运营更为高效,还提高了读者的服务体验。

④馆员助理系统软件。馆员助理系统软件包括了关键的日志管理功能,这是一个重要的系统监控工具,能够记录和追踪系统和设备的运行状况。系统日志主要记录系统启动的时间和状态,它可以帮助管理员了解系统何时启动、是否正常启动,以及在启动过程中是否出现任何问题。这些信息对于检查系统性能,寻找和解决潜在问题是非常重要的。设备日志则追踪各个设备的当前运行状态,如设备是否在线,工作是否正常,是否有任何错误或异常等,这种日志能够帮助管理员及时发现并处理设备问题,确保系统的稳定运行。

⑤OPAC(联机公共检索目录)软件。OPAC 软件主要为读者提供书籍检索服务。它与 RFID 技术结合时,可以引入 RFID 的三维智能导航系统,从而进一步增强其功能。这个融合的系统可以根据读者的当前位置和目标图书的具体位置生成优化的导航路线。具体来说,它会根据图书在书架上的位置,为读者提供精确的导航路线,使得读者可以快速、准确地找到他们想要的图书。不仅如此,这个系统还可以以图形化的方式展示导航路线,提供直观易懂的导航指南,帮助读者轻松地在图书馆中导航。这样的设计旨在提高读者在图书馆中找书的效率,提升他们的阅读体验。

(4)RFID 软件中间件系统。RFID 软件中间件系统在图书馆管理中发挥着至关重要的作用,它可以实现与图书馆后台系统的无缝对接,为终端设备提供扩展的业务应用。这一系统的主要组成部分包括馆际互借系统、多图书馆后台系统、图书流通系统、图书馆借阅流通系统、自助办证系统、图书预约系统等。

（二）ZigBee 技术及其应用

1.ZigBee 技术简介

ZigBee 技术是一种遵循国际标准的无线通信技术，其主要特性是近距离、低功耗、自组织、低复杂度和低数据速率。因此，它特别适合应用于自动控制和远程控制领域，并可以嵌入各种设备中。它的协议层次结构从下到上包括物理层、媒体访问控制层、网络层、传输层和应用层。物理层和媒体访问控制层负责处理与无线通信相关的基础任务，如信号传输和接收、频道访问等。网络层主要负责路由和网络的建立，保证数据的有效传输。传输层确保无误的端到端数据传输。最上面的应用层为用户提供接口，用于实现各种应用场景。ZigBee 技术的设计重点是保证低功耗和低成本，因此，它并不追求高数据速率，却能满足自动控制和远程控制领域的需求，如智能家居、医疗健康、农业和工业自动化等。通过自组织和自我修复的网络特性，ZigBee 能够提供可靠和灵活的无线解决方案，对于改善生活和工作质量具有重大意义。

ZigBee 技术拥有许多显著的特点：第一，其数据传输速率较低，仅 10 至 250 kb/s，适合需要较低带宽的应用。第二，ZigBee 技术的功耗极低。在低电耗待机模式下，仅使用两节普通 5 号干电池就能运行超过 6 个月，这种低能耗的特性使其在设备电力有限或难以更换电池的环境中具有显著优势。第三，ZigBee 的协议简单，成本低，使其成为大规模部署的理想选择。每个 ZigBee 网络可以支持最多 255 个设备，这意味着每个 ZigBee 设备能与另外 254 个设备相连接，因此，这种技术适合用于需要大量设备互联的环境。第四，ZigBee 的有效范围相对较小，一般是 10 至 75 米，这个范围可以根据实际发射功率的大小和应用模式的不同进行调整。第五，ZigBee 的工作频段非常灵活，可以使用的频段包括 2.4 GHz、868 MHz（在欧洲）和 915 MHz（在美国），这些都是无须许可即可使用的频段，进一步降低了 ZigBee 的使用门槛和运行成本。

2.ZigBee 技术在智慧图书馆中的应用路径

ZigBee 技术与 RFID 的整合，可以在图书馆环境中构建一个精准且稳定的物联网感知应用系统。这个系统能够实现对图书馆内部所有物体的深度感知和互联互通，包括但不限于文献、家具、环境、空间等。RFID 技术的短距离身份识别能力，可以对特定目标进行精准定位和识别，如图书或设备。而 ZigBee 技术的远程通信能力，可以将各类传感器收集的信息迅速并准确地传输到中央处理系统。这样，图书馆的各类资源信息就能被快速、准确地定义、感知和采集。这套系统的互联互通能力，可以将各种信息进行整合，并通过网络实现与用户的交互和信息共享。比如，通过这种方式，用户可以实时查看图书的借阅情况，甚至可以查看图书馆内部的环境条件，如灯光、温度、湿度等。这种方式提供了一个更加智能化的服务和管理方式，使用户可以更加便捷地获取和使用图书馆的资源。

图书馆物联感知应用系统通过整合和分析大量信息，为馆员提供了全面掌握图书馆运营情况的能力，从而使他们能更好地提高服务质量。例如，系统可以跟踪图书的流通情况，馆员可以根据这些数据调整图书的摆放或购买策略。同样，通过监测图书馆内部环境的变化，馆员可以实时调整环境设备，如空调和灯光，以提供更舒适的阅读环境。对于读者而言，这个系统也提供了极大的便利。它可以实现更为主动和准确的信息推送服务。例如，当有新书到馆，或者读者预约的书已经归还，系统可以第一时间通知读者。此外，读者还可以通过系统实时查看图书馆的各种可用资源和信息，如图书馆的开放时间、座位使用情况，甚至是图书馆内的环境状况，如温度、湿度。这样的服务不仅可以提高读者的使用体验，也可以使他们更高效地使用图书馆的资源。

传统的磁条检测防盗系统在图书馆中的应用经常面临一系列问题，如检测率低、误报或漏报频繁、系统电路复杂、集成度低、故障率高，以及无法实时可靠地反映图书馆的运行状况等。针对这些问题，图书馆可以构建一个基于超高频 RFID 技术和 ZigBee 技术的新型图书馆无线智能监控通道。这个监控通道系统主要有以下三个功能。其一，通过 RFID 阅读器，它可以实现图书的防盗报警。当图书未经正常借阅程序就被带出图书馆时，RFID 阅读器可以立即识别并发出警报。其二，它可以通过热释电红外技术实现人流量统计。这项技术可以准确地统计进出图书馆的人数，从而为图书馆运营管理提供有用的数据。其三，它还利用 ZigBee 技术，将图书报警信息和人流量统计等信息无线传输到连接服务器的 ZigBee 协调器上。服务器会对这些数据进行分析和处理，并把分析和处理结果发送到显示的终端设备上。这样，图书馆管理人员可以实时获取相关信息，从而及时进行相应的操作，如追踪被盗图书或调整图书馆的运营策略等。因此，这种新型的无线智能监控通道系统不仅能够显著提高图书防盗的检测率，还能提升图书馆的整体工作效率。

（三）NFC（近场通信）技术及其应用

1.NFC 技术简介

NFC 是一种短距离无线通信技术标准，它与 RFID 相似，但具有一些显著的区别。不同于 RFID 的单向识别和连接，NFC 采用了双向的识别和连接方式，增强了数据交互的功能性。NFC 工作频率为 13.56 MHz，并在 20 cm 的距离内快速、自动地组建无线网络。其主要用途是为蜂窝设备、蓝牙设备、Wi-Fi 设备提供一种虚拟连接，以便在短距离内进行无线通信。这种短距离通信方式有助于简化设备之间的身份认证和数据交换过程。通过 NFC，设备间的交互变得更直接、更安全，使得用户能够清晰地掌握设备间的通信状态，而不会受到其他电子干扰的影响。NFC 的这些特性，使其在诸如移动支付、电子门票、设备对设备的数据传输等应用中表现出强大的潜力。

NFC 技术为多设备间的无线连接和数据交换提供了一种简洁有效的解决方案。借助 NFC，用户可以在单一设备上整合所有的身份识别应用和服务，从而避免了记忆多个密码的烦扰，同时确保了数据的安全。设备之间的无线互联已成为现代生活的一个重要组成部分。在这方面，NFC 技术为诸如数码相机、PDA、机顶盒、电脑、手机等设备提供了无线连接和数据交换的可能性。这种无线连接方式不仅可以进行设备间的数据传输，也可以提供各种服务。NFC 技术还具有"加速"其他无线通信技术（如 Wi-Fi 和蓝牙）的能力，从而实现更快速、更远距离的数据传输。这种"加速"能力主要是通过快速创建一个安全的通信通道，从而使数据传输更为迅速和高效。

NFC 技术具备三种工作模式：卡模拟模式、点对点模式以及读卡器模式，每种模式都有其特定的使用场景和优势。在卡模拟模式下，NFC 设备充当被读取设备的角色，就像一张植入了 RFID 技术的 IC 卡。这种模式可以应用于身份验证环境，NFC 设备可以像身份证或银行卡那样使用，储存并提供个人信息。点对点模式与红外或蓝牙技术类似。在这种模式下，只需将两台 NFC 设备近距离接触，即可建立连接并实现数据的点对点传输。这种模式非常适用于快速数据交换的场景。读卡器模式使 NFC 设备成为读取设备，或者说读写器。在这种模式下，NFC 设备可以从 NFC 芯片中读取信息，就像一台常规的读卡器一样，这种模式非常适用于获取和处理嵌入在物品中的 NFC 标签信息的场景。这三种工作模式使 NFC 技术能够在多种环境和应用中灵活地应对各种需求，从而提高了其实用性和便捷性。

2.NFC 技术在智慧图书馆中的应用路径

（1）身份识别。利用 NFC 技术，图书馆可以为借阅者提供更便捷的服务。在这种情况下，具有 NFC 功能的手机可以在图书馆的入口检测设备和借还设备上用作身份验证工具。当手机的 NFC 功能处于卡模拟模式时，它就相当于一张具有唯一 ID 号的卡片。通过将读者的身份与其手机的 NFC 功能绑定，手机就能用于身份识别。因此，图书馆利用 NFC 技术可以简化日常事务处理过程，实现更高效的服务，提升用户体验。

（2）支付功能。图书馆服务中往往涉及各种支付环节，如书籍超期的罚款、打印和复印资料的费用，以及其他在图书馆内产生的消费等。图书馆通过将读者卡与 NFC 进行绑定，可以利用手机上的 NFC 功能，为这些支付环节提供一个便捷的解决方案。读者只需通过他们的手机进行付款，整个过程既快速又方便。这种支付方式对于公共图书馆来说尤其有益，因为它能够简化支付流程，提高服务效率，也避免了现金交易带来的复杂性和风险。而对于高校图书馆来说，一卡通系统更为合适，因为它可以整合更多的校园内服务，包括图书馆服务在内，从而为学生和教职工提供一个统一而全面的支付和服务平台。

（3）读者卡终端。读者卡在图书馆内的功能十分关键，它可以作为读者享受图书馆服务，如进出、注册、支付等的凭证。通过与 NFC 技术进行整合，读者卡的功能可以得到实质性的增强和拓展。在这种情况下，手机不仅可以发挥读者卡一卡通的功能，也可以转变为信息查询和修改的工具。这种转变意味着固定的服务终端可以被更灵活的移动终端所取代，从而使读者能够在任何地点、任何时间享受到图书馆的服务。

这种便捷性进一步提升了图书馆的服务质量，对于满足现代用户的需求具有很大的帮助。它不仅提高了图书馆服务的便捷性和灵活性，也提高了服务的互动性和用户体验，使得图书馆的服务更加人性化，更贴近读者的日常生活。

（4）自助借还书。通过整合 NFC 技术与读者卡，借阅和归还图书的过程在图书馆内变得更加方便快捷。读者只需将其配备 NFC 功能的手机靠近图书的 RFID 标签，即可实现借书和还书的操作。这种方式极其适合图书馆内人工借还工作量过大或者自助借还设备无法满足需求的场景。在这种新的操作模式下，读者可以更自主地进行图书的借还，减轻了图书馆工作人员的工作压力，也避免了在自助借还机有限的情况下，读者需要等待的问题。此外，这种方式也能增强读者的体验，使图书馆的服务更加现代化和便利，从而提高读者对图书馆服务的满意度和忠诚度。

（5）编目和流通。随着科技的发展和硬件成本的下降，出版社有能力使用 NFC 技术将图书编目的 MARC（机读目录）数据直接嵌入 NFC 芯片中，并将这个芯片嵌入图书中。这种创新的操作方式为图书馆的采购和编目流程带来了巨大的便利。当采购这些配备 NFC 芯片的图书后，图书馆可以直接使用 NFC 读取设备来抓取编目数据，并直接输入图书馆的系统中。这样不仅极大地提高了编目的效率，也显著提升了数据的准确性，因为这种方法避免了手动输入数据时可能出现的错误。

（6）浏览图书信息。利用 NFC 标签的图书可以提供丰富的读者体验。每本带有 NFC 标签的图书中都嵌入了包含该图书信息的芯片，读者只需将自己的 NFC 手机客户端贴近图书，就能获取这些信息。这项技术使图书信息的获取变得更加直接和便捷。图书馆中的各个区域也可以充分利用 NFC 技术来提高读者的服务体验。例如，当读者进入图书馆的介绍展示区时，他们可以通过用手机感应入口处的 NFC 标签，浏览图书馆的介绍、新书通报、讲座通知等信息。在图书馆的流通区和阅览区，图书附近的 NFC 标签可以提供更加具体的图书信息，如图书简介、作者信息、作者的其他作品以及图书的借阅情况等。通过手机浏览器，读者还可以查看关于该书的网上介绍、图片、音频和视频等多媒体内容。这种方式既方便了读者获取图书信息，也大大丰富了读者在图书馆的体验。

（7）自助存包。在图书馆中，NFC 技术可用于自助存包柜，使其更为方便和智能。在这个应用中，具有 NFC 功能的手机将替代传统的锁具、钥匙或者条码纸来控制储物柜的开关。当读者需要存包时，他们只需按操作键盘上的"存"键，然后将手机靠近感应区，储物柜会识别手机并生成一个独特的 NFC 标签信息。这个标签信息相当于一把电子钥匙，与储物柜和用户手机一一对应。当读者需要取包时，他们只需按键盘上的"取"键，然后将手机上的 NFC 标签放在感应区。储物柜会自动识别这个标签，确认身份后，对应的储物柜就会打开，读者便可以取走自己的物品，这既省去了传统钥匙或者条码纸的烦琐，也大大增强了安全性和便利性。

（8）座位管理。图书馆座位预约和管理系统在实践中面临一个主要问题，那就是如何准确确定和追踪读者的具体位置。传统的方式通常依赖人工巡查，这不仅效率低下，而且可能引发诸多纠纷。而 NFC 技术为解决这一问题提供了一种创新方案，即图书馆在座位上粘贴 NFC 芯片，读者进入阅览室后只需将手机放置在此芯片上，系统便能在数秒内通过手机读取 NFC 标签的信息，并在云端进行验证，使图书馆管理系统能够实时确定和更新每个座位的状态，以及每个读者的在位状态。该应用不仅可以提高阅览室座位的利用率，而且能够降低管理强度，因为一旦读者离开座位，手机也就不再与 NFC 标签保持联系，系统就会自动将座位状态更新为可用。此外，由于读者的位置信息是自动上传并实时更新的，这种方式也能极大地降低由于位置混淆或占位行为引发的纠纷。

（9）图书漂流。图书馆利用 NFC 技术可以改进图书漂流（读者间自由交换图书）的借还流程，即图书馆通过在漂流图书上添加 NFC 芯片，可以为这些图书建立独特的数字身份，进而实现借还过程的自动化和数字化。读者只需使用具备 NFC 功能的手机，感应这些图书上的 NFC 芯片，就可以轻松进行借阅或归还操作。这种无接触的交互方式不仅方便快捷，而且可以实时记录和更新图书的借还状态，大大提高了漂流图书流通的效率。此外，这还为读者提供了一种便捷的方式来追踪漂流图书的流动路径，从而更好地了解和管理这些图书的流通状况。

（10）NFC 打印服务。NFC 技术能够进一步提升图书馆打印服务的便捷性和实用性。利用 NFC 功能，读者可以直接通过他们的手机将文档、图片或网页等资料传输至配备 NFC 的打印机上进行打印，无须复杂的设备连接或配置过程。这种无线打印方式不仅简化了打印操作，还可以实现资源的快速复制。NFC 打印机还可以自动计费，读者无须在打印前进行预付费或事后结算，从而降低了付款环节可能出现的麻烦。NFC 打印机解决了设备兼容性问题，使不同类型和品牌的手机都能轻松进行打印操作。同时，NFC 无接触操作模式还能避免对书籍和终端设备造成损伤，延长了设备的使用寿命。

（11）采购交接。采用 NFC 技术可以大大简化图书馆图书采购和交接的流程。当书商根据图书馆的采购订单配送图书时，传统的交接方式通常涉及烦琐的手工清点，这既消耗时间又可能导致误差。而利用 NFC 技术，这个过程可以得到极大的简化和提速。在交接时，双方只需各自使用带有 NFC 功能的手机彼此靠近，即可实时交换采购订单和到货清单的数据。这种无须人工清点的交接方式，不仅减少了可能出现的人为错误，也大大缩短了图书交接的时间。

（12）读者名片交换。图书馆时常会组织各类讲座和活动，对参与者进行签到和信息收集的工作是必要的。NFC 技术可以显著地优化这一流程。当图书馆在活动现场设置了 NFC 签到终端，读者只需使用带有 NFC 功能的手机靠近该终端，即可快速完成签到，同时自动进行名片信息的交换。这种方法不仅让签到过程变得迅速而高效，还有助于图书馆对读者信息的精确收集与统计。在获取了这些信息后，图书馆可以根据读者的参与情况和兴趣，为他们提供更精准、更个性化的信息推送服务，这一方面提高了活动的参与度，另一方面增进了图书馆与读者之间的互动和联系，使得读者能够更好地享受图书馆的服务并从中受益。

（13）设备控制。在各种设备中集成 NFC 芯片可以实现更高效和便捷的设备管理。读者在手机上的设备管理系统中设定好相关参数后，只需利用手机的 NFC 功能接近设备上的 NFC 芯片，数据便可被写入 NFC 芯片，接着，设备的控制系统就会根据这些参数进行工作。举例来说，一台装有 NFC 芯片的热水器，通过 NFC 手机感应后，便可以按照预定参数输出特定容量的热水。另外，在图书馆中，读者使用的电脑、笔记本等设备也可以通过 NFC 手机感应进行启动和控制，同时能够管理使用时间，并在必要时甚至收取使用费用。随着技术的发展，越来越多的设备将加入 NFC 控制，从而使得设备管理在未来变得更为便捷和高效。这种进步不仅提高了设备使用的效率，也极大地提高了用户体验。

第二节 人工智能技术的应用

一、人工智能的概念

"人工智能"这个词组包含两个部分:"人工"和"智能"。"人工"通常指的是人类可以创造的所有东西。而"智能"涉及一系列复杂的概念,如意识、自我、思维以及情感,在这里被认为是人们处理信息、解决问题、进行决策、表达和理解情感的能力。

美国斯坦福大学人工智能研究中心的尼尔逊教授对人工智能给出了这样的定义:"人工智能是一种代表知识以及获取和利用知识的学科。"[①]李德毅院士认为,人工智能至少应该包括四个核心学科:脑认知基础、机器感知与模式识别、自然语言处理与理解、知识工程。[②]这些观点揭示了人工智能学科的核心思想和主要内容。换句话说,人工智能旨在研究人类智能活动的规律,构造出具备一定智能的人工系统。其主要目标是探讨如何让计算机执行过去需要人类智力来完成的任务,也就是研究如何利用计算机的硬件和软件模拟人类的智能行为。

图书馆的智慧化需要人工智能技术的支撑,随着人工智能技术的进步与发展,越来越多的人工智能技术会逐步应用到图书馆的智慧化建设中。

二、人工智能的特征

人工智能主要具有以下几大特征,如图3-1所示。

---

① 尼尔逊.人工智能原理[M].石纯一,等译.北京:科学出版社,1983:10-17.
② 李德毅.人工智能导论[M].北京:中国科学技术出版社,2018:1-3.

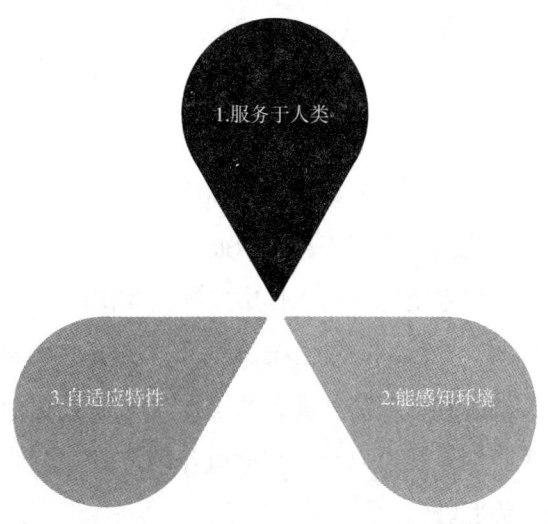

图 3-1　人工智能的特征

（一）服务于人类

人工智能的设计和实现的根本出发点应当是以人为本。这些由人类所设计和构建的机器系统，依靠人类创造的程序逻辑或软件算法，通过人工制造的硬件设备，如芯片等来运行和工作。它们的核心行为体现为计算，涉及数据的收集、处理、分析和挖掘。这种从数据到信息，再到知识的转换过程，为人类提供了增强自身能力的服务。人工智能系统通过模拟某些人期望的"智能行为"，扩展了人类的认知和处理问题的能力。理想的人工智能应当始终保持对人类的服务态度，而不是带来伤害，尤其是这些系统不应该以任何方式主动伤害人类。

（二）能感知环境

人工智能系统应具有模拟人类对外部环境进行感知的能力，能够通过传感器和其他设备，像人类一样利用听觉、视觉、嗅觉和触觉等感官接收来自环境的各种信息。对于外部输入，人工智能系统能够通过文字、语音、表情或动作等方式产生反应,并能够对环境或人类产生影响。为了实现人机交互,人工智能系统可以通过按钮、键盘、鼠标、屏幕、手势、体态、表情、力反馈、虚拟现实或增强现实等多种方式与人交流和互动,使机器设备越来越能够"理解"人类,甚至能够与人类进行合作,各自发挥优势,实现互补。因此,人工智能系统可以在人类不擅长、不喜欢,但机器能胜任的工作中发挥重要作用,以提高效率或减轻人的负担。同时,人类可以更多地关注需要创新、洞察力、想象力、灵活性和多变性的工作,或那些需要情感投入或深度理解的任务。通过这种方式,人工智能系统可以与人类形成合作关系,共同完成任务,实现人与机器的优势互补。

(三)自适应特性

理想情况下,人工智能系统应具有自适应性和学习能力,这意味着它能够根据环境、数据或任务的变化,自动调整参数或优化模型。而且,人工智能系统还应能够通过与云端、终端、人类和物体等进行更广泛、更深入的数字化连接,实现对机器和人类主体的持续演化和优化。这样的人工智能系统应具备良好的适应性、稳健性、灵活性和扩展性,以便应对不断变化的现实环境。换言之,无论环境如何变化,人工智能系统都能够稳定地运行,灵活地适应各种场景,并有能力进行自我扩展和优化。这样的系统可以在各个行业中发挥巨大的作用,无论是在生产制造、交通运输、医疗保健,还是在教育、娱乐、金融服务等领域,都可以得到广泛的应用。

三、人工智能的关键技术

（一）机器学习

机器学习是一个多学科交叉领域，它结合了统计学、系统辨识、逼近理论、神经网络、优化理论、计算机科学和脑科学等多个领域的理论和方法。其主要研究目标是让计算机模拟或实现人类的学习行为，以获取新知识或技能，并能够重新组织已有的知识结构，从而持续改善自身的性能。这使得机器学习成为人工智能技术的核心。基于数据的机器学习是现代智能技术的重要方法，它的主要研究内容是从观测数据（样本）中寻找规律，并利用这些规律对未来数据或无法观测的数据进行预测。这种方式可以帮助人们理解复杂的模式，并在未知或不确定的情况下做出决策。

机器学习可以根据学习模式、学习方法及算法的不同进行分类。具体来说，根据学习模式的不同，机器学习可以分为三大类，分别为监督学习、无监督学习和强化学习；根据学习方法的不同，机器学习可以分为两大类，即传统机器学习和深度学习；根据算法的不同，机器学习可以分为三大类，分别为迁移学习、主动学习、演化学习。

（二）知识图谱

知识图谱，本质上是一个结构化的语义知识库，它采用图数据结构，由节点和边组成，以模拟和描述现实世界的各种概念及其之间的关系。在知识图谱的构建中，每一个节点代表现实世界中的一个"实体"，这可以是一个人、一个物体、一个地点等，而每条边则表示了这些实体之间的"关系"。这样可以建立起一个网状的知识结构，这种结构可以清晰地反映不同实体之间的连接和关系，为信息检索和数据分析提供了一种非常高效的工具。

简单来说,知识图谱是一个将各种类型的信息相互连接,形成一种关系网络的工具,它提供了一个以"关系"为中心来理解和分析问题的视角。在公共安全保障领域,知识图谱可以应用于反欺诈、数据一致性验证和反群体欺诈等任务,其中需要用到异常分析、静态分析和动态分析等数据挖掘方法。值得一提的是,知识图谱在搜索引擎优化、数据可视化展示和精准营销领域具有显著的优势,已经成为业界热门的工具。然而,知识图谱的发展也面临一些挑战,如数据噪声问题,这包括数据本身的错误和冗余等问题。随着知识图谱在各种应用中的不断深入,还有许多关键技术需要解决和突破。

(三)自然语言处理

自然语言处理是一个跨计算机科学和人工智能领域的关键研究方向,主要研究如何使计算机和人类能够通过自然语言进行有效的交流。这一领域的研究范围广泛,主要涉及机器翻译、语义理解以及问答系统等多个子领域。简而言之,自然语言处理的目标是使计算机能理解和生成自然语言,从而能和人类进行更为自然、准确的交互。

(四)人机交互

人机交互是一种综合学科,主要研究人类和计算机间的信息交互过程,包括从人到计算机以及从计算机到人的信息交换。这一研究领域涉及认知心理学、人机工程学、多媒体技术,以及虚拟现实技术等多个交叉领域,并在人工智能研究中占有重要的位置。传统的人机交互主要通过物理输入输出设备进行,包括键盘、鼠标、操纵杆,以及数据手套等输入设备,和打印机、显示器、音箱等输出设备。随着科技的发展,人机交互已经超越了传统的图形交互,发展出了包括语音交互、情感交互、体感交互和脑机交互等更加先进且人性化的交互方式。综合来看，人机交互技术的目标是使人类和计算机之间的交互过程更加自然、便捷和高效，以此推动人工智能的进步，进而提高人类生活和工作的效率和品质。

（五）计算机视觉

计算机视觉是一门独特的科学领域，致力于让计算机模仿人类视觉系统，以便从图像和图像序列中提取、处理、理解和分析信息。它不仅关注图像的数字表征，而且深入探索如何从视觉数据中捕捉有意义的模式和结构，因此在自动驾驶、机器人、智能医疗等许多应用场景中都起到了关键作用。通过计算机视觉技术，机器可以从视觉信号中获取并处理信息，从而完成以往只有人类视觉系统才能够完成的任务。随着深度学习的飞速发展，计算机视觉技术也在迅速演进。预处理和特征提取与算法处理逐渐融合，从而实现了端到端的人工智能算法技术。这种进展将计算机视觉推向了新的高度，并增强了其在复杂环境中的应用能力。根据解决的问题，计算机视觉可以划分为五大类，分别为计算成像学、图像理解、三维视觉、动态视觉和视频编解码。其中，计算成像学是探索人眼结构、相机成像原理及延伸应用的科学；图像理解是通过用计算机系统解释图像，实现类似人类视觉系统理解外部世界的一门科学；三维视觉即研究如何通过视觉获取三维信息及如何理解所获取的三维信息的科学；动态视觉即分析视频或图像序列，模拟人处理时序图像的科学；视频编解码是指通过特定的压缩技术，将视频流进行压缩。

（六）生物特征识别

生物特征识别技术是一种利用个体的生理或行为特征来确认其身份的先进技术，它强调的是那些与个体生物有关的独特属性，如指纹、面部特征、声音。从应用流程来看，生物特征识别主要可以分为两个主要阶段：注册阶段和识别阶段。在注册阶段，系统会通过各种传感器收集目标个体的生物特征信息。例如，图像传感器可以捕捉到指纹和面部等光学信息，麦克风则可以捕获说话声等声学信息。收集到的原始数据将通过数据预处理和特征提取技术进行处理，从而提取出有用的生物特征。这些特征随后被存储在数据库中，作为将来识别的基础。在识别阶段，系统将对待识别个体采用与注册阶段相同的信息采集方式。这涉及相同的信息采集、数据预处理和特征提取过程。一旦特征被提取，系统就会将这些特征与先前存储的特征进行比对分析。如果匹配成功，识别过程则完成。

生物特征识别技术是一种复杂且多元化的身份验证手段，根据应用任务，其主要可以分为两种任务，分别是辨认和确认。其中，辨认涉及从存储库中确定待识别人的身份，是一项一对多的问题。在这个过程中，系统会将待识别个体的特征与数据库中的多个特征进行比对，以确定其身份；与辨认相反，确认则是一项一对一的问题，待识别人的信息将与存储库中的特定单个人信息进行比对，以确认其身份是否匹配。

生物特征识别技术涉及的内容多种多样，包括但不限于指纹、人脸、虹膜、指静脉、声纹和步态等。由于这些特征涉及多个生物方面，因此识别过程需要集成多个领域的技术，包括图像处理、计算机视觉、语音识别和机器学习等。生物特征识别技术的广泛应用显示了其在现代社会中的重要地位。金融领域可以使用此技术进行安全交易验证；公共安全部门可以用来辨识和追踪嫌疑人；教育领域可以用于学生的出勤管理；交通领域则可以通过生物特征快速识别乘客，以便于通行。

（七）虚拟现实

虚拟现实是一种将现实世界数字化的技术，它能够使人们在计算机生成的虚拟环境中与对象互动。用户可以穿戴特殊装备，如 VR 头盔和触感设备，通过它们与虚拟世界进行交互，从而实现沉浸式体验。虚拟现实技术是一项复杂且多方面的领域，根据处理阶段的不同，可以分为五个主要方面：获取与建模技术、分析与利用技术、交换与分发技术、展示与交互技术、技术标准与评价体系。

获取与建模技术致力于将物理世界或人的创造力数字化和模型化，其难点在于三维物理世界的数字化和模型化技术；分析与利用技术是虚拟现实的智能部分，主要集中在对数字内容的分析、理解、搜索和知识化上，其难点在于内容的语义表示和分析，即如何让计算机理解虚拟物体和场景的真实含义，以便进行有效的查询和操作；交换与分发技术主要强调各种网络环境下大规模的数字化内容流通、转换、集成，以及面向不同终端用户的个性化服务等，其核心在于开放的内容交换和版权管理技术；展示与交互技术的目的是提供自然、直观的用户体验，其难点在于如何建立自然和谐的人机交互环境，使用户能够毫不费力地探索和操纵虚拟世界；技术标准与评价体系主要研究虚拟现实基础资源、内容编目、信源编码等的规范标准及相应的评估技术。

四、人工智能技术在智慧图书馆中的具体应用

（一）基于人工智能机器人的交互服务

1. 模式设计

图书馆一直是知识和文化的仓库，提供着多样化的服务，以支持学习和研究。传统的图书馆交互服务主要通过馆员对话、OPAC 机、目录检索机等方式进行。随着人工智能技术的飞速发展和社会需求的变化，图书馆服务也正经历着革命性的转变。人工智能，特别是智能机器人，正在逐渐渗透到图书馆的服务体系中。智能机器人作为人工智能的具体

表现形式,已经在军事、商业和服务等多个领域得到广泛应用,反映了一个国家人工智能技术的综合水平。对于图书馆来说,采用智能机器人不仅是一种技术的追求,更是一种责任和义务。图书馆作为公共文化传播的重要机构,不仅承载着知识和信息的传递任务,还代表着社会进步和科技创新的方向。智能机器人可以提高图书馆服务的效率和质量。例如,智能机器人可以通过智能导航帮助读者更快速地找到所需书籍,通过语音交互增强用户体验,或通过数据分析为读者提供个性化推荐。更重要的是,智能机器人释放了馆员的工作压力,使他们能够专注于更高层次的知识服务和创新项目。

首先,智能机器人能够与读者进行实时互动和交流,它们不仅能解答读者的问题,还可以指引读者进行自助服务。在高峰时段,智能机器人的介入可以显著减轻图书馆馆员的工作负担,从而释放馆员的时间和精力,使他们能够专注于图书馆的重点发展方向。其次,智能机器人的高科技特性能够极大地提高读者的满意度,增强图书馆的吸引力。通过提供精准、迅速和个性化的服务,智能机器人能够满足不同读者的需求,使图书馆成为一个更具活力和现代化的学习空间。最后,图书馆的智能机器人项目响应了国家的科技发展战略。通过在实际应用场景中探索智能机器人的潜能,图书馆不仅可以为自身服务提供创新,还可以为其他领域内智能机器人的研发提供宝贵的经验和参考。目前,许多图书馆已经在智慧服务中采用了智能机器人,如天津大学图书馆;国外的一些先进图书馆,如澳大利亚悉尼科技大学图书馆,也在这一领域积极探索。

智能机器人正在改变图书馆的交互服务模式,成为实现图书馆智能化的重要工具之一。为满足读者智能化需求,图书馆从交互服务角度出发,可以构建基于智能机器人的职能交互服务模式,以读者数据与资源数据作为运行数据库,为读者提供多样化的交互方式,主要包括读者与馆员交互、读者与图书馆交互、读者与读者交互、馆员与馆员交互等交互方式。该模式涵盖了传统图书馆、智慧图书馆、数字图书馆中大部分的交互途径。

图书馆交互服务包括以下几种形式。①设备交互与人工交互：面向线下读者，设备交互和人工交互结合了传统的馆员服务和现代化的自助设备服务。线下读者可以通过与馆员的直接交流获得专业指导，也可以通过自助设备完成借还书等基本功能。这种交互方式在保留人情味的同时，引入了便捷的自助服务。②移动交互：针对线上读者，移动交互运用移动技术实现了知识服务的泛在化。无论何时何地，只要有移动设备和网络连接，读者就能访问到图书馆的资源和服务。这种移动交互突破了地域和时间的限制，使知识服务变得更加便捷和及时。③智能机器人交互：智能机器人交互为线上和线下读者提供了全新的服务体验。线上读者可通过移动端与智能机器人进行交互咨询，享受个性化的服务；线下读者进入图书馆后，还可以借助智能机器人的引导，方便地寻找目的地、进行交流和咨询等。智能机器人作为一种先进的交互工具，连接了线上和线下服务，实现了人、设备和信息资源的无缝整合。

2. 模式特点

（1）智能性。智能机器人作为人工智能技术的集大成者，在图书馆领域具有广泛的应用潜力和实用价值，它可以对人类思维和行为进行模拟，与读者展开交流，为读者提供决策支持。咨询机器人能够理解并分析读者的提问，提供精确和多样化的参考方案。与传统的人工咨询服务相比，咨询机器人不仅反应迅速，而且能够基于大量的数据和算法给出更为科学的建议。这种智能化的决策支持系统，增强了图书馆服务的专业性和针对性，满足了读者更高层次的知识需求。交互机器人的知识库比较开源且多样化，可以与读者进行自然且有趣的沟通，这一功能不仅满足了读者的好奇心,也通过新颖的交流方式增加了读者的黏着度。交互机器人的宣传与推广,可以激发读者的兴趣,增强图书馆的文化价值和社会影响力。向导机器人可以帮助读者快速找到所需的书籍、提供方位指引等,极大地提高了图书馆的效率,也使读者体验到便捷和愉悦。

(2)包容性。智慧图书馆是由数字图书馆转型而来的,它以新兴技术手段为依托,不仅顺应未来可能出现的更多新兴技术的应用趋势,还在设计上充分考虑了技术手段的包容性。这种交互服务模式以线上和线下相结合的方式,使读者可以通过多种途径,如图书馆设备、移动设备、智能机器人、馆员沟通等,与图书馆进行多元化的交互活动。不论是在城市图书馆还是高校图书馆,这种交互方式都使服务更加灵活和便捷。基于人工智能机器人的交互服务模式具有很强的包容性,适应未来新技术的融入,为图书馆再次发展引入新技术手段的应用提供了便利,对于图书馆的持续创新和发展具有重要意义。

(3)本地化。在图书馆服务中,了解和分析不同地理位置的读者表现特征是非常关键的,因为这有助于精准推送和优化服务。现阶段,许多图书馆已经开始运用定位技术,通过移动设备对本地读者的数据进行搜集和分析。例如,通过读者数据的实时分析,图书馆能够了解读者的阅读兴趣和借阅行为,从而提供更加个性化的推荐服务。自动签到功能不仅方便了读者的入馆登记,还可以准确记录读者的访问频率和停留时间,为图书馆运营分析提供依据。而基于位置的社区交流功能,则能够增强本地读者之间的交流互动,营造更活跃的阅读氛围。

(二)基于计算机视觉的传感服务

1.模式设计

计算机视觉技术通过模拟人类视觉系统对物体的分类、检测、跟踪和识别等功能,可以在不接触物体的情况下搜集和分析物体的特征数据，从而提取出有用的信息。在图书馆工作中，这一技术的应用正在逐渐展现其重要价值，尤其是在图书馆自动化管理和读者数据分析方面。在图书馆自动化管理中，计算机视觉技术能够识别和追踪图书的位置和状态，如自动化的借还书服务、图书盘点和整理等；在读者数据分析方面，计算机视觉技术可以分析读者的行为特征和使用习惯，如通过人脸识别技术分析读者的年龄、性别等特征，通过行为分析了解读者在图书馆的活动轨迹和停留区域。

  计算机视觉技术在图书馆领域的应用正在不断深化和拓展，尤其是在智能传感服务方面呈现出明显的发展趋势。刷脸支付和刷脸门禁作为其中的典型应用，已经在自助图书馆中得到广泛实施和接受，其较高的使用率充分说明了计算机视觉在图书馆智能传感服务中的重要性和潜力。为满足读者服务高效化的需求，图书馆可以构建基于计算机视觉的智能传感服务模式。智能传感服务平台借助于计算机视觉技术，可以实现对读者数据的单方面搜集，经过有效的信息处理，将所搜集的数据分类存放于数据库当中，并生成关系数据，继而为图书馆智慧服务提供科学的数据支撑。另外，馆员和图书馆的信息也会被有效搜集并置于相应的数据库中，实现了在任何时间节点所发生的事件都能够"有迹可循"。馆员能够根据实际需求对数据参数进行及时调整，对数据库进行实时更新，这意味着图书馆能够迅速适应外部环境的变化，实现服务内容的精准匹配和个性化推送。智能传感服务平台通过针对不同服务内容的精准数据提取，利用多种工具实现多样化的服务方式。无论是图书借阅、推荐阅读还是专业咨询，平台都能根据读者的具体需求提供个性化的解决方案。这不仅丰富了图书馆的服务内容，也提升了服务的质量和效率。在不侵犯读者隐私的前提下，智能传感服务平台可以实时捕捉和理解读者的行为和需求，然后预先生成多种备选决策支持方案。当读者发出知识需求时，平台可以第一时间将最合适的解决方案展示给读者，大大缩短了服务响应时间，提高了服务的满意度。

2.服务内容

根据服务类型的不同，基于计算机视觉的传感服务可以划分为多种不同的类型，主要包括社区咨询、联合咨询、移动咨询、专家系统等。社区咨询利用现代社交媒体平台，如微博、博客和图书馆专用论坛等，为读者提供更为亲近和互动性更强的咨询体验。读者可以在这些熟悉的平台上提出问题，与图书馆工作人员或其他读者进行交流和探讨，这种社区化的交流方式增加了参与感，也拉近了图书馆与读者之间的距离。联合咨询则体现了图书馆之间协同合作的理念。以中国图书馆参考咨询联盟为代表，这种模式通过跨图书馆的合作，共享各自的资源和专业知识。无论读者身处何地，都可以获得全国范围内的专业支持和服务，大大提升了咨询服务的专业性和可得性。移动咨询则是紧跟现代科技趋势的一项创新。借助APP、公众号等移动平台，图书馆的咨询服务可以随时随地地触及读者。无论是在家中、在路上还是在工作场所，只要有移动设备和互联网，读者就可以享受到图书馆的参考咨询服务。构建专家系统对图书馆来说是一项复杂且耗费资源的任务，涉及大量的人力、物力和财力投入。关键在于如何建立一个精确和实用的专家知识库。若知识库构建出现问题，可能会导致输出结果产生偏差，使读者无法理解其输出结果，从而对服务质量产生负面影响。

（三）基于协同过滤的智能检索推荐服务

1.模式设计

图书馆的检索服务和推荐服务是反映其服务转型和升级的重要方面，体现了从传统的被动查找到现代的主动推送的转变。传统的检索服务主要依赖于读者准确输入查询语句来查找信息，这种方式虽然简单，但往往需要读者对所查询的信息有明确和准确的了解。随着特征关联技术的发展，模糊搜索逐渐成为主流，这种方法允许读者使用不完全准确或模糊的查询条件，系统会根据关联特征自动扩展搜索范围，从而更灵活和便捷地满足不同读者的需求。与检索服务相辅相成的是推荐服务。推荐服务的灵感源于大型搜索平台，如谷歌、百度、360等的个性化推送技术。与传统的主动搜索相比，推荐系统更注重从读者的历史行为和兴趣出发，主动将相关信息推送给读者。这种方式既满足了读者的个性化需求，也为图书馆实现了更精准的服务定位。

图书馆检索服务和推荐服务的融合正在成为新的趋势，它们共同作用于知识的获取和传递过程，将读者的输入和图书馆的输出无缝结合在一起。这种统一不仅提高了服务的效率，还增强了个性化体验。以浙江图书馆的个性推荐系统为例，该系统将检索与推荐服务融为一体，彻底改变了读者需要向图书馆馆员咨询编号，然后按照指示寻找图书的传统模式。新的服务模式能够根据读者的兴趣和需求，主动推送相关信息，从而为读者提供个性化的知识获取服务。这一改变不仅使服务更加精准和便捷，还在一定程度上解放了馆员，使他们能够更专注于其他高层次的服务工作。

为满足读者个性化需求，图书馆可以构建基于协同过滤的智能检索推荐服务模式。在该模式下，读者数据库和资源数据库作为基础数据库而存在，通过特征提取对数据进行特征抓取与判定，并将数据上传至读者特征库和资源特征库当中，通过特征匹配进行关联匹配，根据选定算法确定最优解，保证检索推荐的准确性。

2. 服务内容

从读者特征的角度分析，基于协同过滤的智能检索推荐服务模式能够深入挖掘和理解读者的个性化需求，这一过程主要涉及对读者或读者群体特征的精准提取和分析，诸如年龄、职业、地理位置等关键信息。通过大数据分析，系统可以将具有相似特征的读者归类在一起，并将这些分类与相应的资源集合关联匹配。例如，相同年龄段和职业背景的读者可能对某一领域的专业书籍或文章感兴趣，系统通过分析和学习这些特征，可以为这一类读者推送更精准的内容。图书馆可以根据划分结果开展宣传讲座、活动推广等一系列工作。

基于协同过滤的智能检索推荐服务模式的服务方式主要包括三种，分别为群体推荐、馆员推荐、系统推荐。其中，群体推荐是让读者在获取知识服务后，将自己感兴趣的资源通过社交平台或线下交流分享给其他读者。这种由读者主导的推荐形式增强了读者间的交流和互动，也会引发新的阅读兴趣点和讨论话题。馆员推荐是一种比较传统的推荐方式，由图书馆的专业馆员在了解读者信息和需求的前提下，根据馆藏资源为读者提供个性化推荐。这种推荐方式结合了专业知识和人工智能，能更好地理解和满足读者的个性化需求。系统推荐充分利用了现代信息技术，包括检索结果推荐、个人列表推荐、热门推荐和咨询推荐等多种形式。通过分析读者的浏览历史、阅读偏好、搜索行为等数据，系统能自动为读者推送与其兴趣和需求匹配的内容。

3. 模式特点

（1）服务个性化。基于协同过滤的智能检索推荐服务模式通过深入分析和挖掘读者的数据和馆藏资源的特性，不仅能够准确识别读者的兴趣和需求，还可以将具有共同兴趣的读者或相似的资源关联起来。在这一过程中，系统会自动为读者推送与其阅读历史、搜索习惯和兴趣爱好相匹配的内容，从而确保每个读者都能接收到个人化的推荐和服务。这种以数据驱动的个性化推荐方式克服了传统检索服务的局限性，使读者不再被动地接受信息，而是能够在众多的资源中找到真正符合个人需要的内容。基于协同过滤的推荐机制既体现了图书馆服务的专业性和精准性,也展示了现代图书馆在技术和服务方面的创新和发展,为满足不同读者的多样化需求提供了有效的途径。

(2)资源利用合理化。基于协同过滤的智能检索推荐服务模式通过特征关联和精确匹配,将馆藏资源与读者的兴趣和需求相联结,从而大大提高了资源的利用效率。它不仅能够推送热门的、广受欢迎的资源,更重要的是能够将那些往往被忽视的冷门资源推荐给有特定需求的读者。由此,冷门资源也能得到合理的流通和利用,不再沉淀在库存中被浪费。与传统的资源推荐方法相比,这种基于数据分析和智能推荐的方式能够更精准地把握读者的需求,确保每一种资源都能发挥其应有的价值,这不仅促进了图书馆资源的全面开发和合理配置,还进一步丰富了读者的阅读体验和选择,展现了现代图书馆在信息服务方面的智能化和人性化特点。

(3)结果准确性。基于协同过滤的智能检索推荐服务模式不仅依赖于读者当前输入的信息,还结合读者的历史数据和与之相似的其他读者的选择,生成一份按相关性降序排列的推荐列表。这样的推荐过程是动态和个性化的,因为它始终基于读者的真实需求和兴趣,而不是简单地按照流行趋势或统计规律进行推荐。

(4)服务互动化。首先,通过集成社交媒体平台,如微博、微信、QQ,基于协同过滤的智能检索推荐服务模式允许读者对自己满意的资源进行再次推荐,形成一种读者之间的相互推荐和分享文化。这不仅提高了资源的流通率,还增强了读者社区的凝聚力和互动性。其次,该模式还强化了读者与馆员之间的交流,馆员可以根据读者的信息和兴趣,结合馆藏资源,为读者提供个性化推荐。这样的互动过程不仅使推荐更为精准,还有助于建立和深化馆员与读者之间的信任和理解。最后,为确保推荐服务的实时性和准确性，馆员需要定期对资源数据库进行更新和维护。这一过程也需要与读者保持密切的沟通和反馈，以便及时了解读者的需求变化和满意度情况。

第三节 大数据技术的应用

一、大数据的概念

对于大数据的概念，美国麦肯锡公司做出如下定义："大数据是指用传统的数据库软件工具无法在一定时间内对其内容进行收集、储存、管理和分析的数据集合。"[1]大数据既不是一种新的技术，也不是一种新的产品，仅仅是存在于数字化时代的一种现象，就如同21世纪初提出的"海量数据"概念一样。但大数据和海量数据从本质上有所区别。从字面上来看，大数据和海量数据都源于英文的翻译，"big data"译为"大数据"，而"vast data"译为"海量数据"。从组成上来看，大数据的组成不仅包括海量数据中的结构化和半结构化数据，还涉及更加复杂的交互数据和非结构化数据，这使得大数据超越了单纯的数量概念，成为一个集数量和质量于一体的复杂现象，其规模和复杂程度使得常规技术难以在合理的时间和成本内捕获、管理和处理这些数据集。由此可见，海量数据处理、海量交互数据、海量交易数据将成为大数据的主要技术趋势。

---

[1] 麦肯锡.麦肯锡大数据指南[M].王霞，庞昊，任鹏，译.北京：机械工业出版社，2016：2-5.

二、大数据的特征

大数据作为新一轮工业革命中较为活跃的技术创新要素,主要具有以下特征,如图 3-2 所示。

图 3-2 大数据的特征

(一)规模巨大

在信息时代的今天,无论是个人还是组织,都面临着数据量的快速增长。这种增长不仅是数量上的增加,而且涵盖了各种不同的类型和来源。以硬盘容量为例,现今典型的个人计算机硬盘的容量已经达到 TB(太字节)量级,而一些大型企业的数据量更是接近 EB(艾字节)量级,这种庞大的数据规模不仅是对物理存储的挑战,更反映了现今社会对信息的渴求和依赖程度。另外,不同于传统的数据来源,大数据可以来自各种意想不到的地方。无论是社交媒体的用户交互、物联网的传感器数据,还是商业交易的记录等,都可能成为大数据的一部分。这些数据的融合和分析为人们提供了前所未有的洞见和价值。

（二）类型多样

大数据的来源非常广泛，可以来自网络日志、社交媒体、互联网搜索、手机通话记录、传感器等多种渠道，这些不同的来源带来了各种类型的内容，包括但不限于办公文档、文本、图片、XML、HTML、各类报表、图像和音频/视频信息等。而且，这些数据具有多视角的特点，覆盖了从正规的数据到媒体新闻数据，从带有时效性的数据到带有个人情感的数据等多种方面。这种多样性使得数据不仅内容丰富，还具有更深层次的意义和价值。

（三）价值密度低

大数据的价值密度相对较低，这一现象是随着物联网的广泛应用和信息感知的无处不在而产生的，其中大量的数据信息虽然规模庞大，但综合价值并不显著。价值密度低的特征意味着在大数据的海量信息中，有用的、具有价值的数据只占一小部分，而大部分数据对当前的分析和应用没有直接贡献。这种现象可以通过一个视频数据的例子来形象化：在一小时的视频中，可能只有一两秒钟的内容是有用的，其余的都是相对无用的信息，因此价值密度相对较低。正是由于这种价值密度低的特征，大数据也为数据挖掘和分析提供了新的机遇。庞大的数据海洋中隐藏着未知的关联，这可为科学研究、商业决策、社会管理等方面提供重要的参考和支持。

（四）存储要求高

由于大数据通常涉及 PB 级别的数据规模，它不仅提供了丰富的信息资源，也带来了数据存储的挑战。首先，大数据的来源非常多样化，包括各种类型的办公文档、图像、音频/视频信息等，这些数据可能是结构化的，也可能是半结构化或非结构化的。互联网中的数据正向着异质异构、无结构趋势发展，新的数据类型和格式不断涌现，这就要求存储系统具有极高的灵活性和可扩展性，以适应这些多样化的数据源。其次，随着数据的爆炸性增长，传统的存储架构难以解决大规模、异构和动态演化的数据存储问题。静态的存储方案往往无法满足数据的动态变化和快速增长的需求。例如，数据的规模随着时间的推移迅速扩大，新的数据类型和格式随时出现，这就需要存储系统能够迅速适应这些变化。因此，大数据的存储不仅需要具备大规模的容量，还要能够处理各种不同类型和格式的数据，以及能够迅速响应数据和需求的变化。这在技术上提出了许多挑战，涉及新的存储架构和技术的研发、分布式存储和查询的优化、存储资源的有效管理和利用等。

三、基于大数据的智慧图书馆需求分析

智慧图书馆不仅延续了智能图书馆的自动化特性，而且在此基础上实现了本质的提升。它将自动化系统与数据整合技术相结合，推动了图书馆服务的智能化和个性化，从而使图书馆服务不仅更便捷，也更具有针对性和前瞻性。首先，智慧图书馆打破各个独立系统之间的数据"壁垒"，将不同系统中的数据统一起来，形成完整、一致且准确的信息库。这一过程需要通过设定统一的数据标准，进行源数据的采集、清洗和传输，确保各系统间数据的无缝对接，建立一个基于 Hadoop（分布式系统基础架构）的大数据平台，用于集中管理和分析这些数据，这种集中式的数据管理模式可以极大提高图书馆运营的效率和灵活性。其次，在这个图书馆大数据平台上，智慧图书馆可以对数据进行多维分析和深度挖掘，以发现数据中有价值的信息和隐藏的趋势，为图书馆的决策提供依据，使之更好地满足读者的需求和适应市场的变化。同时，智慧图书馆还需要通过将原有业务集成到移动客户端，拓宽读者的服务范

围，使得读者能在任何时间、任何地点都能接触到图书馆的服务。智慧图书馆的整体需求如图 3-3 所示。

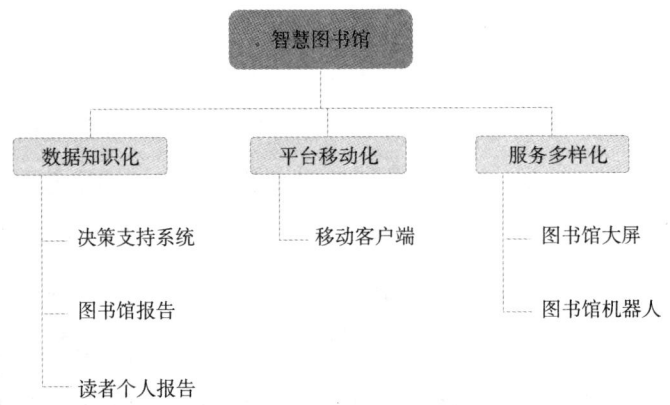

图 3-3　智慧图书馆的整体需求

（一）数据集成需求分析

1. 源数据系统分析

智慧图书馆大数据平台的搭建是一项复杂的工程，首先要对源数据系统进行分析，主要涉及系统的业务流程、数据类型和结构，以及数据库的种类和构造。这一分析过程不仅有助于人们全面掌握平台的整体需求和特点，还可以为接下来的数据库选型和数据标准的建立提供坚实的支撑。智慧图书馆大数据平台的数据主要源自原有的图书馆业务系统，这些数据主要包括静态的馆藏数据、读者数据，以及读者在图书馆的各种行为数据，主要来源于以下几个系统。

（1）图书借阅系统。图书借阅是图书馆对外提供的核心服务之一，图书借阅系统涵盖了图书馆内所有的馆藏图书借阅数据和读者的详细信息。该系统不仅可以追踪到每一本书的借阅和归还情况，还详细记录了读者在借阅图书之前的查询行为，这些数据构成了一张复杂、庞大的信息网,反映了读者的需求、兴趣和行为模式。通过分析这些数据,图书馆能够更精准地了解读者的阅读习惯和偏好,从而为读者提供更贴心、更个性化的服务。

(2)闸机系统。图书馆的闸机系统是一个重要的安全和数据收集工具。当每位读者进入图书馆时,他们必须经过闸机系统的认证,确保只有合格的读者才能够进入。这样的安排不仅有助于维持图书馆的安全和秩序,还为图书馆提供了关于读者进馆次数和时间的宝贵数据。

(3)IC空间系统。图书馆的IC空间系统是一套综合的服务平台,通过这个系统,读者能够更便捷地预约和使用图书馆的各种设施。IC空间系统包括研修间预约系统、阅览室预约系统、座位预约系统和设备外借预约系统四个子系统。其中,通过研修间预约系统,读者可以提前预订图书馆的研修间,确保在需要时有合适的空间进行学习或小组合作;阅览室预约系统使读者可以预约图书馆的电子阅览室等设施,方便他们在适合的环境下阅读和研究;座位预约系统为读者提供了选择和预定图书馆座位的便捷途径,特别是在高峰时段,这一功能有助于确保每个读者都能找到合适的学习空间;设备外借预约系统允许读者预约并借用图书馆提供的各种电子设备,如笔记本电脑、投影仪等。

(4)自助打印系统。自助打印系统在现代图书馆中扮演着重要的角色,它为读者提供了便捷的打印、复印和扫描服务。通过刷卡操作,读者可以轻松使用图书馆中的自助打印机进行所需的文印工作。这一系统的智能化不仅体现在操作的便捷性上,还体现在其对每次文印任务的详细记录上。自助打印系统会精确记录每次的文印类型(如打印、复印或扫描)、所用纸张的数量、打印的时间等信息,这些数据构成了智慧图书馆数据源的重要部分,对图书馆的运营管理有着深远的影响。例如,通过分析这些数据,图书馆可以了解各个时段的打印需求,从而合理安排纸张和墨盒的供应，确保服务的连续性和稳定性。

（5）OPAC系统。OPAC系统是图书馆面向读者的关键查询服务，它允许读者搜索图书馆的馆藏文献和电子资源数据库，并支持电子资源的下载。这个系统不仅是图书馆的信息门户，也是读者与图书馆资源互动的主要渠道。OPAC系统的功能丰富多样，旨在为读者提供便捷、高效的信息检索服务。通过该系统，读者可以根据题名、作者、主题等多种检索点，快速定位到所需的文献和资源。同时，对于电子资源，该系统还提供了直接下载的功能，进一步方便了读者的学习和研究。

2.数据获取方式分析

在现代智慧图书馆中，源数据常常来自不同的业务系统，而这些系统可能由不同的厂商提供。这些分散的数据需要进行整合以供统一分析和使用，但整合这些数据是一项复杂的任务，特别是当考虑到数据的安全性和稳定性问题时。由于开放整个数据库会暴露系统的全部数据，允许对数据进行增加、删除、修改和查询，这样的全面开放会严重影响整个业务系统的安全性和稳定性。因此，直接要求厂商完全开放数据库基本上是不切实际的。为了解决这一问题，一种解决方案是原系统厂商提供一个特定的账号，并针对此账号开放一些数据表的视图。通过视图，图书馆可以查看所需的数据，但无法更改源数据，从而确保了数据的完整性和系统的安全性。对于那些不提供视图的厂商，图书馆可以要求他们提供专门的数据接口。通过这些接口，图书馆可以按需获取相应的数据，而不必直接访问整个数据库，以保护数据的安全性，同时灵活地获取和整合来自不同系统的数据。

（二）数据知识化需求分析

1.决策支持系统需求分析

决策支持系统通过整合和分析来自多个系统的数据，包括图书借阅系统、进馆闸机系统、IC空间预约使用系统和自助打印系统等,为图书馆的管理和运营提供有力的支撑,这些数据主要分为两大类,分别为静态资源数据、读者行为数据。其中,静态资源数据主要包括图书馆的馆藏数据,如馆藏图书的种类、数量、作者、出版社等信息,以及读者的个人信息,如姓名、性别、年级等。行为数据则是读者与图书馆的实时互动信息,它占据了数据的大多数。例如,读者借还图书的时间、书名、借阅类别等信息反映了读者的兴趣和需求;进馆的时间和用户名揭示了图书馆的访问模式;使用IC空间的开始和结束时间、空间类型等数据展示了读者的学习和研究习惯;自助打印系统的使用时间、文印类型、纸张数量等则记录了读者的文印需求。

对于上述的分析,每个数据分析的维度都是不同的,包括时间维度;读者性别维度、读者专业维度、读者类别维度、读者年级维度;图书的种类维度、图书的出版社维度、图书的出版年份维度、图书的作者维度;IC空间的类型维度、IC空间的使用时长维度;自助打印复印的纸张类型维度、文印类型维度、文印地点维度等。对于这些维度来说,图书馆不仅可以单独进行分析,还可以通过相互交叉,进行多维度分析,挖掘更深层次的关系和模式。例如,通过分析不同学院或专业的读者在不同时间段对不同类型图书的借阅情况,图书馆可以发现不同学科的研究热点和季节性需求,从而更精确地调整馆藏资源和推广策略。

2. 图书馆报告需求分析

图书馆年度报告的编制曾是一个费时费力的过程。传统上,这一过程需要人工统计各项数据和信息,然后手动整理成报告。现今的技术发展改变了这一局面,通过数据分析和自动化技术,图书馆可以根据已分析的结果自动生成年度报告,这样不仅可以自动整理文字内容,还可以将网页中的图表以图片格式一并保存到Word文档中,整个过程简化了报告的编制工作，使得报告的格式更加统一和专业。

3.读者个人报告需求分析

读者个人报告记录了每位读者在图书馆资源上的使用情况，为个人使用体验提供了量化分析。该报告覆盖了多个方面的使用数据，从进馆情况到借阅分析，再到座位使用和电子阅览室的使用，甚至还包括了读者的个人信息。这份报告不仅统计了读者从第一次踏入图书馆到毕业离校期间的各项数据，还对重要的事件、时间节点和排名进行了详细的分析。例如，它可以记录第一次进馆的时间、累计到馆次数、总借书量、借书排名，以及借阅量最多的月份等。此外，它还可以分析借阅各类图书所占的百分比，反映读者的阅读偏好和兴趣方向。

（三）平台移动化需求分析

移动客户端对业务系统的集成主要通过接口对接和网页嵌入的形式，将多样化的服务功能整合在一个统一的界面上。客户端的主要内容经过分析主要包括五个部分，分别为首页、馆藏、预约、发现、"我的"。其中，首页部分强调了实时信息展示，如 IC 空间的空闲状态和个人的排名信息等，让用户可以随时了解图书馆的动态；馆藏部分聚焦图书资源的查找和推荐，通过集成图书查询和图书推荐功能，使读者能方便地探索和发现自己感兴趣的阅读材料；预约部分专门负责空间资源的管理，其中集成了 IC 空间、座位和阅览室的预约功能，使得读者可以灵活规划自己在图书馆的学习空间和时间；发现部分将自助打印复印功能整合进来，安卓端用户可以上传打印文件或图片，而 iOS 端则只可以上传打印图片；"我的"部分主要负责个人信息的维护和设置，保障了用户的个人隐私和安全。

（四）服务多样化需求分析

1. 图书馆大屏需求分析

现今图书馆的信息展示正在迈向更直观、更有效的方向。在保留原有的显示时间和图书馆通知的基础上，新的设计方案将新增实时的资源数据和近几日的资源使用统计，以期为在馆的读者提供对图书馆当前资源更加直观的认识。新增的内容显示在一个页面上，原有的图书馆通知显示在另一个页面上，两个页面可以进行定时切换。

2. 图书馆机器人需求分析

为了推动与读者之间的交互体验，图书馆需要引入机器人这项人工智能技术，以满足时下的需求。这一先进的交互媒介将图书馆服务推向新的高度，机器人主要具备以下两大核心功能。一是通过先进的人脸识别技术，图书馆机器人能够准确捕捉并识别读者的面部图像，进而与数据库中的信息进行匹配，确定读者的身份。这一功能不仅提高了身份确认的效率，还增强了图书馆的安全管理。二是图书馆机器人的语音识别系统赋予了它与读者沟通交流的能力，它不仅能够全面介绍图书馆的基础设施和服务流程，还能够根据读者的个人情况，有针对性地回答关于图书借阅详情的问题。而且，机器人还能依据读者的历史使用记录，智能推荐图书、图书馆活动和新增资源设施等，从而实现更加个性化的服务。

四、大数据技术在智慧图书馆中的具体应用

（一）基于 Hadoop 大数据平台的智慧图书馆的构建

1. 基于 Hadoop 的智慧图书馆分层架构设计

依托 Hadoop 相关技术，图书馆可以搭建智慧图书馆大数据平台，

该平台不仅包括图书馆数据，还能集成读者的消费数据。图书馆应以大数据平台为基础，做好数据的存储、分析及应用展示工作。为了更好地满足业务的多样化需求特点，平台架构设计可以根据逻辑分层的方法划分为四层架构，即数据采集层、数据存储层、数据服务层和数据应用层。

（1）数据采集层。数据采集层包括源数据系统和对源数据的抽取。数据采集的过程包括抽取、清洗、转换和加载。通过这些步骤，原始的、可能分散在不同系统中的数据被转变成统一的格式，不仅保证了数据的一致性和准确性，而且为后续的数据存储和分析提供了坚实的基础。

（2）数据存储层。数据存储层在智慧图书馆大数据平台中起着关键作用，它是整个平台业务和展示的基础，采用了一种独特的混合存储模式。数据存储层结合了传统关系型数据库和分布式文件系统，以实现对不同类型数据的有效管理。关系型数据库主要应用于学校内部，通过集成现有的业务系统数据，它提供了中间表来辅助数据清洗和转换的过程，并存储数据分析和挖掘后的结果。分布式文件系统则扮演着不同的角色，它作为大数据存储层的主要存储方式，不仅存储结构化数据，还存储非结构化数据，为数据分析和挖掘提供了坚实的基础。

（3）数据服务层。数据服务层在智慧图书馆大数据平台中扮演着重要的中介角色，它构建了连接存储层与应用层的桥梁，确保整个系统的协调运作。数据服务层主要通过定义友好的接口，把平台内的不同服务联系在一起，使上层应用能够透明地访问下层数据。另外，数据服务层还提供了一套完整的数据处理功能。数据分析服务是其中的一个核心部分，它基于 Hadoop 平台构建。从业务需求的角度出发，数据分析服务利用大数据平台的强大计算能力，实现了对数据的转换、关联、抽取、聚合以及分析挖掘等多种功能。

（4）数据应用层。数据应用层主要是对数据分析挖掘、业务整合的展示。具体来说，数据应用层主要有决策支持系统、图书馆报告、读者个人报告、移动客户端、图书馆智慧大屏以及图书馆机器人。

2.技术架构选型

图书馆在技术架构选型中需要进行全方位、多角度的考虑，不仅要考虑系统的建设成本、运营成本，还要考虑所选技术方案的先进性、实用性、可拓展性等。在综合考虑上述内容的基础上，图书馆可以参考如下技术架构方案，如表3-1所示。

表3-1 智慧图书馆大数据平台技术架构方案

序号	服务层	平台描述		技术架构方案
1	数据采集层	源数据集成	数据采集	Sqoop（开源的工具）+JDBC（应用程序接口）
			数据清洗	SQL（结构化查询语言）
2	数据存储层	大数据存储	分布式文件存储	HDFS（分布式文件系统）
			关系型数据库	MySQL（关系型数据库管理系统）
3	数据服务层	微服务架构	数据分析挖掘	Hadoop（分布式系统基础架构）+MapReduce（分布式运算程序的编程框架）
			数据接口模块	Spring Boot（开源应用框架）+RESTful（网络应用程序的设计风格和开发方式）

续表

序号	服务层	平台描述	技术架构方案	
4	数据应用层	多样化服务	数据可视化	ECharts（数据可视化图表库）+XDOC（报表工具）
			人脸识别、语音识别	科大讯飞 + 百度

（二）决策支持系统的设计与实现

决策支持系统在智慧图书馆中扮演了重要的角色，主要负责数据的离线分析。这个系统根据不同的数据功能维度划分为多个独立的分析服务，包括但不限于图书借还、进馆闸机、IC 预约使用、自助打印复印、统计排行、人员资产、馆藏资源和交叉分析等。图书借还数据分析服务分析读者的借书和还书行为，帮助图书馆了解借阅趋势，以及哪些书籍最受欢迎等。进馆闸机数据分析服务通过分析进出馆的数据，可了解图书馆的人流情况，有助于优化开放时间和安保措施。IC 预约使用数据分析服务对 IC 空间的预约和使用情况进行分析，以便更好地调整和规划空间资源。自助打印复印数据分析服务通过分析自助打印和复印的数据，可以优化设备的分布和维护计划。统计排行服务提供不同维度的统计排行，如最受欢迎的图书、最活跃的读者等，有助于了解图书馆运作的各个方面。人员资产分析服务分析图书馆人员和资产的状态，从而更好地管理人力资源和资产。馆藏资源分析服务通过对馆藏资源的深入分析，协助图书馆进行购书决策和库存管理。交叉分析服务通过多维度的交叉分析，揭示不同数据之间的复杂关联，从而提供更丰富的洞见。每个服务都是独立开发和部署的，功能调用通过服务发现的形式调用对方微服务的 REST API（应用编程接口），保证了灵活性和可扩展性。例如，图书借还数据分析服务的设计与实现可以作为其他服务实现方式的参考。

（三）读者推荐系统的算法设计与优化

1. 图书馆推荐系统的算法设计与实现

（1）基于图书馆的协同过滤算法。在当今信息爆炸的时代，人们每天都被海量的数据和信息所包围，因此如何从中筛选出真正相关和有价值的信息变得尤为关键。正是在这样的背景下，推荐系统应运而生。推荐系统的主要任务是向用户推送相关信息，同时屏蔽不必要或无关的信息，有效减轻用户的信息过载问题，帮助用户快速找到自己感兴趣的内容。协同过滤推荐系统是目前在市场、政府和科研领域普遍使用的一种推荐方法。它主要通过分析用户对一组或多组项目的评分，寻找用户间的相似性，从而为用户构建个性化的推荐。Java 在协同过滤推荐系统中扮演了重要角色，因为 Java 提供了一套完整的生态环境，用于实现基于协同过滤的研究实验。图书馆作为一个特殊的研究领域，对基于内存的算法有着特别的关注。而协同过滤算法正好适合这一需求，因为它能够高效地处理大量的用户评分数据，快速为用户推荐合适的图书。

协同过滤算法通常利用两种方法进行计算，一种是基于用户，另一种是基于对象。前者从评级导出的模型来构建推荐，而后者则是使用相似性度量根据两个用户或项目的相应评级来获得它们之间的距离。①基于用户的协同过滤算法。通过情感分析技术分析用户的评论，协同过滤推荐系统的性能可以得到提升。这个过程主要包括以下几个步骤。第一，创建用户－书籍评价矩阵。将每个用户对每本书的评价收集起来并组织成矩阵形式，为后续的分析提供基础数据。第二，计算相似度。通过统计学方法，计算出用户之间或书籍之间的相似度，找出有相似兴趣的用户或类似内容的书籍。第三，生成最优推荐。根据相似度和用户偏好的邻近集及向量特征，为目标用户生成个性化的推荐。②基于对象（图书）的协同过滤算法。相比于基于用户的协同过滤算法，基于对象的协同过滤算法与之具有一定的相似性，即都依赖于用户的评价信息，但它并不注重挖掘用户之间的相似性，而是关注用户已经评价过的不同对象之间的关联。它的优点包括以下几点。第一，不依赖对象内容。基于对象的协同过滤不需要深入了解对象的具体内容和特征，仅通过用户对对象的评价信息来构建推荐。第二，有良好的可扩展性。由于对象数量通常相对稳定，不像用户数量那样波动频繁，这使得基于对象的协同过滤在扩展方面具有优势。第三，受稀缺性问题影响较小。与基于用户的方法相比，基于对象的方法在处理稀疏数据时更为稳健，因为它关注的是对象间的关系，而不是用户间的关系。

（2）基于内容的推荐算法。基于内容的推荐算法旨在通过分析项目的固有特征来提供个人化推荐。与基于用户或对象的协同过滤方法不同，它主要关注项目内容的相似性，以提供与用户过去对其表示感兴趣的产品相似的产品。基于内容的推荐算法主要关注用户特征之间的相似度或对象之间的相似度，从而产生了两种算法，第一种是基于用户间相似度的推荐，第二种是基于对象间相似度的推荐。在基于用户间相似度的推荐系统中，假设相似用户对相同的产品感兴趣，因此系统可以按照用户之间的相似度对用户进行分组，在此基础上提供有针对性的推荐。基于对象间相似度的推荐系统通过对用户兴趣爱好的预测，为用户推荐与浏览物品相似的物品，这种算法有以下优点。①精准性。通过精确计算对象间的相似度，可以保证推荐服务的较高准确性。②灵活性。可以在不涉及其他用户的情况下进行推荐，侧重于单一用户的喜好。

2. 基于Spark（计算引擎）平台的图书馆推荐系统设计与优化

（1）并行图像数据挖掘设计与实现。随着互联网的普及和人们对人文素养的重视，用户数据和图书数量迅速增加，个性化推荐系统所需处理的数据量也随之急剧上升。当需要同时为多个用户提供推荐时，系统的计算压力会呈指数级增长，从而导致运行速度下降和实时性降低等问题。而基于 Spark 平台的图书馆个性化推荐系统是一个很好的解决方案，这一系统利用 Spark 的集群框架作为数据挖掘平台，核心底层模块用于实现混合的并行化。

①数据来源及预处理。数据来源及预处理主要包括以下两部分。第一，图书馆用户及图书图像的采集与处理。由于采集数据的环境充满不确定性，还伴随着许多干扰因素，这使得图像采集过程会受到噪声和图像变化等问题的影响。首先，在采集过程中，由于各种环境和设备原因，图像会包含不必要的噪声。这种噪声不仅会降低图像的清晰度，还可能干扰后续的分析和处理。因此，采用适当的噪声消除技术，如滤波方法，是提高图像质量的首要任务。其次，图像的特性分析包括对图像的色彩 RGB、独特纹理、边缘形状等方面的详细评估，由此可以提取出有用的特征向量，这些向量可以用作后续运算的参考数据。例如，通过分析图书封面的纹理和颜色，可以帮助识别和分类图书。第二，读者、图书图像采集与预处理技术。人像、图书图像在采集的过程中，由于采光、收集设备不稳定等因素的影响，可能会出现边缘模糊、色彩扩散、反光灯不足等问题，这些因素都会严重影响采集的像素质量。针对这些问题，一种有效的解决方案是采用同态滤波进行预处理。同态滤波是一种先进的图像处理技术，它可以将图像的抽象模型转换为数字模型。其工作原理主要是通过对图像亮度范围进行压缩，增强图片色彩的对比度，这不仅可以消除或减轻由于采集环境不稳定所带来的不定因素的影响，还可以大大提升采集图像的质量。例如，当图像受到不良光线条件的影响时，色彩会变得暗淡，细节会丢失。同态滤波可以调整图像的亮度和对比度，使图像更加清晰和生动。同样，当图像的边缘模糊时，同态滤波可以锐化边缘，从而提高图像的准确性和识别率。

②Spark与SVM（支持向量机）并行运算。Spark与SVM的结合运用是一种先进的数据处理方法，其在提升算法精确度和增加数据挖掘效率方面有显著优势。SVM是一种监督学习模型，广泛用于回归和非线性分类问题，其核心思想是在低维输入空间中创建一个最优超平面，以达到最好的分类效果。Spark和SVM的结合运用，可以实现两者的优势互补。Spark提供了强大的并行计算能力，能够迅速处理大量数据，而SVM则可以有效处理复杂的非线性关系，提供精准的预测和分类结果。

（2）基于Spark平台的图书推荐系统设计流程。分布式系统通常由两个主要角色，即管理者和工作者组成。管理者负责整体调度和协调，而工作者则处理独立的并行计算任务。在运行过程中，管理者统一调度、管理和统计数据，工作者负责具体计算，这个流程的安全和稳定需要依靠多种保护机制。分布式平台是一套与各种系统有机结合的数据处理解决方案。Spark可以部署在Hadoop集群环境中，使用Stream（流媒体技术）进行资源管理，并且能够直接访问HDFS文件系统。不同于传统的MapReduce计算模型，Spark将计算结果保存在内存中。这样的设计大大减少了与HDFS的频繁读写操作，因为数据可以在内存中迅速传递和处理，而不必每次计算都写入硬盘，大大提高了算法的运算效率，缩短了总体计算时间。

综上所述，智慧图书馆在未来发展中，对于大数据的应用可定位为以下两方面。第一，在技术层面解决用户冷启动问题：用户冷启动问题是指当用户初次访问系统时，由于缺乏足够的用户行为数据，系统难以提供个性化的推荐服务。智慧图书馆可以通过技术创新来解决这个问题，如开发先进的数据挖掘技术捕捉精准的图书馆用户信息。通过对用户兴趣的准确把握，图书馆能够为读者提供更精准、更个性化的推荐服务,从而增强用户体验。第二,提高推荐系统性能:研究人员通过算法的不断创新和优化,可以实现推荐系统更快、更准确的推荐,从而提升整体的服务质量。

第四节 云计算技术的应用

一、云计算的概念

云计算,作为一种全新的网络应用概念,在信息时代中已经成为一种重要的技术。虽然它不属于一种全新的技术,但其所带来的变革对于现代社会的影响是深远的。云计算的核心概念是基于互联网,提供快速、安全的云计算服务和数据存储,这使得任何使用互联网的人都能够轻易访问网络上庞大的计算资源和数据中心。这种无限的资源访问,不受时间和空间的限制,为个人用户和企业都带来了前所未有的便利。云计算代表了信息时代的一次重要飞跃。与传统的计算模式相比,云计算不仅提供了更高的灵活性和可扩展性,而且减少了硬件和软件的维护成本。通过将许多计算机资源协调在一起,用户可以根据需要灵活调配资源,从而优化性能和成本效益。云计算推动了许多新技术和服务的发展,例如,基于云的大数据分析、人工智能和机器学习等领域都在迅速扩展,这些技术的发展推动了许多行业的创新,从医疗保健到金融服务,再到交通和能源管理等。

总之,云计算已经成为现代信息社会的重要支柱,其核心的可扩展性和无限的资源访问为用户提供了全新的体验,并推动了许多新技术和服务的发展。虽然目前对于云计算的理解和定义存在差异,但其作为一项具有广泛影响和潜力的技术是不容忽视的。未来的时代是云计算的时代，而掌握和利用云计算的力量将是个人、企业和社会不断进步和创新的关键。

二、云计算技术的特征

云计算以数据为中心，是一种新的超级计算方式和服务模式，它融合了众多现代计算机技术，主要包括以编程模型、数据管理、数据存储、虚拟化和云计算平台管理等关键技术。云计算技术主要具备以下特征。

（一）高性价比

通过虚拟化技术，云计算能够让多个用户共享同一台物理服务器的资源，从而大大提高硬件的利用率。与传统的物理部署相比，这种优化降低了硬件和能源的浪费，为整体降低成本起到了关键作用。云计算的按需付费模式使得用户只需为实际使用的资源付费，进一步降低了前期投资，为小型和初创公司提供了接入先进计算资源的可能性，使之不再受限于初期资本的压力。这样的支付结构增加了企业和个人用户接入高质量计算服务的可及性，扩大了云计算的受众范围。

（二）高可靠性

云计算技术的高可靠性是其在现今信息化环境中受到广泛欢迎的重要原因之一。云计算提供了多重备份和冗余机制，确保了数据的安全和完整。与传统的单一存储方法相比，云服务提供商通常会在多个地理位置存储数据副本，进而有效防止了因硬件故障或地域灾害导致的数据丢失，从而提供了更高层次的数据保护。云计算环境下的系统稳定性得到了显著增强。通过虚拟化和资源池化技术，云计算可以自动分配资源，平衡负载，确保服务在高流量或突发需求下仍能稳定运行。另外，云计算的故障恢复能力也大大加强了其可靠性。通过快速切换到备用服务器和使用实时数据备份，云计算可以在系统发生故障时迅速恢复服务，减小故障对业务的影响。

（三）高利用率

云计算平台通常提供自动化的资源管理和优化工具，使企业能够更加容易地监控和调整资源使用。这些工具可以帮助用户发现并解决效率低下的资源分配，自动平衡负载和优化性能，从而进一步提高资源利用率。云计算的全球化特性使资源可以在全球范围内高效利用。用户无论在哪里都可以访问并使用分布在全球各地的计算资源，这种去中心化的资源分配方式进一步消除了地域限制带来的资源浪费。

三、云计算技术应用于智慧图书馆信息服务的必要性

智慧图书馆作为信息化时代的产物，汇集了丰富的信息资源，具有存储空间小、存储量大、多用户同步访问、传递速度快和检索便捷等无可比拟的优势。随着网络的不断发展和庞大用户与信息的涌入，人们对图书馆服务的需求也随之增长。这种需求的增长推动了新技术的探索和应用，使得云计算成为智慧图书馆信息服务的一种必然趋势。

在传统图书馆的基础上，智慧图书馆利用云计算技术提供了更加广泛、灵活和个性化的服务。云计算的分布式存储和计算能力可以支撑大量的并行访问，满足多个用户同时使用同一资源的需求。同时，它的虚拟化和弹性计算特性使得资源可以根据需求进行动态分配和扩展，从而更好地适应现代用户多样的和不断变化的需求。智慧图书馆通过云计算可以实现信息资源的全球共享和远程访问。用户无论身在何处都可以通过互联网快速访问和使用图书馆的资源，实现了真正的无时无地的学习和研究。云计算还为智慧图书馆的资源管理和服务创新提供了新的可

能。通过数据分析和人工智能技术,智慧图书馆可以更加精确地了解用户的需求和行为,提供更加个性化和精准的推荐服务。

四、云计算技术在智慧图书馆中的具体应用

(一)基于云计算的智慧图书馆服务平台

新一代图书馆服务平台 LSP 以云服务为主要特征。在云服务的支撑下,无论是图书馆的信息系统建设,还是图书馆的服务模式,都从本地服务器转移至云服务,这为学术图书馆联盟合作和共享提供了新思路,即通过联盟联合采购基于云服务的新一代图书馆服务平台,确保各个成员馆用户可以在系统层面展开充分的合作与共享。LSP 主要具备以下几点功能特性。

第一,LSP 能够实现对电子形式及印刷形式资源的整合,并展开统一的管理,同时将部分独立管理系统的资源也融入进来,如档案资源、机构记录等数字资源。

第二,LSP 作为一个综合性的系统,具有替代多个独立管理系统的能力,如图书馆集成管理系统、电子资源管理系统、数字资源管理系统等,这一能力的背后体现了现代图书馆服务的整合趋势和效率追求。

第三,LSP 支持多种形式的采购作业流程,如购买的、授权的、开放获取资源的,它将电子和印刷资源的获取和管理集成至同一个平台、数据、作业流程当中。

第四,LSP 包括知识库及目录文献服务,所以图书馆不需要再创建自己的电子资源数据库,可以依赖由提供商创建维护的数据库资源。

第五,LSP 具备嵌入式的馆藏分析功能,相比于图书馆集成管理系统,它在馆藏的分析、评估方面发挥着更加强大的功能。

第六,LSP 所提供的不再是传统在线目录服务,而是集成了发现服

务。LSP 将具有单一搜索框的统一搜索界面及相关性排名、分面搜索、社交标记、持久链接、RSS 提要等能力,以及能够轻松保存搜索或将所选记录导出到书目管理软件程序中。

新一代图书馆系统运用全新、先进的技术,基于云环境对原系统进行重新设计,并重新构建各种工作流程,最终以云计算方式实现系统部署。

(二)图书馆行业云平台

20 世纪末,新一代的网络和信息技术广泛渗透到社会的各个层面,图书馆作为信息和知识的中心也不得不面对新的挑战和机遇。这一时期的图书馆不再是封闭的知识宝库,而必须与时俱进,迎接知识多样化、信息量剧增的新环境。知识的多样化和信息量的爆炸式增长使得单个图书馆难以依靠自身的资源、经费、设备和人力来满足读者越来越专业化和深入的需求。不论是学术研究还是业务发展,人们对信息的需求都越来越精准和个性化。单一的图书馆,无论其规模有多大,都难以覆盖所有领域的知识体系。因此,图书馆间的合作变得尤为重要,它们可以通过资源共享、服务整合,共同提供更全面、更精准的服务。技术在图书馆服务中的应用越来越深入,从图书管理到在线服务,从资源共享到用户交互,技术都起着关键的作用。但是,单个图书馆的技术力量往往难以支撑复杂和多样化的技术应用,这就需要图书馆之间的技术合作,甚至与相关技术厂商合作,整合各方的技术力量,共同推进技术的创新和应用。

中国高等教育文献保障体系正是在这一背景下应运而生的。中国高等教育文献保障系统能够提供多样化的服务,主要有共享系统服务、易得文献获取服务、易得学术搜索服务、外文期刊网服务、联合目录服务、电子书在线阅读和租借式借阅服务、中文期刊论文单篇订购服务等。其中，共享系统服务依托云计算技术搭建了中心云服务平台和共享域云服务平台，能够支撑大约一百家图书馆在同一个共享域内进行业务操作，显著改善了图书馆共享的服务模式，有效推动了资源、平台、服务、数据共享。共享域指的是根据地域、学科等类型创建的图书馆联盟，主要包括两大类，即实体共享域、虚拟共享域。中国高等教育文献保障系统的共享系统服务，实际上就是通过在共享域内部署云服务平台，面向共享域内成员馆提供个性化服务。

第四章　智慧图书馆馆藏建设
——以医院图书馆为例

第一节　馆藏建设概述

一、馆藏建设概念的发展

在我国，早期的图书馆馆藏建设被称为"采访"，意指"采而有之，访而求之"，映射了那时科技水平较低和文献出版量有限的背景。在这样的环境下，图书馆要收集一定数量的馆藏会遇到一些困难。第二次世界大战后的科技快速发展导致文献出版量急剧增加。这一变化为馆藏建设带来了新的机遇，也引发了新的挑战。其中一个主要的问题是，由于出版物的数量庞大，任何图书馆都无法全面订购和收集所有的资料。正因如此，我国在20世纪60年代调整了对馆藏建设的观念。原先的"采访"概念逐渐被"藏书组织""藏书补充"或"藏书发展"等术语所取代，以更准确地反映图书馆馆藏在不断变化和发展的环境中所面临的新情况和新任务。

科学技术的迅猛发展导致了文献出版量的激增，这被人们普遍称为"知识爆炸"。这一时期也促成了国际上"零增长"理论的产生，对图书馆馆藏建设形成了深远的影响。在国外，一些图书馆率先引入了"馆藏建设"概念，这一新观点很快得到了我国图书馆界的认可，并对其进行了丰富和发展，系统地提出了馆藏建设的一整套具体内容和要求。这些内容涵盖了藏书的规划和计划，明确了图书馆所需馆藏的种类、数量和特性，并确立了长期和短期的收藏目标和策略。馆藏建设还包括文献选择与收集，旨在确定收集哪些类型的文献，并实施有针对性的收集策略，以确保所收集的资源与图书馆的目标和用户需求相匹配。

二、医院图书馆馆藏建设的基本特点

作为一种小型的医学专业图书馆，医院图书馆馆藏建设具有以下几个基本特点，如图4-1所示。

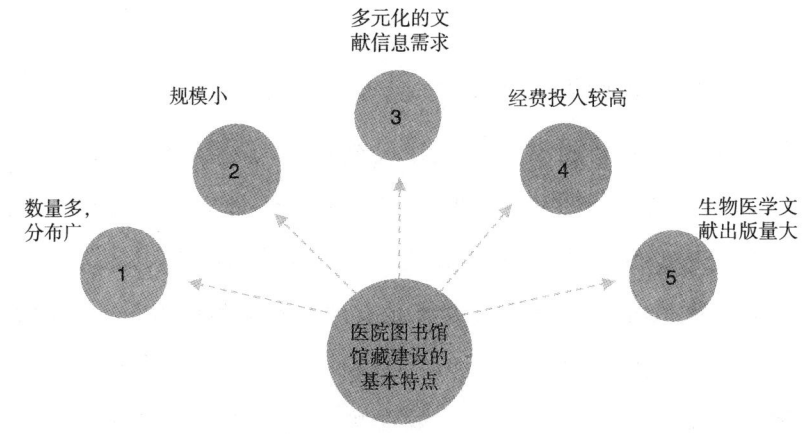

图4-1 医院图书馆馆藏建设的基本特点

第一，医院图书馆的数量非常多，分布广泛。它们呈星群状，疏密相间地遍布于全国的城乡各地。这种自然分布的分散性，再结合分散管理体制下各自为政的情况，导致医院图书馆成为一个小而散的专业系统。这种分散的特性使协调和资源共享变得更具挑战性。

第二，医院图书馆的规模相对较小，通常依附于医院或各级各类的医疗机构。它们并不是为了自身的发展，而是为了适应和服务于所在单位的具体工作需要。这种服务导向体现在其主要任务上，即为医疗、教学、科研和管理决策提供文献信息保障。

第三，由于医疗实践的随机性较大，医院图书馆的文献信息需求也因此涉及多个学科和多种知识门类。这种多元化的需求在馆藏建设上提出了特殊的要求。例如，图书馆需要同时收藏中外文献资料，并以追求新颖和专深的知识为其特点。

第四，全专业系统馆藏建设的经费投入较高。在国内，这一投入不仅不亚于任何其他图书馆系统，甚至在国际范围内也是如此，超越了其他国家同行业的水平。这一点反映了医学领域对知识和信息的极高需求，以及为了满足这一需求所必须付出的资源和努力。由于医学信息的关键性和专业性，在馆藏建设上的资源投入也成为确保医学服务质量和效率的必要条件。

第五，生物医学文献出版量大。生物医学知识的新陈代谢速度非常快，知识更新周期越来越短。这就要求图书馆不断地及时更新馆藏，以确保所提供的信息始终是最新和最准确的。这一特点不仅凸显了生物医学领域的快速发展和不断变化，也揭示了医院图书馆在维持现有馆藏和跟上知识更新方面所面临的复杂任务。

第二节　智慧医院图书馆馆藏建设的原则与要求

一、智慧医院图书馆馆藏建设的原则

医院图书馆的藏书建设过程并不是一个随意或无序的数量积聚，而是一个深思熟虑和精心组织的过程。它不是简单地积累文献，而是依据特定原则和现实需求，逐步发展成为一个系统、完善、科学的藏书体系。智慧医院图书馆馆藏建设需要遵循以下几大原则，如图4-2所示。

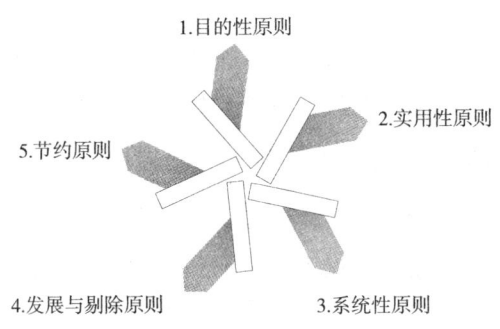

图 4-2　智慧医院图书馆馆藏建设的原则

（一）目的性原则

智慧医院图书馆馆藏建设的目的性原则确保了图书馆的资源和服务能够有效地支持医院的各项使命，如医疗、教学、科研和管理等。目的性原则要求图书馆馆藏必须与医院的具体目标和任务紧密相连。这意味着图书馆必须深入了解医院的工作重点和需求，以便精确选择和获取那些能支持医院工作的资料和信息。无论是涉及最新的医学研究、临床实践还是教育培训，目的性原则都强调资源的针对性和实用性。目的性原则强调了馆

藏建设的长期规划。图书馆不仅要满足当前的需求，还要预见未来的变化和趋势，确保馆藏的持续相关性和适用性。这需要图书馆与医院的其他部门紧密合作，共同规划未来的方向和需求。目的性原则促使图书馆追求效率和效益。明确图书馆馆藏的具体目的和目标，可以确保资源被合理分配和使用，避免不必要的重复建设或浪费。这不仅有助于优化利用有限的资源，还有助于创建一个更协调、更灵活的服务环境。

（二）实用性原则

智慧医院图书馆馆藏建设的实用性原则着重于确保图书馆资源和服务直接满足医院的具体需求。这一原则不仅涉及所收藏的资源类型，还涵盖如何组织和提供这些资源的方式。实用性原则要求图书馆馆藏必须与医院的日常操作和长期目标紧密相连。这意味着图书馆必须不断与医生、护士、教育者和研究人员沟通，以便了解他们的信息需求，并据此选择和组织资源。这种紧密的联系确保了馆藏的实用性和相关性，从而提高了整个医疗团队的效率。实用性原则强调资源的易用性和可访问性。智慧医院图书馆不仅要提供高质量的资源，还要确保这些资源能够方便快捷地被那些需要它们的人员所使用。这涉及使用先进的技术简化检索和访问过程，或者开发特定的工具和服务以支持特定的医疗实践和教学活动。

（三）系统性原则

智慧医院图书馆馆藏建设的系统性原则强调整个馆藏应当构成一个有机、有序和协调的整体，从而更好地支持医院的各项使命和目标。系统性原则强调馆藏应当反映医学领域的多样性和复杂性。这意味着图书馆需要收集涵盖医学不同分支、学科和专业领域的资源。通过确保馆藏的全面性和多样性，图书馆可以支持医院的各种医疗实践、科研活动和教学需求。系统性原则要求资源之间的逻辑联系和整合。图书馆馆藏不应是孤立和零散的，而应当通过某种组织结构或框架互相联系起来。这涉及使用分类、索引、元数据等工具来实现资源的组织和导航，确保用户能够方便快捷地找到和访问所需的信息。此外，系统性原则还强调与医院其他部门和功能的整合。图书馆应与医院的临床、教学和研究团队紧密合作，确保馆藏能够支持医院的整体战略和运作。这涉及定期审查和调整馆藏，以确保其与医院的目标和优先事项保持一致。

（四）发展与剔除原则

智慧医院图书馆馆藏建设的发展与剔除原则涉及馆藏的持续成长和更新，以确保资源始终与医疗行业的最新发展趋势和需求保持一致。发展部分着重于馆藏有计划、有目的的增长。根据医院的目标、医学领域的最新发展以及用户的需求，图书馆不断收集和引入新的资源。这一过程涉及与医疗、教学和科研人员的密切合作，以确保新收藏的内容与实际需求紧密相关。此外，发展还包括对现有资源的审查和评估，以确定可能的缺口或不足，并据此采取行动。

剔除部分则关注馆藏的优化和更新。随着知识的进展和技术的变革，一些过时或不再相关的资源需要从馆藏中剔除。剔除的过程要非常谨慎，需要基于明确的标准和准则，并涉及与利益相关方的协商和沟通。剔除不仅有助于释放空间和资源，以便于新的收藏，还能确保馆藏保持高质量。

（五）节约原则

节约原则在智慧医院图书馆馆藏建设中具有关键作用，它强调通过高效和合理的资源管理来支持图书馆实现使命和目标，同时确保经费和资源的最大化利用。节约原则要求图书馆在馆藏建设中充分考虑成本效益，通过精心选择和收集资源，确保每一项投资都与医院的具体需求和优先事项紧密相连。这涉及对不同类型和来源的资源进行比较和评估，以找到最具性价比的选项。节约原则鼓励图书馆寻求合作和共享机会。图书馆通过与其他医院或医学图书馆的合作，可以共担成本和共享资源，实现规模经济，这种合作包括联合购买、资源共享、联合开发等，从而有助于扩大馆藏的覆盖面，同时降低单一机构的负担。

二、智慧医院图书馆馆藏建设的要求

医学既是一门复杂的应用学科，又与众多领域和学问紧密相连。正因为它涉及如此广泛的知识领域，医院图书馆在馆藏建设时面临巨大的挑战。期望医院图书馆的藏书能够涵盖所有领域是不切实际的，也不是真正的需求。更关键的是如何在有限的资源和空间内，为读者提供高价值、相关性强的资源。为了确保图书馆的藏书能够满足大部分的客观需求，医院图书馆必须在明确馆藏建设原则的同时，严格遵循收藏标准，并协调各种比例关系。具体要求主要有以下几点。

（一）藏书成分

医院图书馆的藏书主要包括以下三部分，如图 4-3 所示。

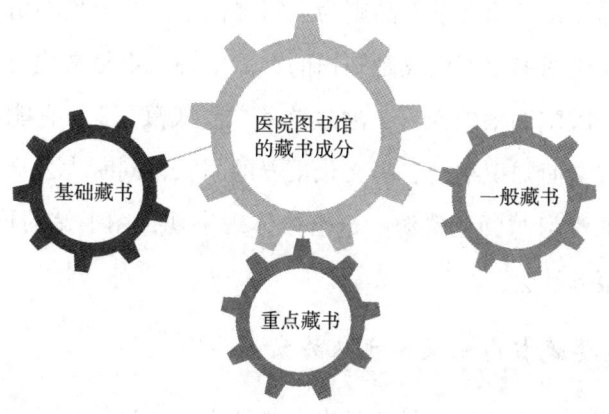

图 4-3　医院图书馆的藏书成分

基础藏书是医院图书馆的基石，它综合了医院各种工作和任务的需求，确保无论在哪个专业领域，医院的工作人员都能找到他们需要的资料，包括各种专业学科的文献、各种内容的书刊以及各种出版形式的资料。因为这类藏书涵盖了广泛的主题，所以其受众也较为广泛，利用率相对较高，为医院的日常运营和研究工作提供了坚实的基础。

重点藏书更为细致，它是为了满足医院特定的重点任务、学科建设或服务对象而设立的，这不仅是医院自己的重点领域，还包括与其他医院或机构进行的馆际合作和分工。除了常规的资料，这类藏书还特别收纳了一些难以得到的、有特殊价值的文献，如绝版书、孤本书、高密级资料，以及为重大科研课题特别收集的系列资料。由于这类藏书的特殊性和针对性，它们通常被视为特藏，主要针对有特殊需求的读者。

除了基础藏书和重点藏书，图书馆还设有所谓的"一般藏书"，这部分并不直接与医学相关，但同样具有其独特的价值。这些"一般藏书"主要包括科普读物和供休闲阅读的文学作品，旨在丰富医院员工和访客的文化生活，提高他们的综合素质。例如，科普读物不仅能帮助医务人员了解除医学之外的其他领域知识，还能为普通读者提供健康和医学方面的基础知识。而文学作品则为大家提供了一个放松心情、释放压力的渠道。现代图书馆不仅仅是知识的存储中心，更是文化与教育的重要阵地。对于医院图书馆而言，通过这些"一般藏书"，它能够助力于培养一个具有全面知识结构、高文化素养的团队，同时为公众提供更广泛、更丰富的学习与阅读资源。这恰恰体现了现代图书馆的核心价值：传播知识，服务社会。

（二）主要藏书内容及其主从关系

医学图书馆的收藏核心是医学专业学科文献，这体现了其为医学研究和实践提供专业支持的主要职责。与此相应，虽然医学既有基础学科又有临床学科,但临床学科文献更具实用价值,因此通常被视为首要内容。图书馆在馆藏建设时会在现实需求和预测的未来需求间取得平衡,但更多倾向于满足现实的需求。同时,中文医学文献受到更多的关注,这反映了本土文化和研究的核心地位。在资金投入上,期刊通常比专著占据更大的比例,因为它们提供了最新的研究成果和发展动态。但在专著中,经典和权威的专著优先于其他一般作品,因为它们在医学领域有着深远的影响。馆藏建设也非常注重深度与广度的平衡。重点藏书与馆际分工之间的藏书要求深入、系统、全面,同时强调中外文献资源同样重要。随着数字化的发展,图书馆开始广泛地采集光盘版文献和在线资源,特别是在可下载的文献和专题文献数据库中,图书馆为读者提供了更为丰富和便捷的资源。但在此过程中,图书馆也要努力避免全文光盘与印本文献之间的内容重复,确保资源的有效利用。

通过馆际分工,每个图书馆都可以根据自己的特色和优势确定收藏重点。例如,某个医学图书馆专门针对某一领域的研究进行深度收藏,而其他领域则由合作的图书馆来承担。这种分工不仅避免了重复投资,而且确保了各个领域都得到专业和深入的覆盖。即使在馆际分工的背景下,每个图书馆在馆藏建设时仍需确保广度和系统性。这意味着除了深入的专业收藏外,每个图书馆仍需确保其馆藏涵盖了与其主题相关的各个方面,以满足读者的多样化需求。特色鲜明的馆藏不仅是对某一学科的深入探索,也是图书馆对外展示自身品牌和特色的重要手段。通过建设有特色的馆藏,图书馆可以吸引特定的读者群体,也增强了自身在整个图书馆联盟中的地位和影响力。

工具书体系在医学图书馆中占有举足轻重的地位。检索工具是图书馆的核心部分,为读者提供了一个导航系统。无论是传统的卡片目录、索引,还是现代的数字化检索系统,它们都为读者提供了一个快速、准确地找到所需资料的渠道,这些工具不仅节省了用户的时间,还确保了信息检索的准确性。字典、词典、年鉴和手册等提供了关于特定主题或领域的快速、简洁的信息。在医学领域,这些工具尤为重要,因为医学知识不仅广泛,而且深奥。例如,词典可以为医生或研究人员提供疾病、症状或医疗术语的准确定义;医院中常用的药典、正常值、相关标准和专利文献等提供了关于药物、治疗方法和技术的具体信息,这些资料对于医生的日常实践和研究工作至关重要。

第三节 智慧医院图书馆馆藏建设的组织与管理

一、智慧医院图书馆馆藏建设的规划与计划

(一)馆藏定位与目标分析

随着科技和医学领域的迅速发展,医院图书馆的角色正在经历根本性的转变,逐渐由传统的存储和提供信息资源的场所转型为支持医疗、教学、研究和决策的核心平台。因此,智慧医院图书馆明确其馆藏定位与目标是非常关键的。

1.定义馆藏定位

要定义智慧医院图书馆的馆藏定位首先就要明确其主要受众是谁。医院图书馆主要服务于医务工作者,如医生、护士、研究人员以及管理层,因此,馆藏定位应重点关注这些群体的需求。例如,对于临床医生,他们更关心最新的医学研究、治疗方案或患者护理的最佳实践;对于研究人员,他们更加关注深度的学术研究和数据。

2.识别医院的核心业务和学科特点

不同的医院有不同的专业领域和重点。例如,有些医院擅长心血管

疾病的防治，有些医院更擅长儿科或肿瘤学。通过识别医院的特点和强项，图书馆可以更有针对性地规划其馆藏，确保资源与医院的核心业务紧密结合。

3.明确图书馆的长期和短期收藏目标

馆藏目标应当既要考虑长期的学术和医疗需求，也要考虑短期的、与当前医疗趋势和技术发展相关的需求。长期目标包括构建一个全面的、跨学科的参考数据库，而短期目标更偏重于满足当前新技术引入的需求。

（二）读者需求分析与满足

在构建智慧医院图书馆的馆藏时，读者的需求是核心考虑因素，这不仅涉及馆藏的内容、深度和广度，还关乎图书馆如何为读者提供高效、精准的信息服务。以下将深入论述读者需求分析与如何满足这些需求。

1.了解读者群体

医院内的读者群体相对特殊，主要包括医生、护士、研究人员、医学生、医院管理层以及其他医务工作者，他们的知识需求、查询习惯和信息技能都有所不同。因此，了解这些不同群体的特点是有针对性地提供服务的前提。

2.进行需求调查

定期进行读者需求调查可以获得宝贵的反馈，具体的需求调查可以通过问卷、访谈、小组讨论等多种方式进行。调查内容不仅包括对某类资料的需求，还可以了解读者在使用图书馆资源和服务时遇到的困难，从而为优化服务提供依据。

3.馆藏资源的多样性

医学知识更新迅速，读者的需求也在不断变化。因此，图书馆需要持续关注医学领域的新发展，及时采购最新的书籍、期刊、数据库和其他资料。同时,图书馆还需要提供多种格式的资料,如电子书、视频教程、在线课程,满足不同读者的偏好。

(三)寻找物质藏书与电子资源之间的平衡

在数字化时代的背景下,医院图书馆在构建馆藏时面临着物质藏书与电子资源之间的权衡。两者都有独特的优点和局限性。在规划与计划馆藏时,如何在这两者之间找到一个平衡,以更好地满足读者的需求,是医院图书馆面临的挑战。

1. 物质藏书的价值与局限性

(1)价值。物质藏书为读者提供了一种独特的感官体验。对于许多读者来说,实体书的触感、纸张的气味和书页的翻动声音都是不可或缺的阅读体验。此外,实体书不受电池、互联网连接或兼容性问题的制约,它们的持久性和稳定性是电子资源无法比拟的。

(2)局限性。物质藏书需要物理空间存储,这在有限的空间内会成为一个挑战。同时,物质藏书也需要定期进行保养和维护,以确保其完好无损。

2. 电子资源的优势与挑战

(1)优势。电子资源为读者提供了巨大的便利。读者可以随时随地访问,不受时间和地点的限制。而且,电子资源通常支持高效的搜索和导航功能,使读者能够迅速找到所需的信息。对于医院图书馆来说,电子资源还有助于满足医生和其他医务工作者的即时信息需求。

(2)挑战。电子资源需要稳定的技术基础设施和互联网连接。电子资源的长期保存和兼容性问题也是图书馆需要考虑的问题。

3. 平衡策略

首先,读者需求调查。定期了解读者对物质藏书和电子资源的偏好,可以帮助图书馆做出更加合理的决策。其次,分析成本效益。图书馆应从经济的角度出发，分析物质藏书和电子资源的成本效益，以确定最佳的投资策略。再次，考虑长期保存。考虑到数字技术的快速发展，图书馆应为电子资源制定长期保存策略，确保这些资源在未来仍然可以访问。最后，创新服务模式。图书馆应考虑将物质藏书和电子资源融合，为读者提供更加丰富和多样的服务。例如，为实体书提供电子版的副本，或者在实体书页面内容旁边提供二维码，供读者扫描访问相关的电子资源。

二、文献的收集与选择

文献的收集与选择对于确保图书馆馆藏的质量和完整性至关重要。为了实现高品质的馆藏建设，图书馆不能仅仅依赖出版物的商业宣传或随意地进行收藏，而必须有一个明确和严格的收藏标准，确保每一项被收入的文献都是有价值的。文献收集不仅是一个量的积累过程，更是一个质的筛选过程。工作人员要像建筑师一样，为读者构建一个结构稳固、内容丰富的知识宫殿，这要求他们不仅具备丰富的知识背景，还需要具有敏锐的鉴别力，能够在众多的文献中识别出真正有价值的内容。选择恰当的文献对于图书馆的使命和目标的实现具有关键作用。一个高质量的馆藏可以满足读者的各种需求，激发他们的学习兴趣，并为他们提供必要的知识支持。相反，一个随意组织的、缺乏策略的馆藏不但会导致资源的浪费，而且不能真正服务于读者。

文献收集与选择的一般要求如下。第一，对于图书馆的馆藏和读者群体要有深入的了解。这不仅包括对现有馆藏的熟悉，还要对各个学科的发展趋势、国内外的出版情况有所掌握，由此确保所收集的文献既符合图书馆的定位，又能满足读者的实际需求。第二，掌握出版信息和制定审慎的预算。工作人员需要区分哪些文献是紧急和重要的，哪些可以稍后考虑，以确保经费的合理使用，避免经费使用的波动。第三，要确保馆藏的完整性和避免重复收集。图书馆建立预订卡和查重机制是必要的，同时对于重复出版的文献，应避免盲目购买，以免造成资源浪费。第四，对于那些不能直接审查的文献，要通过考察作者和出版社的声誉做出决策；而对于出版周期长、有补充和修订的丛书和多卷书，可优先考虑全套采购，以确保馆藏的完整性。第五，中外经典专著和核心期刊应作为收藏的重点，即使在经费紧张时，也要确保这些关键资源的完整收藏。

三、智慧医院图书馆馆藏文献的管理

（一）到馆书刊资料的验收与登记

1. 图书的验收与登记

在智慧时代，医院图书馆对文献管理的要求越来越高，特别是到馆图书的验收与登记环节。首先，随着技术的发展，图书的验收流程已从手工操作转向自动化。利用条形码或 RFID 技术，工作人员可以快速扫描图书的标识，系统自动比对购书订单和实际到货书目，从而确保图书的数量和种类与订单一致。其次，每本书都需要经过详细的查验，以确保其内容、版次、质量等都符合采购要求。任何损坏、带污渍或缺页的图书都将被标记并返回给供应商。最后，现代医院图书馆通常采用集成的图书馆管理系统，该系统可以快速为新到的图书创建记录，记录图书的详细信息，如作者、出版社、出版日期。而且，系统还可以为图书分配一个独特的存放位置，便于日后查找。

2. 杂志的验收与登记

对于医院来说，杂志作为及时传递前沿医学研究和发现的重要载体，其角色尤为重要。为了保证杂志资源的质量和实时性，验收与登记的重要性不言而喻。与图书不同，杂志往往具有时效性，反映了某一特定时间段的研究成果、新闻和评论，这使得其验收的周期性和持续性需求比图书更强。当新一期的杂志到达时，工作人员首先要进行的是数量和期数的核对，以确保所订购的杂志与所收到的匹配。考虑到杂志经常报道尖端的医学信息，其内容的查验尤为重要。工作人员需要检查是否存在缺页、重复页等问题，并确保所有图表、图片和数据均清晰可辨。杂志的纸质、印刷和装帧都应经过严格检查，确保其具有一定的保存期限和不易受损。

对于杂志的登记，首先，工作人员要利用图书馆管理系统对每本新到的杂志进行记录，包括其期数、到货日期、供应商等关键信息。医学领域包含多个子领域，如内科、外科、儿科等。其次，工作人员要对杂志进行精确分类，确保读者能够轻松找到他们需要的资料。最后，旧杂志应该被妥善存档，同时，新杂志需要在显眼的位置展示，以吸引读者的关注。

3. 报纸的验收与登记

过去，图书馆被视为一个主要存储和提供书籍的静态空间。而现在，图书馆已经成为一个动态、互动的信息交流中心。在智慧时代，报纸作为传递即时信息的重要工具，在医院图书馆中的地位尤为重要。随着数字技术的普及，医院图书馆收藏的报纸也不再仅限于纸质版本，电子报纸或在线版报纸为读者提供了即时访问和交互的可能性。对于纸质报纸，其时效性强，内容丰富，并且通常每日更新，这就要求图书馆在验收时要格外小心，确保每期报纸都完整无缺，没有破损或污渍。在验收过程中，工作人员需要仔细检查报纸的版面、内容、日期等信息，确保它们与订单和供应商提供的描述相符。这一过程不能有任何疏漏，因为报纸是图书馆馆藏中极其容易丢失或损坏的一种文献资料。

对于电子报纸或在线版报纸，验收和登记的工作就更为复杂。首先，图书馆需要与供应商建立稳定的网络连接，确保读者可以随时访问这些资源。为了防止未经授权的访问或使用，图书馆还需要为这些电子资源设置密码或其他安全措施。其次，在验收过程中，图书馆工作人员需要检查每个电子报纸的链接是否正常，内容是否完整，是否可以正常下载和打印，以及是否支持多种设备和操作系统。最后，与供应商之间的合同和许可协议也需要仔细审查，以确保图书馆有权提供这些资源，并且不会因为版权问题而产生法律纠纷。

4.电子出版物的验收与登记

当电子出版物到达图书馆时，工作人员的首要任务是对其进行外观检查，确保没有明显的划痕、损坏或其他可能影响其功能的瑕疵。完成外观检查后，接下来是上机测试，这一步旨在确保电子出版物可以顺畅运行，并且其内容和功能与采购描述相符，这不仅是对其质量的核查，还是对其实用性的验证，确保图书馆的用户在使用时不会遇到问题。验收确认无误后，根据图书馆的具体规定，电子出版物将被正式登记进入馆藏数据库，这一步骤不仅为图书馆提供了一个详细的资源清单，还有助于对馆藏资源进行长期的管理和维护。在完成登记之后，图书馆将为电子出版物提供专门的包装或保护措施，以确保其长期的保存。每一份资源都会被注明相应的财产编号，以及负责验收和登记的工作人员的名字。这些信息确保了图书馆可以追踪每一份资源的来源和状态，为未来的管理和使用提供了方便。

（二）藏书布局

藏书布局关注图书的组织和位置安排，目的是创建一个既独立又相互关联的书籍系统。有效的布局旨在实现两个核心目标：一是简化图书馆的管理流程，二是确保读者能够轻松访问和使用馆藏资源。合理的布局策略能够最大化地满足读者的需求，也有助于提高图书馆的运营效率。

在大型图书馆中，藏书布局是一个多维度的组织过程，包括了文献类型、使用功能、语言和利用率等不同的分类方式。例如，图书可以根据其内容被分类到普通书库、报刊库或特藏库。从功能上看，图书可以按照外借、阅览、参考或保存的用途被放在不同的位置。语言也是分类的一个重要维度，中文书库和外文书库通常是独立的。根据图书的流通率和重要性，它们可以被划分为一线、二线或三线书库。医院图书馆尽管规模不如大型公共图书馆，但其藏书布局同样至关重要。医院图书馆的布局设计更加简单，通常只包括书库和阅览室。但即便如此，工作人员仍需精心安排以确定最佳的存放位置。例如，图书的位置选择、期刊的摆放位置、特殊工具书的存放、特色收藏的展示，以及电子阅览室的设置都需要细致的规划。

医院图书馆的藏书布局灵活多变，其设计不仅受到建筑结构、馆舍面积和藏书量的影响，还要考虑实际的读者需求和管理方便性。合理的布局不仅是图书信息组织的直观呈现，更是建立和维持图书馆科学体系的关键环节。有效的布局能够促进图书馆资源的高效利用，为读者提供便捷的检索和阅读环境。因此，为了满足这些目标，医院图书馆需要综合考虑多种因素，制定和调整藏书布局策略，确保其既符合馆内的物理条件，又能够最大限度地服务于读者和管理人员。

（三）藏书清点

藏书清点在图书馆管理中占据至关重要的位置。其首要目标是全面了解图书馆内的文献藏品状况。通过此项活动，图书馆能够确切地掌握所藏文献的总量，明确哪些已被注销，哪些仍在架上，以确保对馆藏资源的完整掌握。另一方面，清点也是一个发现并解决问题的过程。它允许图书馆识别文献藏品中可能存在的缺失或损坏，并追踪这些问题的原因，这不仅有助于找到图书馆内部在采购、分类、典藏以及流通环节中存在的疏漏或不足，也提供了持续改进藏书管理方法的机会。

藏书清点是一项既庞大又需要细心处理的工作，具有高度的组织性和计划性。在开展清点工作之前，首先，需要确定清点的目标，这有助于对整个活动进行有针对性的指导。其次，需要制定具体的清点原则和要求，确立实施计划以及明确清点涵盖的范围。具体的操作方法、所需时间及人员配置也都需在前期得到明确。为了使清点工作顺利进行，工作人员还需进行一些预备操作。例如，提醒读者归还图书，这样可以确保所有藏书都在清点的考虑范围内；同时，对藏书和相关目录进行整理，确保在实际清点过程中不会遗漏。总的来说，藏书清点不仅是一个数量统计的过程，更是一个细致、全面了解图书馆藏品状态的活动，它的顺利进行关系到图书馆管理的精准度和效率。

1.藏书清点的方式

一般来说，藏书清点主要包括两种方式：一种是不影响正常流通阅览工作的分库、分类、分架清点方式；另一种是暂停正常流通阅览工作，集中人力进行全面清点的方式。

2.藏书清点的方法

藏书清点的方法多种多样，下面主要介绍一些常用的方法，如图4-4所示。

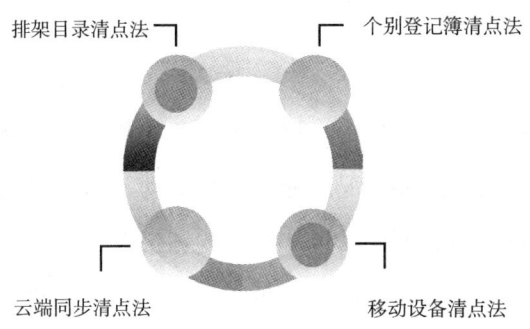

图4-4 藏书清点的方法

（1）排架目录清点法。排架目录清点法主要利用排架目录——一种详细呈现书架上图书排列顺序的目录进行核对。在清点过程中，工作人员先将目录中的卡片与书架上的实际藏书以及外借书的记录进行对照。如果发现某本书的记录在目录中存在但书架上没有，那么应将相应的卡片置于立起的状态；相反，如果书架上有某本书而目录中没有记录，那么这本书应被倒置放回书架。清点完书架与目录后，再将目录卡片与其他相关登记簿进行对比，确保书、卡、账三者信息完全对应。这种方法的优势在于它既迅速又准确，完成清点后，书架上的图书可以迅速恢复到其标准排列状态。该方法适用于按照特定分类进行排列的藏书。

（2）个别登记簿清点法。该方法是通过直接核对文献财产登记簿上的信息与书架上的每本书，再用登记簿对分类目录进行核对，确保书、卡、账信息的一致性。这种清点方法的优点在于它是直观的，工作人员可以快速核实藏书是否与登记簿上的记录相符，而且，这种方法由于操作简洁，减少了出错的可能性，从而提高了清点的准确性。但它也有局限性，即这种方法仅仅适合于那些按照登记号顺序排列藏书的图书馆，因此是一种局部清点方法，而不适用于全库清点。

（3）移动设备清点法。平板电脑、智能手机等移动设备，凭借其轻巧、便捷的特性，已成为图书馆清点的强大助手。一方面，配备适当应用程序的移动设备可以实时地与图书馆的管理系统进行同步。这意味着在进行清点时，工作人员可以立即确认图书的状态，如是否外借或遗失，而不需要返回工作台或使用笔记本电脑。这种实时的数据交互显著提高了清点的效率。另一方面，移动设备通常配备了条形码或RFID扫描器，使得工作人员可以迅速扫描书本，直接将信息输入系统中，省去了手动录入的步骤。另外，这些设备的触摸屏功能也为工作人员提供了直观的操作界面，使其在处理复杂任务时更加简便。

（4）云端同步清点法。云端同步实现了多个工作人员在图书馆的不同区域甚至在不同的分馆进行清点，无论他们身处何处，只要连接到互联网，就可以实时上传和下载清点数据。云端同步也为图书馆提供了更高级别的数据备份和安全性。传统的本地存储方式会面临数据丢失的风险，如系统崩溃或硬件损坏，而采用云同步，数据不仅存储在本地，还被备份在云端，大大减少了数据丢失的可能性。

不论选择哪一种方法进行清点，核心目标均是确保藏书、账目之间的完全一致。完成清点之后并不代表工作的完全结束，还需要进行一系列后续工作。首先，要对清点的藏书进行数据统计，明确已清点的各类藏书数量，这有助于图书馆了解自身藏书的完整性和现状。其次，对于在清点过程中发现的丢失或损坏的文献，需要依据医院图书馆的规定，办理相应的注销手续，确保库存记录的准确性。最后，清点过程中会发现藏书管理中的问题或疏漏，如文献损失、误归类。为了提高未来的管理效率和准确性，必须对这些问题进行总结，并根据实际情况提出有针对性的改进建议，助力医院图书馆更好地为读者服务。

第五章　智慧图书馆馆员的建设
——以医院图书馆为例

第一节　智慧时代医院图书馆馆员的角色定位

一、当前医院图书馆馆员必备的信息职业素质

当前医院图书馆馆员必备的信息职业素质主要体现在以下几个方面，如图5-1所示。

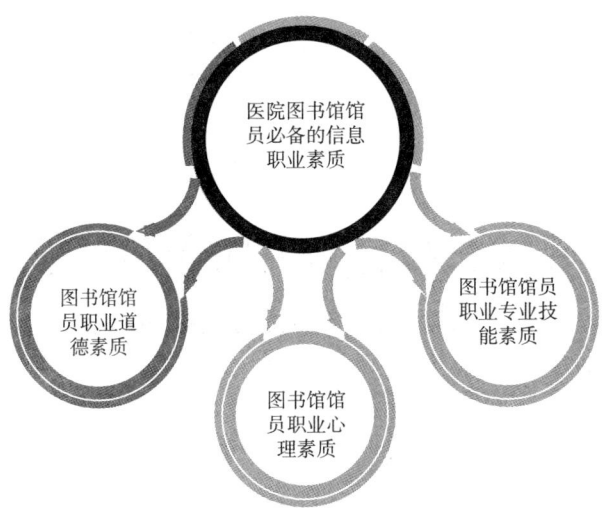

图 5-1 医院图书馆馆员必备的信息职业素质

（一）图书馆馆员职业道德素质

图书馆馆员的职业道德素质直接影响图书馆的服务质量和社会形象。首先，图书馆馆员应具备全心全意为读者服务的精神和意识，热情地对待每一位寻求知识的访客，并用专业知识和经验来满足读者的需求。而在数字时代，互联网作为一个开放和交互的平台，自然会涌现大量的信息，其中不乏垃圾信息和不良内容，这就要求图书馆馆员具有高度的职业敏感性和判断力，能够分辨哪些是有价值的信息，哪些是需要避免的。更为关键的是，图书馆馆员要有坚定的道德立场，不被不良信息所影响，并且要以自己的实际行动，为读者树立良好的信息筛选和利用的标准。

（二）图书馆馆员职业心理素质

随着信息技术的快速发展和读者需求的持续演变，图书馆馆员面临的压力也与日俱增，他们不仅需要适应技术的更新，还要面对日益增长的竞争，以及满足各种不同的读者需求。图书馆工作的核心是为读者提供服务，因此图书馆馆员需要具备出色的职业心理素质。首先，图书馆馆员应当具备服务热情和毅力。无论是进行图书分类、管理还是回应读者的咨询，都需要图书馆馆员保持高度的专业热忱和付出不懈的努力。对于任何专业，热情都是开展工作的初心和动力，而对于服务型职业，如图书馆馆员，这一点尤为重要。其次，主动和热心也是图书馆馆员的必备品质。面对读者的多种需求，图书馆馆员需要积极主动地提供帮助，而不是等待被询问，这样才能确保图书馆为读者提供的服务既及时又高效。最后，良好的沟通能力是图书馆馆员的另一项核心素质。图书馆馆员经常需要与读者进行互动，解答各种问题或提供建议。在这一过程中，有效的沟通不仅能确保信息的准确传递，还能为读者创造一个友好、愉悦的学习和研究环境。

（三）图书馆馆员职业专业技能素质

图书馆馆员作为图书馆的核心力量，其专业技能素质的水准直接影响图书馆服务的质量。因此，图书馆馆员应该具备深厚的图书馆管理学和情报学等相关领域的理论知识。但仅凭传统的学术背景并不足够，他们还必须紧跟时代的步伐，深入掌握计算机网络、数据库管理、多媒体信息技术等新兴技能。

在当下的信息化时代，图书馆不再仅仅是一个书籍的收藏和借阅中心，而日益成为社会信息服务的提供者。面对公众对图书馆信息资源的多样化需求，图书馆馆员需要以现有的信息资源为基石，积极创新，努力打造一个既便捷又高效的信息检索和查询系统，确保其硬件和软件环境满足公众的需求。而在互联网盛行的背景下，图书馆馆员的角色也应涉及版权及相关法律领域的学习和实践。近年来，网络电子书籍的侵权事件屡见不鲜，这使得图书馆馆员有必要加强对知识产权法、著作权法等相关法律的了解。图书馆馆员不仅要提高自己的法律意识，确保网络信息资源的安全和合规使用，还要为公众提供合理、合法的信息共享服务，并努力维护和保护知识产权。

二、图书馆馆员角色重新定位的必然性

随着信息化时代的来临，信息资源的开发和利用已经成为评估一个国家或地区信息化进程的关键指标。在这样的背景下，图书馆这样的知识和信息中心占据着非常关键的地位。图书馆馆员，作为信息资源管理与服务的核心，其工作质量不仅直接影响读者对图书馆的满意度，也是决定信息资源开发和利用效率的重要因素。现代信息技术的飞速发展为图书馆提供了更多的机会，但也带来了挑战。为了适应这种变化，图书馆馆员需要重新审视并转变自己的角色定位。传统的信息收集、分类和借阅服务已经不能满足现代社会的需求，图书馆馆员应更多地学习信息资源的深度挖掘、数字化、网络化及跨平台服务等领域的知识。提高图书馆馆员的服务质量，已经成为当前图书馆界的中心议题，这要求图书馆馆员不仅要掌握现代信息技术，更要不断地进行职业培训，深化对读者需求的了解，以及研究如何更高效地开发和利用信息资源。

我国图书馆事业的演变是社会经济发展的一个缩影。每一个阶段，图书馆都承载着特定的社会职能，反映了那个时代社会公众的期望和需求。正因为如此，图书馆馆员的角色和职责也随之发生了显著的变化，体现了与时俱进的精神。在传统图书馆的背景下，图书馆馆员的主要职责集中于管理和维护馆内的文献资源，并根据读者的需求为他们提供相关的服务，他们是知识的守护者，确保每一份文献资料都得到妥善的保存和分类。但随着互联网和信息技术的兴起，图书馆界迎来了前所未有的变革。在这样的技术背景下，图书馆馆员不仅是文献的管理者，还要成为信息的导航员、技术专家、数字内容策划者等多种角色的综合体。

他们需要熟悉数字化技术，帮助读者在海量的在线资源中找到所需的信息，同时要关注版权等相关法律问题。这种转变使得图书馆馆员面临更多的挑战，但也为他们提供了更多的机会去拓展自己的能力和提供更加多元化的服务。图书馆馆员的社会角色正在从单一的文献管理者，逐步转变为多维度的信息服务提供者。

图书馆作为向广大社会公众提供信息服务的核心机构，在互联网和信息技术飞速发展的背景下，其功能和定位都经历了深刻的变革。对应地，图书馆馆员的角色和所需的能力也在经历着显著的转型。在这个技术驱动的时代，图书馆馆员不再仅仅是传统意义上的文献管理者，他们需要具备更为广泛和高超的技能。首先，他们要有坚实的思想政治修养，确保服务的中立性和专业性。其次，良好的心理素质也变得尤为重要，能够帮助他们在快速变化的信息环境中应对各种挑战。在未来，图书馆馆员的角色预计将更为丰富，图书馆馆员不只是提供信息的专家，更是知识的传播者和教育者。他们需要利用自己的专业能力，帮助读者更深入地理解和应用所获取的信息，进而推动知识的传播和普及。

如何将图书馆中静态和零散的信息资源转化为有组织、有价值且易于检索的资源，为广大社会公众提供高效的信息服务，已经成为图书馆馆员新的核心职责。这标志着图书馆馆员的角色正在经历一次深刻的转变。在当下的信息时代，图书馆馆员不仅仅是传统意义上的藏书管理者，更需要成为信息管理和服务的专家。他们应具备的技能不止于书籍和文献的归档与分类，更涉及信息的收集、筛选、加工和分析，这就要求他们具备更为综合和深入的专业能力。换句话说，现代图书馆馆员应当是信息服务的全能者，或至少在某一专业领域内达到行家的水平。图书馆馆员是信息管理的高手，能够精准整合和分类大量数据；是信息咨询的专家，能够为读者提供准确的知识答疑；是擅长查询信息资源的导航师，能够帮助读者快速找到所需内容；是信息资源协调方面的佼佼者，能够确保各种信息资源的高效流通和使用。

三、图书馆馆员角色定位的思考

图书馆馆员，作为图书馆的核心力量，在智慧时代背景下面临着重新定位和自我升级的挑战。他们不再仅是图书与文献的传播者、传递者和管理者，而是需要转变为信息时代的专家和导航员，以更好地满足现代读者的多元化需求。因此，在智慧时代图书馆馆员主要扮演着以下几个角色，如图5-2所示。

图5-2　图书馆馆员角色定位

（一）信息资源管理专家

在当下的信息时代，信息资源已逐渐上升为推动社会经济发展的关键要素。与此同时，图书馆馆员，作为信息资源的守护者与管理者，已被赋予更为核心和特殊的角色。这个时代不仅需要图书馆馆员管理和整理书籍，更重要的是，他们必须深入挖掘和优化这些信息资源的价值，使其能为社会发展和科学进步提供强大的支持。信息资源的作用早已超出了单纯满足个人阅读和学习的需求，它的影响已经深入各个领域，从经济研究到社会科学,再到技术进步。因此,图书馆馆员现在的职责不仅仅是信息资源的管理和维护,更多的是信息资源的开发与创新。他们需要将信息资源进行整合、提炼和优化,确保这些资源能够为社会提供更高的价值和效益。通过高效、有针对性的信息搜集、加工和分发,图书馆馆员能够为公众创造更多的机会和可能性,满足他们的各种需求。

(二)信息咨询专家

随着信息技术的快速发展和社会对信息需求的多样化,图书馆馆员的角色也在经历着深刻的转变。他们不再仅仅是信息的管理者,更要成为信息的加工者和咨询专家。为适应这种变化,图书馆馆员需要进一步加强自己的专业培训和能力提升,确保能够为读者提供更为专业和深入的信息服务。具体来说,图书馆馆员不仅要能够准确解答读者的基本咨询问题,还要能够帮助读者分析、筛选和整合相关信息,为他们提供更为深入的研究和探索方向。这不仅可以提高图书馆的服务质量和读者满意度,还可以充分发挥信息资源的价值,帮助读者实现信息的最大化利用。

(三)信息导航专家

目前,图书馆向读者提供的服务主要包括两方面。一方面,它们为读者提供了丰富的馆藏资源,这不仅包括各个学科领域的书籍,还涵盖了科研论文,以及相关的政策法规。另一方面,借助于现代技术,图书馆也构建了高效的网络信息检索系统,使得读者可以轻松地获取数据库或专题库中的各种信息。这种服务模式要求图书馆馆员不仅要有对信息的深入了解,还要掌握先进的信息技术,因此,他们不应仅仅是传统意义上的"借书员",而应该成为能够搜索众多信息资源的导航专家,要能够熟练地运用图书馆的资源体系,为读者提供定制化的服务,帮助他们快速准确地找到所需的信息。

(四)信息资源协调专家

图书馆在构建其藏书体系时,需要依据针对性、主动性和特色性等原则策略性地选购和收藏资料。由于每个图书馆的资源有限,很难完全覆盖所有读者的需求,因此许多图书馆选择与其他图书馆建立合作关系,通过馆际互借和在线联合服务等方式进行资源共享,以满足更广泛的读者需求。这种跨馆的资源共享策略不仅有助于弥补单一图书馆馆藏的不足,而且可以优化资源的使用,提高其利用率。要想真正开展这项服务,图书馆馆员需要超越传统角色,发展为信息资源协调专家,这不仅要求他们掌握技术和资源知识,更重要的是要拥有出色的沟通和协调技巧。作为信息资源的调度员和各馆之间的联络桥梁,图书馆馆员的角色越来越向协调者转变。

综上所述,为了在社会发展中确保图书馆的服务功能和地位,对图书馆馆员的角色和定位进行适应性调整是必不可少的。图书馆馆员不仅要具备信息资源管理、知识咨询、信息导航和资源协调等多种能力,还要将自己塑造成信息领域的专家。这样,当面对读者的多种需求时,他们便可以从容应对并提供个性化的服务。

第二节 智慧医院图书馆馆员的甄选与聘用

一、智慧医院图书馆馆员甄选与聘用的基本原则

智慧医院图书馆馆员的甄选与聘用需要遵循一定的基本原则,如图5-3所示。

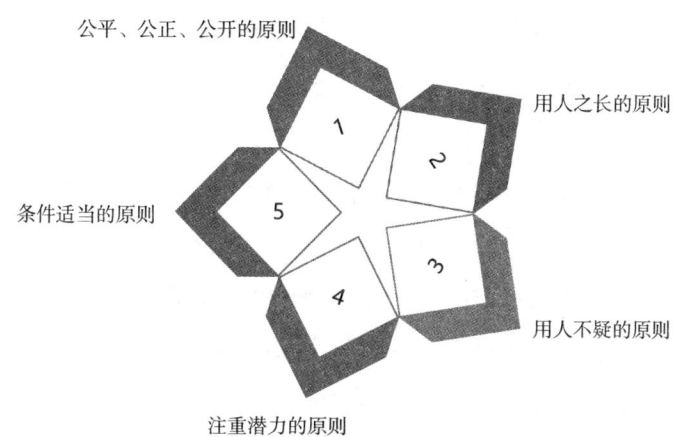

图 5-3　智慧医院图书馆馆员甄选与聘用的基本原则

（一）公平、公正、公开的原则

为确保医院图书馆获得高素质的图书馆馆员并提升其管理效益，医院图书馆应当在招聘和选拔图书馆馆员时坚守公平、公正与公开的标准。医院图书馆需要突破传统的闭环思维，主动公布招聘岗位、职责、所需人员数量以及录用资格和时间，不仅向公众公开，也要向馆内员工开放，鼓励更多有意愿、有能力的社会人士和现有图书馆馆员参与申请或竞聘。在整个选拔过程中，医院图书馆要确保每一位候选人都得到平等的机会，注重才能，无论身份，并通过完善的制度和程序，保障所聘人员的专业性和质量，从而推动医院图书馆的持续进步。

（二）用人之长的原则

知人善任、扬长避短，是智慧医院图书馆馆员选聘中应遵循的原则。用人之长的原则强调在甄选与聘用图书馆馆员时，要充分考虑候选人的独特优势和专长，从而确保他们在特定岗位上能够最大限度地发挥其潜力。不同于传统的招聘模式，这一原则鼓励管理者看到每个候选人的独特价值，并为他们提供一个能够充分利用这些价值的环境。例如，一位具有医学背景的图书馆馆员，对于医学文献的索引和分类可能有更深入的理解，从而能够为医务工作者和研究人员提供更为精准的资料检索服务；一位具有信息技术背景的图书馆馆员在智慧医院图书馆的数字资源管理或技术支持方面会有更高的效率。因此，医院图书馆进行招聘时，应充分认识到每位应聘者的专长和天赋，并尝试找到一个合适的位置，让他们在那里大放异彩。这不仅能够提高图书馆的工作效率和服务质量，还有助于提高员工的工作满意度和留任率。毕竟，当员工感觉到他们的能力和才华得到了充分的认可和应用时，他们才会对工作产生热情和忠诚。

（三）用人不疑的原则

用人不疑的原则强调，在完成对图书馆馆员的甄选与聘用之后，管理者应给予其充分的信任，并赋予其足够的职责和权力，从而使其能够更好地在岗位上发挥作用。这种原则有助于创建一个积极的工作环境，员工会感觉到他们被高度尊重和信任，这能进一步促进其高效的工作表现和团队合作。

在智慧医院图书馆中，由于技术的广泛应用和医学信息资源的复杂性，图书馆馆员需要有一定的自主权和决策权来满足读者的多样化需求。如果每一个小决策都需要上层的批准，那么工作的效率和服务的响应速度都会受到严重影响。相反，当图书馆馆员被赋予足够的信任和职责时，他们就会更有创造力和积极性去解决问题，从而更能发挥自己的专长。另外，用人不疑的原则鼓励管理者与图书馆馆员建立开放的沟通渠道，共同讨论和解决图书馆面临的挑战。当图书馆馆员感觉到自己的意见和建议受到重视，并能影响图书馆的决策时，他们会更愿意为图书馆的发展做出贡献，形成一种积极的工作态度和团队精神。

(四)注重潜力的原则

注重潜力的原则强调在甄选和聘用图书馆馆员时,医院图书馆除了看重候选人当前的技能和经验外,更应关注他们的成长潜力和愿景。这一原则在当今的智慧医院图书馆尤为关键,因为随着技术的不断进步和医学知识的日新月异,图书馆馆员必须具备持续学习和适应的能力。遵循注重潜力的原则,图书馆可以找到那些有高度适应性、学习欲望强和未来可成为领域专家的候选人。这些具有潜力的员工不仅可以快速地适应现有工作环境,而且有能力预见未来的需求,为图书馆带来更多的创新和价值。选择具有潜力的图书馆馆员对医院图书馆长期的稳健发展具有关键性的影响。因为这样的员工会长期致力于图书馆事业,随着时间的推移,他们所积累的经验和知识将为图书馆带来深远的影响。

(五)条件适当的原则

条件适当的原则是指在甄选和聘用图书馆馆员时,不仅要看重应聘者的技能和经验,还要确保他们所具备的条件与图书馆的实际需求和文化相匹配,确保新入职的图书馆馆员能够更好地融入团队,发挥其最大潜能,并为图书馆带来最大价值。

考虑到图书馆特有的技术驱动的环境,智慧医院图书馆在甄选馆员时应确保应聘者具有与之相应的技术熟练度和学习能力。例如,对于数据库管理、数字资源整合或人工智能应用等领域的知识,具备一定的了解和经验是十分必要的。医学是一个特定的领域,其专业性和复杂性不仅要求图书馆馆员具备图书管理的基本技能,还要有一定的医学知识背景或至少对此有深入的了解,以确保图书馆馆员更加了解读者的需求,从而提供更加精准和高效的服务。图书馆的文化和氛围也是选择员工时需要考虑的重要因素。应聘者应该有与图书馆相匹配的价值观、工作态度和团队合作精神,这样他们在日常工作中才能与团队成员产生良好的互动,共同为实现图书馆的目标而努力。

二、智慧医院图书馆馆员甄选与聘用的途径

智慧医院图书馆在进行人员的甄选与聘用时,通常采取两个主要的途径,一是从医院图书馆的内部员工中选拔,即内部选拔;二是从社会成员中公开招聘,即外部招聘。

(一)内部选拔

内部选拔是指从图书馆现有人员中选择并提拔适合的候选人。为有效进行内部选拔,图书馆通常需要创建一个详细的员工绩效记录系统,并将记录整合到数据库中,使得在某个职位出现空缺时,管理层可以基于这些数据进行深入分析,从而确保选出的人员完全符合职位的需求和标准。

智慧医院图书馆通过内部选拔人才具有明显的优势。其一,对于图书馆内的人员,由于已有深入的了解和完备的人事资料,决策者可以进行更为深入和精确的分析,确保选拔出真正合适的候选人。其二,由于这些被选拔的人员已对图书馆的日常运营和存在的挑战有所认知,他们能迅速适应新的职责,提高工作效率。其三,当图书馆展示出对内部员工的认可和晋升机会时,这无疑会激励其他员工更加努力地工作,使其看到职业发展明确的方向,从而提升团队士气。其四,对内部人员的培训和提升不仅加强了他们的能力,还确保了图书馆在培训员工上的投资得到了相应的回报,提高了整体的工作效益。

(二)外部招聘

从智慧医院图书馆之外引进人才被称为外部招聘。为确保这种招聘

方式的高效进行,智慧医院图书馆需要确保招聘信息的透明度和准确性。在启动招聘过程之前,清晰、全面地公开与空缺职位相关的所有信息,包括职位的具体职责、所需的技能和资质、工作环境及其潜在的发展机会、薪酬和其他福利等。通过这种方式,智慧医院图书馆可以确保吸引到真正适合并对该岗位感兴趣的候选人,从而提高招聘的效果和效率。

智慧医院图书馆选择从外部进行招聘有以下显著的益处。①人才来源广泛。通过对外开放招聘,图书馆能够接触到更广泛的人才群体,这不仅满足了馆内多样化的需求,还提供了吸引业界杰出人才的机会。②为图书馆带来新思想和方法。从外部引进的新员工往往带有新的观点和方法,这些"新鲜血液"有助于图书馆创新,进一步促进图书馆的发展和进步。③减少培训成本。大部分从外部招进的应聘者已具备相关的专业知识和实践经验。因此,图书馆可以减少在基础培训上的投入,更快地让新员工融入工作,从而节省了时间和资源。

总之,选择图书馆馆员,无论是通过内部选拔还是外部招聘,各有其独特的优势和局限性。在人才选拔过程中,采取最合适的策略是至关重要的。当图书馆内部已有符合岗位需求的人选时,首推内部选拔,以激励员工的工作积极性,让他们看到在当前机构内的成长机会,同时确保新岗位的人选对馆内文化、操作流程和工作环境已有深入了解,能够迅速上手。对于图书馆关键职位的招聘,尤其当内部没有合适的候选人时,外部招聘就显得尤为重要。通过外部招聘,图书馆不仅能吸引具有特定技能和经验的专家,还能带来新的思维方式和工作方法,为图书馆注入新的活力。在这种情况下,新加入的员工最好先从基层职位开始,以便更好地了解图书馆的文化和操作流程。随着时间的推移,根据他们的工作表现和贡献,图书馆可以逐步给予他们更多的职责和更高的职位。

三、智慧医院图书馆馆员甄选与聘用的程序及方法

为确保招到合格的馆员，智慧医院图书馆馆员甄选与聘用的流程可根据图书馆的规模和性质以及岗位要求进行设计。首先，图书馆需要根据特定岗位的需求进行深入的工作分析。这不仅涉及确定该职位所需的专业技能和业务水平，还需要明确对候选人的个性和特长的预期。这种分析为甄选提供了明确的标准，确保找到合适的候选人。其次，在确认了职位要求后，图书馆可以设计相应的甄选方式，包括特定的测试、问卷调查或面试，以深入了解候选人的资质、经验和适应性。最后，经过全面的评估后，图书馆可以确定哪些候选人最适合该职位，并决定其是否被录用以及安排到哪个具体岗位。

智慧医院图书馆馆员甄选与聘用的方法主要有笔试和面试两种。

在智慧医院图书馆馆员的甄选中，笔试通常设计有多种测验，旨在深入挖掘候选人的各种潜力和技能。①智力测验。此测验的重点在于评估候选人的基本智力水平，如记忆力、观察力等。这不仅是为了判断其日常工作能力，更是为了评判其是否有持续学习和适应图书馆日新月异的信息资源的能力。②性格测验。图书馆工作并非只是简单地进行书籍管理和信息检索，更多的是与读者进行交流和沟通。在这种背景下，候选人的性格特点成为衡量其工作适应性的关键因素。特别是在图书馆的参考咨询服务中，耐心和良好的沟通技巧是不可或缺的。因此，性格测验旨在确保候选人具备与读者有效交流的个性和技巧。③领导能力测验。尽管每位图书馆馆员都需要具备一定的独立工作能力，但在许多项目和任务中，团队合作是关键。领导能力测验可以帮助识别那些具有潜在领导才能的候选人，这些人在未来可能会成为图书馆的关键领导者，引领团队取得更好的业绩。

面试是一个常用的筛选方法，即通过对候选人的口头提问来评估他

们的素质和能力。例如，针对人工智能、机器学习、虚拟现实等新兴技术在智慧医院图书馆中的应用，测试候选人对此的了解情况和看法。面试明显的优势是操作简洁和效率较高，能够迅速筛除那些不适合的候选人。但这种方法也有局限性，如面试有时容易被候选人的外在表现所误导，尤其是当图书馆没有采纳现代的人力资源管理策略时，面试可能仅仅成为一种形式，而非真正的评估工具，导致无法对候选人的真实能力和潜质进行深入了解。因此，图书馆在选择面试作为人才甄选的手段时，必须避免陷入仅重视形式而忽视实质的误区。

总之，在智慧医院图书馆人才甄选与聘用过程中，选择方法并不是固定不变的，而应该根据具体情境进行调整。例如，当考虑内部人员晋升时，由于对该员工的背景和能力有了初步了解，图书馆可以有针对性地针对特定职位的需求来评估他们的某些关键能力。但当图书馆寻求外部人才时，情况则有所不同。由于对外部候选人的了解不足，选择过程通常需要综合多种评估方法，确保从各个角度全面地了解候选人的资质和潜力。

第三节　智慧医院图书馆馆员的考核与激励

一、智慧医院图书馆馆员的考核

随着现代管理学的不断深入发展，对于人力资源的评价也经历了相应的变革。过去，评价通常仅基于工作成果，但现如今，评价更多的重视如何将图书馆的整体目标整合到每日工作实践中，不仅仅是对最终的工作成果进行评估，还要对图书馆工作的每一个环节都进行监控、指导和调整，这种全面的评价和激励方式可以被称为"绩效管理"。绩效管理不仅关心结果，更注重过程，旨在确保图书馆的工作流程更加高效、有序且符合其长远的发展目标。

(一) 智慧医院图书馆馆员考核的作用

科学的人力资源考核系统具有以下作用，如图5-4所示。

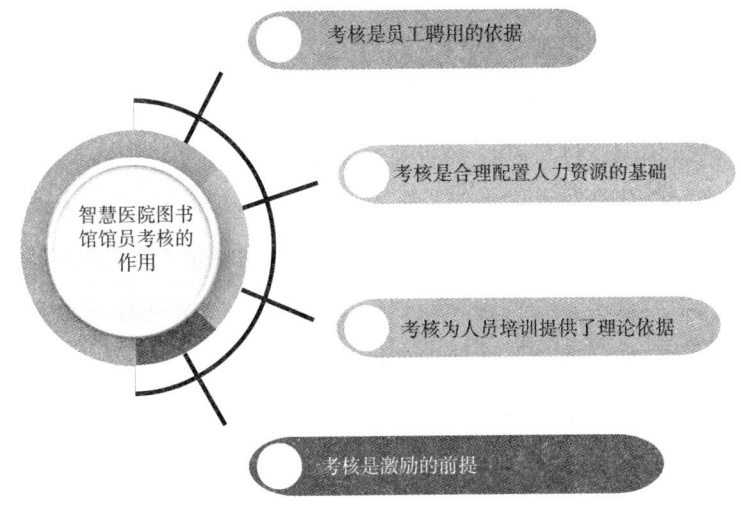

图5-4　智慧医院图书馆馆员考核的作用

1.考核是员工聘用的依据

智慧医院图书馆的主要任务是为医务人员和学者提供高质量的服务，图书馆通过对员工的考核，可以确保新聘员工具备提供这些服务所需的能力和专业知识。通过对员工的考核，图书馆可以更精确地评估应聘者是否符合岗位要求，是否拥有执行特定任务所需的能力和经验。这不仅可以提高招聘的效率，还可以确保招聘到的员工在未来能够为图书馆带来实际的价值。当考核被视为聘用的依据时，这对潜在员工来说是一个动力，驱使他们展现出最好的一面，不仅有助于图书馆找到合适的人才，还能鼓励应聘者在面试和评估中充分展现自己的专业技能和潜能。

2. 考核是合理配置人力资源的基础

考核是智慧医院图书馆合理配置人力资源的基础。一个有效的考核系统能确保图书馆馆员在各自的岗位上最大化地发挥其潜力，从而使图书馆运行得更为高效。首先，考核可以帮助图书馆管理层了解每位员工的技能和特长，这对于分配特定的任务和职责至关重要。例如，某些图书馆馆员在数字资源管理方面特别出色，而其他人可能擅长人际交往和用户服务。通过对这些技能和能力的准确评估，管理者可以确保每项任务都由最合适的人承担，从而提高整体效率。其次，考核还可以帮助图书馆识别员工的培训和发展需求。如果某位员工在特定领域的表现低于标准，图书馆可以通过培训和进一步的指导来帮助他们提高，这既有助于提升员工的职业技能，还能增强他们的工作满足感和归属感。最后，考核为图书馆提供了一个调整其人力资源策略的机会。如果某个部门的员工经常获得高分，那么这可能意味着这个部门的人力资源过剩，而其他部门面临人手不足的问题。综上，考核不仅仅是评价员工表现的工具，更是一个确保人力资源得到合理配置，促进图书馆持续发展和改进的重要机制。

3. 考核为人员培训提供了理论依据

在考核的过程中，通过对图书馆馆员的工作能力、技能短板、职业态度等方面的细致评估，管理层能够清晰地了解每位馆员在工作中的优点和需要改进的地方。这种具体、客观的评价为后续的人员培训计划提供了有力的指导，使得培训内容更加贴合实际需求，从而提高培训的有效性。

管理层清楚地知道员工的长处和短处后，便能设计出更有针对性的培训项目，以弥补员工在某些领域的不足。这样的培训不再是理论知识的灌输，而是基于真实工作场景的模拟和实践，帮助员工真正掌握和运用新的知识和技能。例如，如果考核结果显示某位图书馆馆员在数字资源管理上存在困难,那么管理层可以为其提供相关的技能培训和实际操作指导,确保其在真实工作中能够熟练应对。

4.考核是激励的前提

在任何组织机构中,员工的工作表现和贡献与其得到的激励直接相关。考核作为一个系统性的评估工具,能够为管理层提供有关员工工作表现、职业态度、职业技能和专业知识的详尽信息。当管理层具备这些信息时,他们就能更有效地制订和实施针对不同员工的激励计划,以达到最佳的激励效果。

考核能够确保激励计划的公平性和透明性。当所有员工都知道他们的工作表现会被公正无私地评估时,他们会更努力地工作并实现组织目标。这也有助于培养员工对激励机制的信任,因为他们知道自己的努力和成果会得到认可。考核为管理层提供了明确的指引,能帮助他们更好地了解如何有效地激励员工。例如,如果某位图书馆员在技术更新或数字资源管理方面表现出色,管理层可以为其提供更多的培训和学习机会,或者给予有关的奖励。

(二)智慧医院图书馆馆员考核的内容

智慧医院图书馆拥有多种不同性质的岗位,每个岗位都承担着特定的职责和任务。因此,要确保考核制度的公正性和有效性,必须针对每个岗位的独特性制定专门的考核标准。简而言之,单一的、一刀切的考核方法是不可取的。考核标准应当详细反映岗位的实际工作内容和岗位职责。

图书馆馆员的考核大致可以划分为两大主要领域:政治素质考核和业务水平考核。政治素质考核着重于员工的价值观、职业道德和对组织的忠诚度,这是确保员工能够与图书馆的宗旨和目标保持一致,维护图书馆的公正、客观和专业性。业务水平考核则专注于评估图书馆馆员的职业技能和知识，如信息检索、文献管理和客户服务能力等。这种考核旨在确保图书馆馆员不仅具备完成其日常工作所需的基本技能，而且能够不断适应图书馆业务的发展和变化，持续提高其业务水平。

  政治素质考核应从政治思想表现和职业道德两方面进行。首先，政治思想表现是衡量图书馆馆员政治素质的重要标准。图书馆馆员应具有正确的世界观、价值观和人生观，坚定政治方向，忠诚于国家和人民。他们应该积极学习政治理论，不断提高政治觉悟和政治敏锐性，能够深刻理解国家政策和方针，严格遵守国家法律法规。在日常工作中，图书馆馆员要表现出高度的政治责任感和使命感，积极参与政治活动，为实现国家和人民的利益而努力工作。其次，职业道德是图书馆馆员政治素质考核的另一重要方面。图书馆馆员应遵循图书馆行业的职业道德规范，恪守职业操守，维护图书馆的声誉和形象；要以用户为中心，提供优质、高效的服务，满足用户的信息需求。在与用户的交流和服务中，图书馆馆员要表现出尊重、公正、诚实和友善，维护用户的合法权益。此外，图书馆馆员还应该持续学习，不断提高自己的业务水平和服务能力，为图书馆的发展和社会的进步做出贡献。

  医院图书馆馆员的业务水平考核是对其专业技能和工作质量的全面评价。考核的首要目标是确定图书馆馆员是否具备基于其岗位具体要求的独立完成工作的能力，这就需要图书馆馆员运用自己所掌握的专业知识，独立解决工作中出现的问题，并确保任务能够高效、准确地完成。工作量和工作质量也是评估的关键内容，这需要对图书馆馆员的工作成果进行具体的量化和质量评估，同时对他们在工作中犯的错误进行统计，从而得出他们的差错率。随着信息技术和网络的快速发展，图书馆馆员也需要不断地更新自己的知识和技能。因此，他们的计算机操作能力、外语水平和信息组织技巧也都成为考核的重要部分。在医院图书馆这样的专业环境中，图书馆馆员的科研能力往往与其提供的服务质量是密切相关的。在进行业务水平的考核时，管理层应考虑图书馆馆员一年内在各种刊物上发表的文章数量以及他们所完成的科研课题的具体情况。总体上看，医院图书馆对图书馆馆员的业务水平考核应当是既全面又具体的，确保他们能够提供高水平的服务，并激励他们在自己的岗位上追求更高的成就。

根据现代人力资源管理理论，医院图书馆考核领导小组应在对各部门进行考察的前提下，对图书馆馆员进行以下几个方面的考核。

（1）能力。能力是图书馆馆员履行职责、完成工作任务的核心因素。其中，基础能力是图书馆馆员必备的，包括文献检索、资料分类和书籍管理等基本技能，这是每位图书馆馆员都应当掌握的基本工作能力。业务能力则更多地体现在某一特定业务领域或特定岗位上，如某种特定软件的操作、专业书刊的选择与采购等。而素质能力则更为抽象，如判断力、决策力、沟通与合作能力等，这些能力更多地反映了图书馆馆员处理复杂问题和与他人合作的能力。综合这三方面能力的考核，管理层可以对图书馆馆员进行全面而又具体的评价。

（2）业绩。业绩则是对图书馆馆员工作结果的直观反映。工作质量是业绩考核的重要内容，包括工作的准确性、及时性和满足读者需求的程度等。例如，图书馆馆员能否准确、迅速地找到读者需要的资料，是否能够提供高质量的参考咨询服务等。而工作数量则关乎工作的效率和产出，如一段时间内处理的借阅量、编目数量或者完成的项目数等。通过对工作质量和数量的评估，管理层可以较为客观地评价图书馆馆员的工作成果。

（3）态度。态度是衡量图书馆馆员对工作投入和热情的重要指标。在日常工作中，图书馆馆员的积极性、协调性和责任感都是非常关键的。例如，面对读者的咨询或投诉，图书馆馆员是否能够积极解答、协调资源，以及承担起自己的责任。这一点常常需要采取定性评价的方式进行，往往依赖于上级或同事的观察和反馈，因此具有一定的主观性。但这样的评价方式却能够更加真实地反映图书馆馆员在实际工作中的表现和态度。

（三）智慧医院图书馆馆员考核的程序及方法

1. 量化考核

为确保图书馆馆员的考核更加全面、公正和高效，图书馆可以采用量化考核的方式，通过制订详细的考核表，将各项工作绩效指标进行明确的分解，确保每一项任务都有对应的评分标准。这种方式不仅减少了主观评价的偏差，也使得考核更为客观和系统。在此基础上，各项指标可以根据其重要性和难度进行优劣分级，从而确保评分更具有针对性和参考价值。每位图书馆馆员的工作表现都会基于这一量化标准进行打分，使得评价结果更为公平和准确，也为管理者提供了明确的改进方向，以帮助图书馆馆员更好地提高自己的工作效能。

2. 定性评议

除了对图书馆馆员的具体工作绩效进行数字化评分外，图书馆还应积极征求全体馆员以及广大读者的意见和反馈。这种综合的定性评议方法可以为图书馆提供更为宽广和深入的洞见，捕捉到被量化指标所忽视的某些细节或者特殊情境。通过收集和分析这些定性意见，图书馆能够更好地评价员工的实际表现，也可以根据读者的反馈对服务进行微调，使之更贴近用户需求，从而确保提供更优质的服务和体验。

3. 确定考核结果

考核小组需综合分析每名被考核人员的量化考核得分与定性评议，确保评价结果的客观性与公正性。在深入审查并整合所有评价数据后，考核小组应公布最终的考核结果,确保透明度和公信力,以促进员工的认同感和持续改进。

二、智慧医院图书馆的激励机制

(一)激励的含义

人们之所以做出行动,是由内在的动机所驱使的,这种动机与外部环境互为因果,并在某种程度上影响着个体的行为。激励,作为管理学和心理学中的核心概念,可以被视为一种促使个体自我驱动,以达成某一目标的过程。在管理学层面,激励是为了增强个体的工作积极性,确保他们能够对外部刺激做出积极响应,并转化为有效的工作行为。而从心理学的视角来看,激励描述了如何通过某种方式激发个体内部的推动力,使其保持活跃和快乐的状态。因此,建立有效的激励机制在人力资源管理中占有举足轻重的地位,它作为一种方法,旨在通过外部手段刺激和增强员工的内在动力,从而提高其工作效率和满意度。

在智慧医院图书馆环境中,要想激发图书馆馆员的工作积极性、促进其自我驱动并提升服务品质,就要实施有效的激励策略。图书馆管理者需要深入了解员工的需求和驱动因素,并针对这些因素采取合适的激励措施。这不仅意味着为他们提供物质奖励,更关键的是对他们的个人成就和贡献给予充分的认同和赞赏。这些手段不仅能够鼓励图书馆馆员更有热情地工作,还能激发他们的主观能动性,最大化发挥他们的潜能。这样做的终极目标是确保每一位员工的努力都与图书馆的整体发展愿景和目标紧密相连,从而共同推进图书馆的进步和发展。

(二)智慧医院图书馆实施激励机制的基本原则

智慧医院图书馆实施激励机制的基本原则有以下几点。

1. 公平性原则

在智慧医院图书馆环境中,激励策略的制定和执行尤为关键。其中,公平性原则是所有激励策略中最为核心和基础的原则。这是因为公平感的存在直接关系到员工的满意度、工作积极性和整体的工作效率。

公平性原则意味着每一位图书馆馆员无论其职位高低、工作时间长短、专业背景如何,都应当受到公正无私的待遇。这不仅是指工资和福利的分配,还包括职业发展的机会、工作任务的分配、工作环境、工作评价等各个方面。当员工感觉到他们所付出的努力和所获得的回报是匹配的,他们自然而然地会更有动力努力工作,会更加积极地参与各种图书馆的活动和任务。

公平性原则也涉及员工之间的相互关系。当每一位员工都感觉到自己在团队中被平等对待,不受偏见或歧视的影响,他们更容易形成积极的团队合作精神。这种正面的工作氛围不仅能提高工作效率,还能增强图书馆的凝聚力和向心力,使其更好地服务于读者。

公平性原则还关系到图书馆的长远发展。当公平的激励制度得到长期的坚持和实施,它会吸引更多的优秀人才加入图书馆,使图书馆保持持续的活力和竞争力。同时,公平性原则也是图书馆建立良好品牌形象和声誉的关键。在外部,这种公平正直的形象会吸引更多的合作伙伴和支持者,从而为图书馆带来更多的资源和机会。

总之,公平性原则是智慧医院图书馆激励策略的基石。它不仅能够确保每一位员工得到公正的待遇,更为图书馆创造了一个公正、和谐、积极向上的工作环境,从而为实现图书馆的长远目标和愿景提供了坚实的基础。因此,无论是图书馆的管理者还是员工,都应该深刻理解和珍视这一原则,共同努力,使其在日常的管理和工作中得到真正的贯彻和实施。

2.兼顾性原则

在智慧医院图书馆中，兼顾性原则为智慧医院图书馆的激励策略提供了一个全面、均衡和长远的视角，确保激励策略不仅能满足员工的个人需求，还能与图书馆的整体目标和长远规划相互一致，从而更好地实现双方的共同利益。

兼顾性原则主张在设计和实施激励策略时，不仅要考虑图书馆馆员的个人需求和动机，还要考虑图书馆的整体目标和长远规划。这是因为图书馆馆员的满足感和激励是与其所在的组织紧密相关的。只有当图书馆的目标与员工的个人目标相互一致、相互支持时，激励才能发挥最佳效果。

兼顾性原则强调激励策略的多元性和灵活性。员工是多样的，有着各自的需求、动机和价值观，智慧医院图书馆应该提供多种激励方式，确保每位员工都能从中找到适合自己的激励方式。这涉及物质奖励、职业发展机会、工作环境的改善、更多的参与机会等。同时，兼顾性原则还要求激励策略能够随着时间和情境的变化进行调整，以满足员工和图书馆不断变化的需求。

兼顾性原则也考虑图书馆的内外环境因素。智慧医院图书馆作为一个特定的组织，不仅受到内部因素的影响，还受到外部环境，如医院的整体战略、健康产业的发展趋势、技术进步等因素的影响。因此，图书馆在实施激励策略时，要能够与这些因素相互适应，确保激励的长期有效性和可持续性。

兼顾性原则在智慧医院图书馆的应用中，还强调激励策略与图书馆的文化和价值观的结合。这要求图书馆在激励员工时，不仅要考虑员工短期的行为和业绩，还要考虑其与图书馆的文化和价值观是否相符，是否能为图书馆的长远发展做出贡献。

3.发展性原则

发展性原则是智慧医院图书馆实施激励策略时的核心原则之一,它强调激励不仅是为了促进当前的工作业绩,更是为了个人与组织长远的发展。这一原则说明了员工不仅仅是为了眼前的利益而工作,他们更渴望获得职业上的成长和发展。

发展性原则强调员工的职业成长。为了更好地激励员工,智慧医院图书馆应提供多种职业发展机会,如进修、培训、参与研究项目等。这些机会不仅可以提高员工的专业水平,还可以增强他们的职业自豪感和归属感。同时,通过不断的学习和成长,员工能够更好地适应和应对未来的挑战,为图书馆的长远发展做出更大的贡献。发展性原则关注员工的潜能开发。每一位员工都有其独特的才华和潜能,智慧医院图书馆应通过激励策略挖掘和利用这些潜能。这不仅可以使员工更好地展现自己,实现自我价值,还可以为图书馆带来更多的创新和活力。发展性原则还强调与图书馆的长远规划相结合。智慧医院图书馆的未来不仅取决于当前的业绩,还取决于员工的持续发展和进步。因此,激励策略应与图书馆的长远规划相互配合,确保员工的发展方向与图书馆的目标相一致。发展性原则要求图书馆在实施激励策略时考虑员工的不同发展需求。不同的员工,由于其年龄、经验、职位等因素,其发展需求和期望是不同的。智慧医院图书馆应针对这些差异,制定有针对性的激励策略,确保每位员工都能得到适合自己的发展机会。

(三)影响激励的因素

1.个人因素

激励在每个组织中都是一个核心议题,因为它涉及如何调动员工的工作热情和提高他们的工作效率。然而,实施激励策略并不总是一帆风顺的,因为影响激励效果的因素有很多,其中个人因素是一个关键的组成部分。人与人之间是有很大差异的,这种差异不仅在于他们的知识和能力,还在于他们的个性和需求。个性是指个体在思考、情感和行为上的稳定特点,它影响着个人如何看待和响应外界刺激,包括激励。因此,同样的激励措施在不同的人身上会产生不同的效果。每个人都有自己的内在需求,这些需求驱使着他们的行为。而这些需求的强度和方向往往受到个人个性的影响。例如,一些人希望在组织中获得更高的职位和更多的决策权;而另一些人更加看重工作的稳定性和安全性,他们更倾向于选择稳定的工作并努力维护自己的职位。

除此之外,个人在价值观、信仰、态度和兴趣等方面的差异同样会影响激励作用的发挥。首先,每个人的价值观和信仰决定了他们所重视的事物。比如,对于一个高度重视团队合作的人来说,与团队成员建立深厚的关系比个人的奖金或晋升更为重要。而对于另一个深受家族文化影响的人来说,他会更看重工作与家庭生活的平衡。因此,激励策略在应用时必须考虑员工的价值观和信仰,以确保激励能够真正打动员工的内心。其次,人的态度和兴趣也是影响激励效果的关键因素。员工的态度决定了他们对工作的热情和投入程度。例如,对于一个对自己职业有强烈兴趣和热情的员工,工作本身就是一种激励。而对于一个不那么热爱自己工作的员工,外部的奖励和认可会更有吸引力。

2.工作因素

工作因素对激励的影响在现代职场环境中更为明显。人们所从事的工作早已不仅仅是为了谋生,更多的是为了追求自我价值的实现和职业满足感。工作对激励的影响有如下三个方面。

第一,工作是否有意义,即工作重要的程度如何,该工作是否有价值。一个有意义的工作,不仅仅是简单地完成任务,而是涉及对整体目标的贡献,对个人成长的促进,以及对团队和组织的影响。在一个重复性强的工作环境中，员工很难找到自己的价值所在。在这种情况下，他们的工作热情很容易受到打击。但当工作具有深度和广度，员工能够看到他们的努力如何与更大的目标相结合时，他们的动力和热情自然会增强。

第二，是否必须对工作成果负责，即工作对一个人而言能否使他具有责任感。当员工感到他们需要对工作的成果承担责任时，他们会对自己的表现有更高的期望，也更愿意投入更多的时间和精力。责任感不仅仅是对工作结果的担忧，更多的是对自己的职业道德和标准的坚守。当员工知道他们的工作直接关系到团队或组织的成功，他们往往会更加认真和努力。这种责任感来源于组织对员工的信任，当员工感受到这种信任时，他们往往会有更好的表现。

第三，是否了解工作成果，即员工是否可以得到自己工作成果的反馈，是否能看到自己努力的结果。员工从事工作往往希望知道他们的努力是否有价值，是否真的产生了积极的影响。反馈不仅仅是对过去工作的评价，更多的是对将来工作的指导和建议。良好的反馈机制可以帮助员工明确自己的方向，了解自己哪里做得好，哪里需要改进。这种清晰的反馈可以极大地提高员工的工作满足感，让他们知道自己在组织中的价值所在。

（四）智慧医院图书馆馆员激励的途径和方法

在智慧医院图书馆环境中，激励不仅是提高馆员工作效率的手段，更是确保其为读者提供优质服务的关键。为此，正确地对待和激励图书馆馆员成为管理者的首要任务。具体来说，对图书馆馆员实施激励的主要措施有以下几点。

1. 尊重并满足个人的需要

马斯洛需要层次理论为这一做法提供了很好的理论基础。从激励角度看，人的任何行为都客观地存在着驱使人们开展行为活动的种种需要。因此，管理者必须高度重视对图书馆馆员个人发展环境的分析。一般来说，个人发展环境主要包括两方面，即机遇和风险，机遇主要包括加薪、提拔、培训机会等；风险主要包括失业、不公平的管理、紧张的人际关系等。对于管理者而言，真正了解图书馆馆员的实际工作环境和心态至关重要，这样的深入了解不仅能够帮助管理者为员工创造一个更有利于其发展的环境，也能确保针对员工的激励措施与组织的目标和员工个人的职业目标相契合，从而实现共同前进。

尊重并满足个人需要的具体做法可以从以下几个方面着手。第一，管理者要深入地了解图书馆馆员的个人需求。每个人的驱动力都是多元化的，由于教育背景、人生经历的差异，每位图书馆馆员对于自己工作的期待也是各不相同的。有些人追求职业上的成就感，希望得到更多的专业认可；有些人则更加看重团队合作和和谐的人际关系；还有些人则更希望得到更多的学习和发展机会。为了找到这些激励点，管理者需要与员工进行深入的沟通，倾听他们的声音，了解他们的想法和需求。第二，建立一个开放的交流环境至关重要。这样的环境能够鼓励图书馆馆员更加自由地表达自己的意见和建议，也更容易让他们分享自己的需求。管理者可以定期组织团队会议，鼓励员工提出建议和反馈；同时，管理者也可以设立一些匿名反馈渠道，以便员工能够在不担心被识别的情况下提供宝贵的意见。第三，管理者要善于肯定图书馆馆员的个人价值和所取得的成绩。对于图书馆馆员来说，他们的工作往往需要细心、耐心，并在背后默默付出。因此，及时地认可他们的工作成果，肯定他们的贡献，是激励他们继续努力的重要手段。这种肯定不仅仅是薪酬上的奖励，更多的是对他们能力和价值的认可。无论是公开的表扬，还是私下的鼓励，都能够增强员工的归属感和自豪感。

2. 恰当的物质利益激励

精神需求的满足很大程度上取决于物质需求的满足，在追求精神满足和协调发展的过程中，物质利益仍然是至关重要的基础。物质利益激励为个体提供了满足其基础生活需求的条件。在员工获得满意的物质激励，如稳定和合理的工资、奖金以及其他福利待遇后，他们才能够真正关注高层次的需求，如对社交、尊重和自我实现的追求。

智慧医院图书馆应进行恰当的物质利益激励应注意以下几个方面。首先，图书馆应确保员工的基础薪酬与市场及同行业水平相当，或稍有超出。这可以确保图书馆吸引并留住有才华的员工，同时让他们感受到自己的努力得到了应有的回报。其次，图书馆应设置明确且可行的绩效奖励制度。图书馆可通过对馆员的工作绩效进行定期评价，为他们提供与工作表现相匹配的物质奖励，如绩效奖金或其他福利。这种奖励方式既鼓励了员工的日常工作，也激励了他们不断创新和超越自己。最后，图书馆应提供多样化的福利待遇。除了基本的医疗保险和休假制度，图书馆可以考虑提供专业培训、学术研究资助、健康关怀和家庭支持等福利，满足馆员不同的物质和精神需求。

3. 个性化的工作设计

近些年，工作设计已逐渐成为管理界和企业中的热门话题，它被视为一种创新的激励方式。其核心思想是基于赫茨伯格的双因素理论，主张通过为员工创造更有意义和更具挑战性的工作环境来提高其工作满意度和绩效。

为了实现个性化的工作设计，医院图书馆首先要针对馆员的专业背景和兴趣，设计定制的职责。例如，对于那些对医学文献有深入研究的馆员，可以委托他们负责特定领域的文献整理和推荐。而对于技术型的馆员，可以让他们参与数字资源的管理和优化。其次，图书馆要给予馆员更多的自主决策权。例如，允许馆员根据自己的经验和对读者需求的了解，自主选择和推荐购买的书籍和杂志。这不仅可以提高采购的针对性，还能让馆员感受到自己的价值。最后，图书馆要鼓励馆员参与创新项目。例如，开展一系列的知识推广活动，如读书会、医学讲座等，馆员可以根据自己的兴趣和专长，主持或参与这些活动的策划和组织。

4.给予馆员个人更大的发展空间

在当今的职业选择中，人们不仅仅关心薪酬和其他物质回报，更加注重职业发展的长远前景和个人成长的空间。智慧医院图书馆为了吸引和留住优秀的馆员，不仅需要提供有竞争力的物质激励，更要注重为员工创造一个促进其专业和个人发展的环境。为此，医院图书馆要赋予馆员更多地参与决策的权利。当馆员在决策过程中拥有一定的发言权时，他们更容易感受到自己对组织的价值和重要性，这种参与感可以大大提高他们的工作热情和归属感。另外，医院图书馆要支持馆员的继续教育和专业深造。通过提供学习资源、资助进修或参加专业研讨会，医院图书馆可以展现出对馆员职业成长的支持，这不仅有助于提高馆员的专业水平，还能够激励他们为组织做出更大的贡献。

第四节　智慧医院图书馆人力资源的开发

一、智慧医院图书馆人力资源开发的意义

随着信息时代的到来，全球的知识体系和技术手段正经历着前所未有的更新与革命。在这样的大背景下，医院图书馆如何确保自己在这波变革中保持稳健并持续发展，成为管理层和其他工作人员共同思考的问题。尤其在医院这样高度依赖知识和技术的场所，图书馆的地位显得尤为关键。而图书馆的生命力，无疑在于其持续的创造与革新能力，这背

后最核心的支撑力量则是高质量的人力资源。为了保持组织的竞争力和创新力,管理者必须具备前瞻性视野。他们不仅需要确保图书馆的资源更新,更要确保员工的知识和技能也能够随着时代的变迁而更新。通过提供各种培训和发展机会,确保员工不断成长,不仅满足了员工的职业发展需求,也为图书馆的未来做好了充分准备。当员工的潜能得到充分挖掘和利用时,医院图书馆将有力量在信息时代中独树一帜,为医学界和社会提供更高水平的服务。智慧医院图书馆人力资源开发的意义有以下几点。

1.它是智慧医院图书馆适应社会进步和技术发展的重要措施

社会进步和技术发展为医院图书馆带来了巨大的机遇,但也带来了很多挑战。社会进步意味着人们的知识需求在不断地增长和更新,对医学知识的探求和应用也日益深入。而技术的快速发展,特别是信息技术和数字化技术,使得图书馆的运作模式、服务方式以及资源获取和利用方式都发生了巨大的变革。因此,如何适应这些变化,充分利用新技术满足现代用户的需求,成为医院图书馆面临的主要任务。在这个背景下,单纯依赖图书馆的硬件设施和资源收藏显然是不够的,更为关键的是要提高图书馆馆员的素质和能力。因为技术再先进、资源再丰富,如果没有合适的人来管理和运用,都难以真正为用户带来价值。而医院图书馆馆员的知识、技能和服务意识,正是决定图书馆能否真正适应社会进步和技术发展,为医院和社会提供有价值服务的关键因素。这就需要医院图书馆重视人力资源的开发,包括对员工的培训和教育、职业发展规划、激励和管理等。通过系统的培训,员工可以掌握新的技术和工具,了解现代图书馆学和信息学的最新发展,提高他们利用先进技术服务用户的能力。

2.它是改善智慧医院图书馆服务质量和效率的必然选择

医院图书馆不同于普通图书馆,其核心服务对象是医疗行业的从业人员，如医生、护士、研究人员和学生。他们要求信息迅速、精准，而且涉及的资料往往与患者的生命健康息息相关，因此，图书馆的服务质量和效率直接影响医疗决策和治疗方案的制定。而要想实现高质量、高效率的服务，单靠先进的技术和丰富的资源是远远不够的，更为关键的是开发医院图书馆的人力资源。

人力资源的素质决定了服务的专业度。医疗资讯和研究进展日新月异，图书馆馆员需要具备持续学习和快速更新知识的能力，这样才能准确、迅速地为用户提供所需信息。经过良好的培训和发展，图书馆馆员可以更加深入地理解医疗专业知识，能够更准确地识别和满足用户需求，从而提供更加专业、贴心的服务。良好的人力资源开发有助于医院图书馆更高效地运用资源，减少浪费。培训过的员工能够更加熟练地利用图书馆的技术和工具，提高工作效率，减少错误。此外，他们还能更好地协调和合作，形成一个互相支持、优势互补的团队，使得图书馆的各项服务更加流畅、快捷。

3.它是智慧医院图书馆获得竞争力的关键

人是智慧技术的实践者和推动者。尽管图书馆拥有先进的技术，但如何将这些技术与图书馆的日常运营相结合，如何确保技术为读者带来真正的价值，都依赖于图书馆馆员的判断与操作。经过系统的培训与开发，图书馆馆员不仅可以熟练掌握这些技术，还可以根据用户需求不断调整和优化，确保技术的充分应用，以提高智慧医院图书馆的影响力。面对众多的医疗信息和学术资料，如何筛选、整合并呈现给用户，也考验着图书馆馆员的专业能力和判断力。智慧医院图书馆的人力资源开发不仅仅是技术培训，更是对员工综合素质、分析能力、沟通技巧等方面的培养。这样的员工可以更好地理解用户需求，能够提供更为精准的信息服务，从而增加图书馆的用户黏性和满意度。

4.它是促进馆员发挥潜能的有效途径

智慧医院图书馆是当今技术与知识结合的产物,也代表着未来图书馆的发展方向。在这样的环境中,馆员不再仅仅是传统意义上的书籍管理员,他们需要拥有更多的技能和知识,以满足日益多样化的用户需求。因此,对馆员进行人力资源的开发,显得尤为重要。这不仅关乎图书馆的发展,更关乎每位馆员能否发挥出自己的最大潜能。

智慧医院图书馆馆员需要掌握更多的数字化技能,如数据分析、云计算等。通过人力资源的开发,馆员可以更好地掌握这些技能,可以更高效地完成工作,也增强了自己在图书馆中的地位和价值。随着技术的进步,图书馆服务的形式和内容也在不断变化。馆员需要具备创新思维,勇于尝试新的服务模式。人力资源开发为馆员提供了这样的平台和机会,让他们在实践中发现问题,提出解决方案,并持续优化。智慧医院图书馆的服务涉及多个领域,需要馆员之间进行密切的合作。人力资源的开发注重团队建设,通过团队活动、交流会等方式,能够增强馆员之间的默契,从而提高整体的工作效率。

二、智慧医院图书馆人力资源开发的内容

在当今信息化时代,智慧医院图书馆不仅是信息和知识的仓库,更是技术与人文相融合的智慧中心。因此,智慧医院图书馆人力资源的开发应注重全面提升馆员的能力和精神素质,以更好地满足日益多样化、智能化的用户需求。智慧医院图书馆人力资源的开发主要包括以下两部分内容。

(一)能力开发

智慧医院图书馆人力资源的能力开发主要是体能与智力的开发。对于图书馆馆员来说,一个健康的体魄是基础。由于工作性质的转变,现

代图书馆馆员不仅需要处理图书,还需与先进的技术设备打交道,如自助借阅机、智能导航系统等,因此需要有一定的体能应对不同的工作情境。另外,随着知识更新和技术进步的加速,智慧医院图书馆的馆员必须拥有不断学习和掌握新技能的能力,包括信息检索、数据分析、数字化资源管理等技能,使他们能更好地为读者提供服务。

(二) 精神开发

1. 政治观念的开发

在当今复杂多变的社会背景下,图书馆馆员的政治观念不仅关乎个人成长,更与图书馆的稳定运营息息相关。图书馆作为社会的一部分,既要应对外部的各种挑战,也要坚守内部的核心价值观。培养馆员正确的政治观念,能够确保他们始终与时俱进,与国家和社会的大局保持一致,为读者提供公正、公平、无偏见的服务。

2. 职业道德

职业道德是每一位图书馆馆员日常工作中必须遵循的职业规范,包括对读者的尊重、对知识的尊重、对隐私的尊重等。图书馆馆员经常需要处理敏感或者涉及隐私的信息,这要求他们必须具备高度的职业操守,确保信息的安全与客观中立。同时,对于不同背景和需求的读者,图书馆馆员需要持有平等、公正的态度,提供一致的服务。

3. 敬业精神

敬业精神是图书馆馆员能够高效、有序、尽责地完成工作的基础,这就需要图书馆馆员对自己的职责有明确的认识,对每一项任务都持有全力以赴的态度。一个具有敬业精神的图书馆馆员不仅能确保工作的顺利进行,还能在遇到问题时,主动思考、寻找解决方案,持续为图书馆创造价值。

4.合作意识

图书馆是一个大型、复杂的组织系统,需要各个部门、各个层级的馆员紧密合作,共同为读者提供服务。培养馆员的合作意识,确保他们能够理解团队的价值,积极参与团队合作,互相支持、互相协调,是图书馆顺利运营的关键。一个具备强烈合作意识的团队能够更快地响应变化,更好地满足读者需求。

总之,智慧医院图书馆人力资源的开发是一个全方位、多层次的过程,旨在提升馆员的整体素质,使他们在快速发展的信息时代中更好地服务于读者,推动图书馆的持续发展。

三、智慧医院图书馆人力资源开发的方式

智慧医院图书馆人力资源开发的方式多种多样,下面介绍三个有代表性、使用频率较高的方式,如图 5-5 所示。

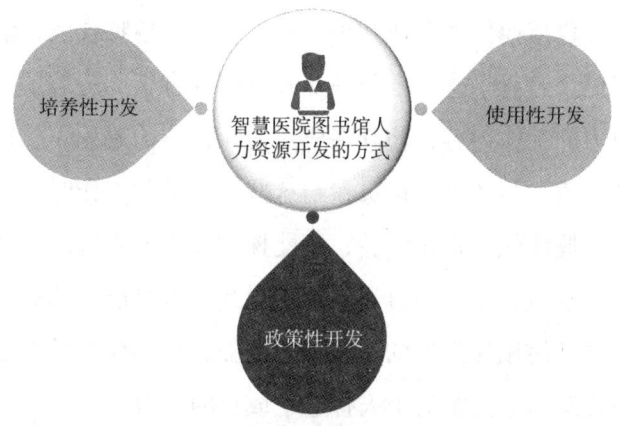

图 5-5 智慧医院图书馆人力资源开发的方式

(一)培养性开发

智慧医院图书馆人力资源培养性开发主要指通过教育培训的方式进行开发,包括以下三方面内容。一是知识的更新。智慧医院图书馆应不

断更新馆员的知识体系,使之跟上科技和知识的最新发展,这不局限于图书馆学和情报学的专业知识,还应涵盖与其相关的其他领域,如信息技术、数据管理和分析等。二是技能的扩展。随着信息技术的快速发展,图书馆馆员需要掌握更多的工具和技术,包括学习如何使用新的数据库、搜索引擎优化、数字资源管理等技能,以更好地服务读者。三是素质的提高。智慧医院图书馆需要重视馆员综合素质的提高,包括培养他们的沟通能力、团队协作意识、创新思维等,确保他们能在日常工作中有效地与读者和同事沟通、协作。

(二)使用性开发

实际上,使用性开发是智慧医院图书馆激励馆员的一种有力手段,其内容主要是量才为用、职务晋升。使用性开发不仅仅是简单地分配工作,更多的是一门用人的哲学与智慧,这要求管理者深入了解每一位馆员的特点,包括他们的专业知识、教育背景、独特技能、潜在兴趣以及职业发展愿景。有了这样全面的认知,管理者就能为馆员设计更具挑战性和吸引力的工作内容,使其在应对复杂任务的过程中,持续提升自身的能力和价值。当图书馆馆员参与这些高要求的工作时,他们不仅可以在实践中掌握技能、积累经验,还能探索并吸纳先进的管理理念和方法。这种深度参与和学习的过程,无疑也是对馆员能力的进一步挖掘和拓展。这恰恰是使用性开发的真正魅力所在:它不仅帮助图书馆最大化地利用人力资源,还为馆员个人打造了成长的平台。

岗位轮换也是使用性开发的重要方式。定期调整馆员的工作职责和部门,可以使他们获得更广泛的视野、更全面的专业知识和经验。这不仅有助于馆员打破常规,跳出舒适区,挑战不同的角色,还能促使他们对图书馆的运营有更深入的理解。当然,这也使图书馆能够更迅速地应对各种变化和挑战。

(三)政策性开发

人力资源政策性开发指的是通过制定符合人才成长规律和人力资源管理原理的一系列调整政策，变革管理体制，充分运用激励机制等手段，促进人才的持续涌现与发展。

如果医院图书馆缺乏对人力资源开发的长期规划，馆员的开发、招聘和任命都取决于上级部门的决策，就会造成人力资源开发和管理工作的随意性过强，而且如果图书馆的岗位设置和人员结构不符合实际需求，将进一步加剧人力资源的浪费。为避免上述问题的发生，医院图书馆管理者应更加关注人力资源的政策性开发，制定一套细致且实用的规章制度，确保在人才的招聘、培训和使用过程中充分尊重馆员的个人发展需求。在实施这些政策时，管理者应确保馆员接受系统、科学的培训，并确保他们能够在适合的岗位上得到合理的使用。

第六章 智慧图书馆电子资源的建设
——以医院图书馆为例

第一节 图书馆电子资源概述

一、电子资源的基本内涵

（一）电子资源的含义

电子资源是指那些以电子形式存储和传输的信息资料。这些信息资料可以是文字、图像、声音、视频或其他形式的数据，被保存在光盘、硬盘、闪存或其他电子存储介质中。电子资源可通过计算机、手机、平板电脑等电子设备来访问、显示或播放，常见于数字图书馆、在线数据库、电子书、音视频文件和网站等。随着数字技术的发展，电子资源已成为现代社会信息传播与获取的主要方式。

与传统纸质材料相比，电子资源具有易获取、可共享、资料更新快、形式多样等特点。易获取是指只要有互联网连接，用户就可以迅速访问和下载大量的电子资源，这为远程学习和工作提供了巨大的便利。可共享是指通过网络，电子资源可以在短时间内被数百万人同时访问和分享，从而实现资源的最大化利用。资料更新快是指与传统的纸质材料相比，电子资源可以更容易地进行修改和更新，使得信息的时效性大大提高。形式多样是指电子资源不仅有文字形式，还包括图像、声音、视频、动画等多种形式，为用户提供了丰富的信息选择。

（二）图书馆电子资源的组成

图书馆电子资源主要由四部分内容构成，如图 6-1 所示。

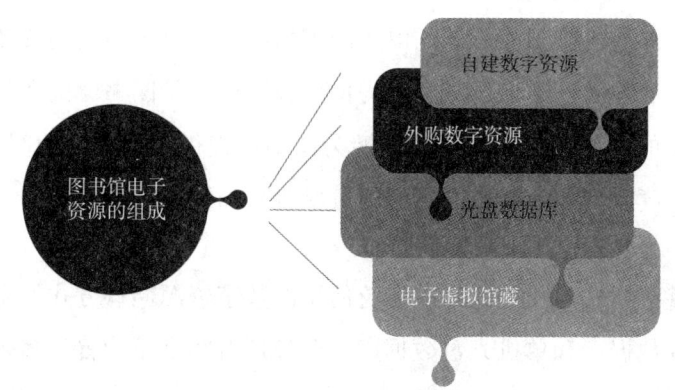

图 6-1　图书馆电子资源的组成

1. 自建数字资源

（1）馆藏书目数据库。建立一个全面、精确且真实地映射馆藏文献的书目数据库是图书馆数字化进程中的首要步骤。这不仅是实现图书馆自动化管理的核心，也是推动信息资源整合与共享的关键。书目数据库不仅是馆藏资料的档案，更是读者获取服务的主要入口。在数字时代，众多图书馆将其机读目录数据库通过互联网公开，增强了信息的可获取性和共享性。

（2）特色数据库。特色数据库是图书馆自主建设的一种重要资源，其中包含诸如馆藏特色资料、学位论文、教学参考书等内容。这种数据库的建设受到了各大图书馆的高度重视。通过馆藏特色资源的数字化，图书馆为数字资源建设创造了一个醒目的亮点。

2. 外购数字资源

（1）外购数据库。外购数据库是图书馆为满足读者需求而引入的，它包含了国内外的联机数据库，或者是安装在图书馆内部的镜像站点。这些数据库种类繁多，类型包括题录、文摘和全文数据库，如中国期刊全文数据库、人大复印报刊资料数据库，这样的资源进一步扩充了图书馆的资料库，为读者提供了更加丰富的信息选择。

（2）外购电子图书。外购电子图书指的是图书馆为满足读者的多元化需求，从国内外渠道购买并获得使用权限的电子图书，或者将其安装于图书馆的内部系统中。这类资源为图书馆提供了更广泛的阅读材料，可以确保读者方便地查询国际上的最新研究和知识内容。

3. 光盘数据库

光盘数据库是一种曾经被广泛使用的数字资源储存方式，主要分为网络光盘数据库和单机光盘数据库，此外还有图书馆购置的多媒体光盘和随书附赠的光盘等。这种技术在早期为信息存储提供了便利，允许用户在没有网络的情境下访问大量数据。随着互联网技术的飞速进展和网络环境的逐步完善，光盘数据库的主导地位已逐渐被网络数据库所取代。网络数据库因其便捷的信息获取、存储和分享能力，已经成为现代图书馆数字资源的主流选择。但这并不意味着光盘数据库已完全退出历史舞台。尽管其发行数量已大幅减少，但多媒体光盘和随书光盘仍在图书馆中占有一席之地，它们以独特的形式，如高质量的图像和声音，为读者带来了与众不同的体验。

4.电子虚拟馆藏

电子虚拟馆藏是指图书馆采集的与本学科建设关系密切的网络数字资源。图书馆会先鉴别各种网络数字资源的质量和相关性，确保这些资源都与其学科或研究领域有着紧密的联系。接着，这些经过筛选的高质量资源会被有序地采集并存储到图书馆的本地服务器中。这样一来，它们不再是互联网上零散的资源，而是被整合为一个有结构、有组织的资源库，成为图书馆的一个虚拟分支。

二、图书馆电子资源服务

电子资源服务是一种图书馆为适应数字化时代所采取的新型服务方式。这种服务不再局限于传统的实体馆藏，而是依托于本地服务器或网络环境，为读者提供丰富的数字信息内容和工具。电子资源服务主要包含在线数据库服务、学科导航服务、联机公共检索目录（OPAC）系统服务、数字参考咨询服务等通过图书馆提供的网络访问服务。

（一）在线数据库服务

在线数据库已成为图书馆数字服务中不可或缺的核心资源。这些数据库分为中文和外文两大类。其中，引进国外的数据库和电子文献对我国图书馆的资源建设具有特殊意义，这不仅是图书馆提供的服务中率先开展的项目，而且对我国外文文献长期的供应短缺问题提供了有效的解决方案。过去，由于种种原因，我国在获取外文文献方面面临诸多困难，这在很大程度上影响了科研和教学工作的开展。随着国外数据库的成功引进，这些困境得到了显著改善。研究者和教师可以高效、便捷地访问这些数据库，获取先进、热门的外文资料，进而为他们的研究和教学活动提供强大的支持。当前，图书馆引进的在线数据库形式丰富，涵盖了电子图书、电子期刊、学位论文、索引数据库等多种资料类型。这些数据库的特性主要表现在以下几个方面。第一，它们具有高度的可访问性，无论是学者还是学生，只要有网络连接，即可随时访问。第二，这些资源具有共享性，可以被多名用户同时使用。第三，在线数据库提供的信息具有很高的时效性，能够迅速呈现学术界的最新发展动态。第四，这些数据库所呈现的信息形式多样，从文本到多媒体，满足了不同用户的需求。

（二）学科导航服务

学科导航系统是为了协助读者更为便捷地按学科、主题或知识领域浏览和查找相关学术资源而设计的。这一服务的核心重点集中在数字资源上，使得用户可以在网络环境下系统性地访问与其研究或兴趣相关的内容。网络资源导航数据库系统是这一概念的具体实现。这一平台不仅仅是一个简单的资源列表，它整合了资源建设、用户服务以及资源收集与整理的多种功能。其首要的任务是规范地收集网络资源，然后按类别进行精细的分类、组织和整理，确保用户可以根据自己的需求找到所需的资源。此外，为了进一步提升用户的检索体验，这一系统还提供了多种内容揭示方式，使读者可以从多个角度或途径探索和发掘资源，从而实现更为高效和精准的学术资源查找。总的来说，学科导航和网络资源导航数据库系统为图书馆用户提供了一个全面、有序的数字资源检索和使用平台。

（三）联机公共检索目录系统服务

联机公共检索目录系统在图书馆运行中不仅仅是一个简单的目录系统，更是读者与图书馆丰富的馆藏之间的纽带。馆藏目录可以被看作馆藏文献的概览，为读者提供了定位、检索和了解文献的工具，是连接读者与馆藏的桥梁。

随着技术的进步和网络的普及，越来越多的图书馆开始采用OPAC，进一步提升读者的馆藏目录服务体验。随着Web技术的发展，OPAC也逐渐演变成Web OPAC，功能得到了更大的拓展和丰富，不再只是针对本馆的资源，Web OPAC已经能够跨越地域，为读者提供异地和远程的资源检索服务。同时，它的检索功能也更加强大，从基础的书目查询发展到全文检索，甚至能够整合多种类型的资源进行联合查询。Web OPAC在检索方式上也发生了改变，由初期的布尔逻辑检索发展到更为人性化和智能化的检索方式。

（四）数字参考咨询服务

数字参考咨询服务是在传统的图书馆参考咨询服务之上，融入了先进的网络技术和计算机技术而形成的，不再受制于地理位置或实体空间，读者可以在任意地点通过互联网进行查询，得到信息专家的直接答复或相关的数字化信息。在这个数字化技术快速发展的时代，图书馆的服务形态正在经历一场深刻的变革。网络技术不仅扩大了图书馆的服务范围，更改变了其服务的核心内容和形式。图书馆不再仅仅是一个实体馆藏和现场咨询的场所，而渐渐地转化为一个可以跨越时空、提供即时信息服务的虚拟空间。数字参考咨询服务的出现，正是这种变革的生动体现。这种服务模式在满足读者需求的同时，也提高了图书馆的工作效率。利用数字化技术，图书馆可以更快速地获取、整理和提供信息，使得读者的问题得到迅速而准确的解答。

第二节 智慧医院图书馆电子资源绩效评价

一、智慧医院图书馆电子资源绩效评价的相关概念

智慧医院图书馆的数字资源丰富多样，为医学研究和实践提供了重要的信息支持。其中，医学电子图书、医学电子期刊、医学硕士论文、医学博士论文、医学会议记录、专利、标准数据库等电子资源属于医院图书馆通过采购或自建而得到的。在广阔的电子资源市场中，供应商的质量参差不齐。因此，医院图书馆在选择资源时需要进行深入评估，不仅要考虑内容的权威性和实用性，还要考虑价格、维护以及更新速度等多个维度，确保所采购或构建的资源能真正满足医学人员的需求，对其研究和临床实践带来实际价值。

医院图书馆采购电子资源的方式多种多样，可以通过单独购买、联合多个机构、集团采购或进行公开招标等形式进行。从开始试用资源到最终决定购买，整个流程可能跨越数月，甚至更长。而在决策过程中，单纯从经费预算角度出发是远远不够的。图书馆需要更多地考虑如何满足医务人员的实际需求，并与医院的学科发展规划相协调。为确保采购决策的科学性，图书馆必须依赖一个全面的指标体系，这样能够从各个维度对电子资源进行全方位评估。但即使是经过严格筛选后采购的资源，也可能在实际使用中出现种种问题，如使用频率低、访问障碍、供应商服务不佳，这就催生了对电子资源绩效的评价需求，以期通过这种评价更好地优化资源配置、提高使用效益并确保投入产出比的合理性。

医院图书馆绩效指标，指的是从医院图书馆的统计数据中获取的、被用于描述医院图书馆绩效的数字、符号或词语表达法，包括采样计

算和用以表现图书馆绩效特征计算结果之间比率两个方面。电子资源的绩效包括两个主要方面：效能和效率。效能主要是对电子资源价值的评估，即这些资源在实际应用中所带来的收益。比如，一本电子医学书籍是否帮助医生解决了某个复杂的医学难题，或一个在线数据库是否帮助研究团队完成了某项关键的研究。这种收益是具体、实际且有深远意义的。而效率则是从资源投入和产出的角度进行考虑的。例如，图书馆投入了大量资金购买一个电子数据库，那么这个数据库的使用频率、用户满意度以及对研究和教学的实际帮助都是评估其效率的重要指标。

电子资源绩效评价指的是遵循电子资源绩效评价指标体系，依据客观事实和数据，通过科学、客观和公正的方法，对电子资源在服务中的效率与效果进行深入分析与评判。换句话说，电子资源绩效评价试图建立投入（如电子资源的采购和管理成本）与产出（如教学和科研的质量及效率提升）之间的关系，从而对资源的整体效益进行评估。为了确保评价结果的准确性和公正性，评价过程必须基于明确的指标体系，同时结合定量和定性的数据进行全面分析。

实施绩效管理与评价不仅是对图书馆工作的检查和激励，更是一个长期、系统的优化过程，以确保图书馆始终在正确的方向上运营。在这个快速变化的信息时代，医院图书馆不仅仅是一个阅读图书和杂志的地方，更应该是一个知识和信息的中心，以助力医院的研究、教育和临床工作。通过绩效评价，医院图书馆可以定期检查自己是否与这些使命和目标保持一致，是否需要调整策略和方法，以满足新的挑战和需求。无论是文献资源、人力还是技术，都是有限的。如何确保这些资源得到最大化的利用，为用户提供高效、高质量的服务，是图书馆管理者必须面对的问题。绩效评价为管理者提供了一个客观的反馈机制，帮助他们发现瓶颈和问题，及时进行调整和改进。另外，医院的医生、护士、研究人员和学生，是图书馆的主要用户。他们的需求是多样的，也是不断变化的。通过绩效评价，图书馆可以了解自己在哪些方面做得好，哪些方面还有待提高，从而更有针对性地提供服务，提高用户满意度。

二、电子资源绩效评价的原理

20世纪40年代，随着系统论和控制论的兴起，人们得以一种创新的视角研究复杂性问题，这为诸多学科提供了新的研究方法。特别是在电子资源使用评价方面，人们面临一个复杂的监测任务，即评估电子资源使用过程中的属性及其效果。为了确保评价的准确性和全面性，他们借鉴了系统论和控制论的核心原理，如图6-2所示。整体性原理强调从宏观层面对整个系统进行考察，而不仅仅是局部；关联性原理注重各个部分之间的相互联系和互动；反馈性原理则关注系统的输入和输出，及其对系统状态的影响。运用这些原理，人们可以更系统、更全面地进行电子资源使用评价，而不仅仅局限于单一属性或效果的评价，从而更深入地理解电子资源使用的真正价值和意义。

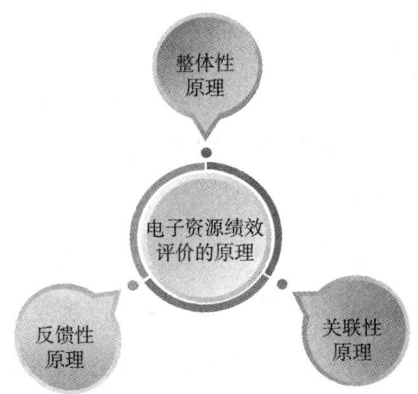

图6-2 电子资源绩效评价的原理

（一）整体性原理

整体性原理强调，任何系统都被视为一个有序、结构化的有机整体，每个部件在系统中都有其独特的角色，它们作为系统的一部分，相互关联并共同为整体功能做出贡献，确保系统高效、稳定地运行。

电子资源使用评价是一个复杂且多方面的任务。为了更加准确地评估其价值，医院图书馆需要构建一个多层次的评估体系，这一体系应综合各种与电子资源使用相关的指标，全面揭示资源的使用价值。这不仅涉及单一电子资源的局部评价，还要关注整体的使用效果。特别是在医院图书馆的背景下，其电子资源涵盖了多种类型，这就要求在评价中，人们既要深入分析特定类型资源的使用效果，也要站在全局的角度，确保整体资源服务体系的功能得到充分利用。只有这样，才能确保电子资源真正为读者带来价值，满足其多样化的需求。

（二）关联性原理

医院图书馆的信息资源由电子资源和传统馆藏资源共同组成，这两种资源之间不是孤立存在的，而是相互补充、相互影响的。例如，随着电子资源的逐渐普及，传统馆藏资源的定位和使用模式也发生改变。同时，电子资源的推广和使用率与图书馆网站的建设和维护有着密切的联系。一个功能齐全的图书馆网站可以极大地提高用户对电子资源的访问和利用。此外，用户在使用电子资源时，往往需要一系列的相关服务，如数字参考咨询服务、用户培训服务等，以帮助他们更有效地利用这些资源。这些服务不仅增强了电子资源的价值，还有助于提高用户的满意度和使用体验。

因此，当对电子资源进行评价时，图书馆不能仅仅关注电子资源本身，还需要考虑与之相关的其他因素，包括其与传统馆藏资源的关系、图书馆网站的角色，以及为用户提供的各种服务，由此才能对电子资源的真正价值和效益进行全面、准确的评估。

（三）反馈性原理

利用反馈进行调节是控制系统迅速、正确实现其目的的有效手段。对于医院图书馆来说，建立健全的信息反馈机制是其顺利完成各项任务的基础条件。电子资源使用评价属于后评估范畴，旨在通过科学的方法收集和分析关于资源使用的数据。这样的评估能够揭示预期目标与实际结果之间的偏差，从而帮助图书馆了解哪些方面需要改进。通过这种方式，电子资源使用评价不仅提供了对当前资源使用情况的评价，还为下一步的电子资源建设和决策提供了有力的参考。

三、智慧医院图书馆电子资源绩效评价系统的建立

（一）选择适当可行的电子资源绩效评价体系

电子资源与传统的纸质文献资源相比，两者的评价方式和侧重点有所不同，特别是医院图书馆在对电子资源进行绩效评价时，更多地关注服务的质量和效率，属于一种非财务性评价。医院图书馆电子资源的绩效评价应贯穿其生命周期的每个阶段，根据图书馆的具体类型和评价目标的差异，需要从不同的角度收集和整理绩效统计数据，进而找到科学、有效的评价模式。读者模式、技术架构模式和网络部件模式都有其各自的优点和局限性，单一的评价模式无法全面覆盖所有评价要点。因此，为了更全面地评价电子资源的绩效，图书馆需要结合这些模式的优势，创造一个混合模式，从而更好地满足综合性和多维度的评价需求。例如，当需要对技术支持和网络电子资源服务的绩效进行深入分析时，图书馆可以选择网络组成部件模式上的技术架构模式，即"网络部件模

式+技术架构模式";如果一个图书馆要分析网络组成部件模式上的读者需求模式,可以选择"读者模式+网络部件模式"的混合模式,由此便能结合读者需求倾向和网络组成部件绩效对电子资源绩效做出分析。

对于医院图书馆来说,电子资源的绩效评价不仅可以揭示电子资源的利用情况,还能深入了解不同用户群体的特定需求。通过对这些数据的深入挖掘和分析,图书馆能够精准地调整资源配置和服务策略,以更好地满足用户需求。此外,合理有效的电子资源绩效评价也为图书馆提供了一种机制,使其能够持续优化电子资源服务,从而可以提高用户满意度并为未来改进服务提供坚实的基础。

(二)统一电子资源评价指标体系

美国研究图书馆协会推出一套5类19项的电子资源测评数据指标体系,这一套体系在电子资源的测评领域有着里程碑意义,为我国医院图书馆的相关工作提供了有力的参考。与此同时,国内学者对于电子资源评价指标体系的构建和完善也十分重视,倡导对评价体系进行统一和标准化,致力于打造更符合国情的科学、系统的评价指标。例如,肖珑和张宇红结合成本与利用率等关键指标,深化了电子资源评价指标体系的内容,提出了涵盖6个大类的31个详细评价指标。[1] 肖希明对传统馆藏评价方法进行深入分析后,针对其局限性提出了新的评价标准,尤其是在电子资源的保障能力、质量、共享及利用率等方面。[2] 这些新标准更贴近电子资源的实际使用场景,有助于更准确地评估其价值。黄镝从电子资源的种类和特点出发,探索了选择和引进电子资源时需考虑的多

---

[1] 肖珑,张宇红.电子资源评价指标体系的建立初探[J].大学图书馆学报,2002,20(3):35-42.
[2] 肖希明.网络环境下的馆藏评价标准[J].中国图书馆学报,2002,28(5):21-24.

个因素,特别强调了知识产权问题,① 这对于避免后续的法律风险和保障图书馆的合法利益显得尤为重要。

尽管我国学者在电子资源评价指标体系的研究上取得了一些成果,但由于各个研究者的视角和关注点不同,导致出现了多种不同的指标和评价方法。这使得医院图书馆在实际绩效评价和绩效分析的操作中,缺乏统一和标准化的实践方法。为了解决这一问题,笔者建议从国家层面出发,推动制定一个全面、统一的电子资源绩效评价指标体系。这样的体系将使得各图书馆能够根据一个共同的标准对其电子资源进行定期评价,各图书馆可以对照统一标准,进行相互之间的定性和定量比较,从中识别出自己的优势与不足,这也为图书馆提供了一个学习其他同类图书馆在电子资源管理和服务上的实践机会,以便进一步吸收和借鉴他们的成功经验。

第三节 智慧医院图书馆电子资源管理系统的建设

一、智慧医院图书馆电子资源管理系统的概念

智慧医院图书馆电子资源管理系统是医院图书馆信息化建设的重要部分,是管理和组织众多电子资源的核心工具。这一系统不仅专注于传统的电子资源,如电子图书和电子期刊,还涉及书目数据库和全文数据库等丰富的内容。而且,除了对这些资源本身的管理,系统还着重处理与这些资源相关的元数据。元数据可以理解为对电子资源本身及其环境进行的描述性信息,使得用户能够更加容易识别、发现和使用相关资

---

① 黄镝.图书馆电子资源的引进和管理[J].图书馆学研究,2001(6):69-72,81.

源。此外，元数据还涉及行政管理、典藏和其他方面，从而使得电子资源管理更为全面和细致。

在智慧时代，医院图书馆电子资源管理系统不再是一个简单的管理工具，它融合了现代技术和创新理念，通过全方位地覆盖电子资源生命周期中的各种功能（从发现、试用、获得到服务和后续管理）为用户提供一流的使用体验。不论是医务工作者寻找专业文献，还是患者搜索健康信息，都可以依赖这一系统快速、精准地找到所需内容。

简而言之，智慧医院图书馆电子资源管理系统代表了现代医院图书馆服务的未来方向，它结合了先进的技术手段和人性化的设计理念，能够确保电子资源在整个生命周期中得到高效、有序的管理，也能为使用者带来便捷、高效的信息检索和使用体验。

二、智慧医院图书馆电子资源管理系统的设计原则

智慧医院图书馆电子资源管理系统的设计需要遵循以下几大原则，以充分发挥电子资源的价值，如图6-3所示。

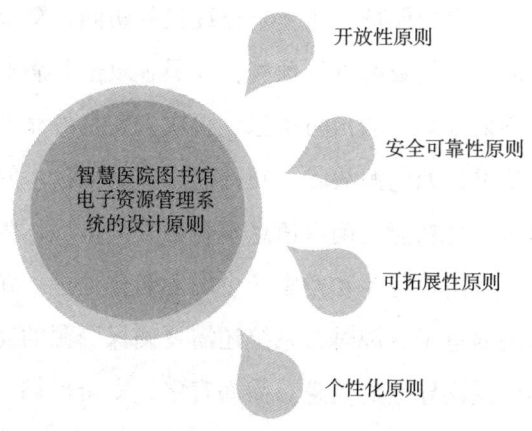

图6-3 智慧医院图书馆电子资源管理系统的设计原则

（一）开放性原则

随着技术的快速迭代和发展，图书馆的电子资源和相关的技术工具都在不断更新和演变。如果系统设计缺乏开放性，那么它很可能会因为无法与新技术或平台兼容而迅速过时。开放性原则确保了系统的长期有效性和可持续性，使其能够适应和接纳新的技术和应用，从而避免频繁地更换或升级。开放性也意味着更大的灵活性，因为图书馆的需求和挑战是多变的，尤其是在医疗领域，新的研究、知识和技术持续涌现，开放性原则主张图书馆根据自己的特定需求进行调整和定制，无论是增加新的电子资源，还是引入新的服务和工具。

（二）安全可靠性原则

在数字化和网络化的时代，信息安全和数据保护成为任何系统设计的核心，尤其是在涉及敏感医疗资料和学术研究的医院环境中。首先，系统需要确保所有存储的内容，无论是电子期刊、电子图书还是其他相关数据，都受到严格的保护，防止未经授权的访问、篡改或泄露。其次，系统应对各种潜在的威胁进行预测，如黑客攻击、病毒侵入或其他恶意软件攻击，并采取必要的预防措施。再次，安全可靠性原则意味着系统在面对突发情况，如电源故障、硬件损坏或其他技术问题时，应能够提供数据备份和恢复功能，确保信息不会丢失。最后，为了保护用户隐私，系统应实现对用户行为和搜索历史的匿名化处理。在提供给医务人员和研究者所需的电子资源时，系统还需要确保资源的完整性和真实性，避免传播错误或误导性的信息。简而言之，安全可靠性原则不仅关乎技术和数据，更关乎医院图书馆赢得用户信任的能力，确保其在提供高质量服务的同时，也能为用户提供一个安全、稳定的使用环境。

(三) 可拓展性原则

考虑到医院图书馆的特性，如跨学科的研究、多元化的用户群和对实时数据的高需求，可拓展性原则显得尤为关键。系统应当设计成模块化结构，使其可以灵活地增加新的数据源、接口或工具。随着医疗技术的进步，数据类型或格式会不断出现，而系统应当有能力容纳这些变化，确保医务人员和研究者始终能够获取最新、最全的信息资源。考虑到医院图书馆的全球性特点，系统还要有能力集成来自世界各地的资源，并提供多语言支持，从而满足不同背景和语言的用户。在硬件方面，可拓展性原则也要求系统应当能够轻松升级，以支持更高的数据处理速度和存储容量。

(四) 个性化原则

随着医疗领域日益复杂化，无论是临床医生、研究人员、学生还是其他专业人员，都有其独特的信息需求和使用习惯。系统不应仅仅提供标准化的资源和工具，更要能根据每位用户的特点和需求提供个性化的体验。这意味着从资源搜索、访问、整合到使用的整个过程，系统都应为用户提供合适、便捷的解决方案。为此，管理系统可以采集和分析用户的行为数据，利用这些数据预测用户可能的需求，为其提供个性化的搜索建议和资源推荐。例如，一位长期研究心脏疾病的医生在搜索时，系统能够自动优先展示与心脏疾病相关的最新研究论文和资料。此外，通过用户的反馈和评价，系统可以不断调整和完善其推荐算法，使其更加贴近用户的实际需求。

三、智慧医院图书馆电子资源管理系统构建的着眼点

(一) 电子资源管理系统整体结构

通常来说,电子资源管理系统整体结构可以划分为两部分,即管理和服务。管理又可以进一步细分为两类,即业务管理和系统管理。业务管理是电子资源管理的核心,针对电子资源的全生命周期进行深入操作,覆盖了从资源评估、采购决策,到编目录入,再到资源发布和日常更新与维护。每个阶段都对资源的可用性和质量起到至关重要的作用。例如,资源评估阶段确定哪些资源对用户最有价值,而编目和发布则确保用户能够方便地找到、获取并使用这些资源。系统管理为电子资源管理提供了坚实的基础和支撑,关乎系统的稳定性、安全性及其扩展性,如用户和权限管理确保不同用户根据其角色获得恰当的访问权限;接口管理允许系统与其他系统或平台进行高效对接;访问管理则关注如何更好地为用户提供服务,确保资源的顺畅访问;工作流管理则是对各个业务处理流程的有序化和标准化管理。

随着网络时代的崛起,医院图书馆越发重视个性化信息服务。医院图书馆首先要明确和识别其服务对象,对用户实施统一的身份认证,确保只有拥有合法身份的用户才能享受到相关服务。对于已经认证的用户,医院图书馆可以精准地捕捉他们的信息需求。通过建立个性化的用户信息中心,图书馆能够更深入地了解每一位用户的特定需求与兴趣点。与此同时,为了提供更为贴切的服务,图书馆会对提供给用户的信息内容进行精心筛选,确保用户获得的信息既相关又有价值。其次,为了确保用户能够充分利用和获取所需的资源,电子资源管理系统需要加入资源传递和交换的功能。这意味着,除了传统的信息检索和查看功能,用户还可以在不同的平台或图书馆之间方便地共享和转移资源。最

后,当今的用户不仅关心所需信息的准确性和完整性,还十分注重获取信息的方式和形式。因此,电子资源管理系统需要提供多种信息展示和提供结果的选项,如纸质打印、电子下载、网络浏览或通过电子邮件发送等,满足不同用户的偏好。

(二)电子资源管理系统功能模块

医院图书馆电子资源管理系统功能模块主要由四部分构成,分别为资源管理模块、应用服务模块、系统管理模块、系统服务模块,这四部分集成在一个界面上。

1. 资源管理模块

资源管理模块是图书馆用户登录系统后的默认工作区,也是主要的模块,负责管理电子资源管理系统中与电子资源相关的各种属性记录。该模块拥有一个全面的资源属性记录系统,它不仅允许用户根据电子资源的名称、采购号、类别、许可状态等进行检索,而且能够使得图书馆工作人员轻松编辑资源的各种相关信息。例如,用户可以查询某一资源的采购记录、付费记录、使用统计等,而工作人员则能够调整资源的许可记录、续订状态等。

除了对单一资源的管理外,系统还具备对多个图书馆或分支机构的整合能力。系统在支持总馆、分馆模式的同时,也考虑到了图书馆联盟的用户需求,可以轻松实现联盟内各个图书馆的整合检索。这就意味着医院图书馆的用户可以方便地查找其他成员馆的电子馆藏信息和相关属性记录,极大地扩展了他们的资源检索范围。另外,资源管理模块考虑到了与资源相关的各种参与方,不仅仅是用户和图书馆,销售商、平台提供商、授权商、许可代理商等都被视为重要的组织机构参与者。系统会详细记录他们的代码、类型、地址、联系人信息以及相关角色,为医院图书馆与上述机构之间的合作与沟通提供了坚实的基础。

2. 应用服务模块

医院图书馆电子资源管理系统的应用服务模块是一个高度实用的工具集。该模块针对图书馆日常的管理和服务任务进行了专门的设计与优化，强调数据的流动性、可用性和任务自动化，从而使得医院图书馆工作人员可以更加高效地处理各种与电子资源相关的工作。

应用服务模块的数据输入功能为图书馆用户提供了极大的便利。图书馆可以轻松地将大量关于电子资源、分支机构和组织机构的数据批量导入系统中。考虑到数据的多样性，系统支持多种文件格式，如 CSV、PRN 或 XML，这为数据的迁移和整合提供了极大的灵活性。统计报告输出功能为图书馆的决策者提供了宝贵的数据支持。用户可以根据特定条件搜索系统内的数据，并导出相关的统计报告。这些报告可以以 CSV、PRN 或 XML 等格式进行输出，方便后续的分析与共享。更为重要的是，应用服务模块还允许用户跟踪资源库的历次升级，获取电子资源变更的详细报告，这对于图书馆的资源管理和更新至关重要。

系统任务设置是该模块的又一亮点，它允许用户自定义各种系统任务，如导入或导出许可记录、采购记录，甚至可以为相关责任馆员发送使用提示。这种自动化的任务管理方式不仅节省了大量的人工，还提高了工作的准确性和及时性。

3. 系统管理模块

电子资源管理系统中的设置核心是系统管理模块，它允许系统管理员以最高用户权限自定义各种字段、设置系统中各种用户角色及权限、设置默认参数等。系统的用户角色与权限设置为图书馆的日常管理带来了明确的分工与控制。基于角色的访问控制机制允许管理员根据每位用户的职责为其分配不同的权限，从而确保每项业务流程都能得到准确而高效的执行，这种机制不仅提高了数据的安全性，还为图书馆工作人员提供了清晰的工作指引。考虑到在实际操作中经常需要处理大量相似的数据，系统管理模块还提供了设置默认参数的功能。当图书馆需要创建多个具有相同属性的记录时，这一功能可以大大减轻工作人员的工作量，避免重复的手动输入，从而提高工作效率。

4.系统服务模块

医院图书馆电子资源管理系统中的系统服务模块是连接用户与丰富的数字资源的桥梁，该模块不仅重视数字资源的安全和版权保护，而且关注用户的需求与体验，致力于提供全面而贴心的服务。

身份验证是该模块的基础环节。系统通过对用户进行身份确认，确保只有获得授权的用户才能访问和使用特定资源，从而确保了电子资源的版权安全，同时优化了资源的配置与使用。资源检索功能为用户提供了方便快捷的工具。通过关键字或全文检索，用户可以迅速找到所需的电子资源。而对于本馆未收录的资源，馆际互借功能则为用户打开了一扇新的窗口，让他们可以在联盟成员馆中寻找并获取所需的资料，进一步扩大了资源的覆盖范围，以满足更广泛的需求。系统服务模块还鼓励用户的参与与互动。它允许用户对电子资源进行评价和推荐，这种互动反馈机制为医院图书馆提供了宝贵的参考，可以帮助馆方更好地调整资源采购策略，确保以有限的经费收到最大的效益。

第七章 智慧图书馆的基础服务与模式创新

第一节 智慧图书馆的基础服务

一、流通阅览服务

流通阅览服务是图书馆基础的读者服务工作，主要包括图书和期刊等纸质文献的借阅工作等。流通阅览服务主要涉及智能书架、自助借还服务等。

（一）智能书架

智能书架系统为图书管理注入了现代化的活力，它利用高频的无线射频技术，在图书在架时就能够实现单品级的精准识别。不仅如此，该系统能够迅速检测馆内的图书，并完成多项功能：从图书监控、清点到查询定位和错架统计。智能书架系统检测速度快、定位准确，无论是读者还是图书馆管理人员，都能够更方便、更迅速地找到所需的图书。智能书架可以拥有多个射频识别读写天线，使其能够感知书架上每本图书的射频标签。当某本书的射频标签不被读取到，系统便认为这本书已经离开书架。而且，通过对此前的数据记录分析，系统能够准确追踪到书本被取出和归还的具体时刻。相比传统的图书管理方式，智能书架提供了更为精细、实时的数据跟踪，从而为图书馆提供了前所未有的便利。例如，基于智能书架收集到的书本使用数据，图书馆可以得知哪些书籍的使用频率较高，哪些书籍较为冷门。这对于图书馆在采购、布置、推广图书等方面做出更为明智的决策至关重要。

在传统图书馆中，图书管理主要依赖于条形码技术，当图书上架时，馆员根据《中国图书馆分类法》进行分类并存放。这种方法在数据库中只能记录到图书的大致位置，如类号，而无法精确到具体的书架位置，这意味着读者在查找某本书时可能需要花费大量的时间。而且，误放图书是一个普遍存在的问题。当读者根据数据库提供的信息前往相应的书架时，他们有时会发现那里并没有他们想找的书，这大大降低了图书的检索效率。

智能书架系统代表了图书馆管理的新时代，借助射频识别技术，该系统能够对文献进行实时扫描和更新，进而为每一本书精确地标定位置，直至具体的层面，这不仅提高了图书馆管理人员的工作效率，更降低了图书错架的可能性。在传统的图书馆管理中，馆员需要手工进行清点和顺架，这样不但工作量大而且容易出错。而智能书架的出现，使得这一过程变得自动化。只需在软件系统中启动顺架功能，或者设置为自动模式，智能书架就能够自动进行图书的清点和整理。这种自动化的方法不仅大大减轻了馆员的劳动强度，也能确保图书位置信息的准确性。对于读者来说，在智能书架的辅助下，他们不再需要在书架间漫无目的地寻找，而是可以直接通过系统得知某本书位于哪一个书架、哪一层。这种实时的定位功能，大大节省了读者寻找和借阅图书的时间，提高了他们的满意度。

（二）自助借还服务

自助借还服务是图书馆为读者提供的一种现代化、高效的借阅体验，是指读者在不需要亲自进入图书馆，且不受图书馆开闭馆时间束缚的情况下，在特定地点通过自助图书馆服务机完成图书的借入、归还或办理借书证等操作。自助图书馆配备了书架、还书箱和电脑操作台，这些机器虽然体积不大，但设计精良，能够容纳数百本书籍。读者只需按照机器上的提示进行操作，便可以实现借书和还书，简单而迅速。

1. 自助借还服务的类型

图书馆自助借还服务主要包括以下几种类型，如图 7-1 所示。

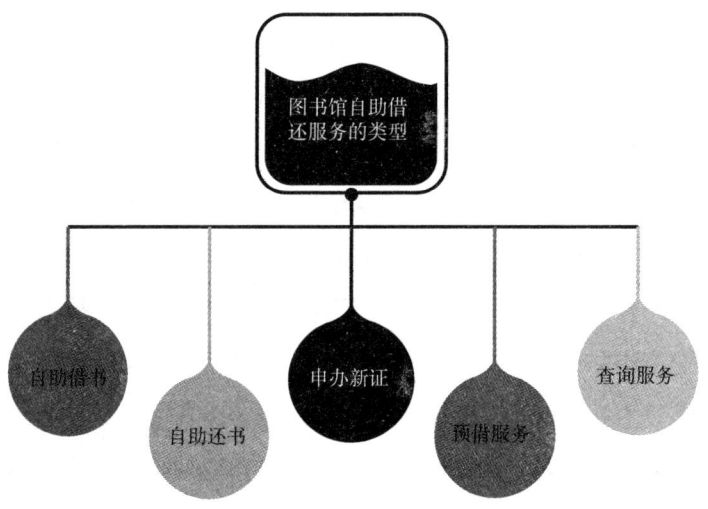

图 7-1　图书馆自助借还服务的类型

（1）自助借书。对于已经注册的读者来说，他们可以在不需要图书馆工作人员协助的情况下，方便地借阅自助图书馆书架上的图书。这与他们在传统图书馆中的借书体验非常相似，只是整个过程更为简化和高效。

（2）自助还书。这项服务为读者提供了更多的选择和灵活性，无论是在传统图书馆借阅的书籍，还是在自助图书馆系统中借阅的，读者都可以将它们归还到任何一个自助借还机点。这样的设置减少了读者的不便，并进一步提高了图书的流通效率。

（3）申办新证。这一服务是为那些还未成为图书馆会员的读者设计的。他们只需携带身份证，按照自助机上的操作指南，就可以快速并方便地办理新的借书证。这大大简化了新会员的注册流程，使更多的人能够享受到图书馆的服务。

（4）预借服务。读者通过自助查询终端或图书馆的在线平台找到他们想要的图书后，可以直接提出预借请求。一旦图书馆的工作人员接到请求并找到相关图书，他们会将图书放在读者指定的自助借还机处。接着，读者将通过短信形式收到通知，告知他们图书已准备好并可供借阅。对于那些因各种原因不能立即前往图书馆的读者来说，这种服务大大增加了他们借阅图书的便捷性。

（5）查询服务。自助借还机不仅可以处理图书的借还，还可以作为查询终端。读者可以通过它直接访问图书馆的在线资源，查找所需的图书馆信息和馆藏资料。即使图书馆的实体位置未开放，读者也可以随时随地获取关于图书馆的所有信息，并据此做出借阅决策。

2. 自助借还机的技术

自助借还机依托光、机、电一体化基本模块完成取书、送书操作，再结合 RFID 识别技术、身份证识别技术、卡识别技术、互联网传输技术、无线传输技术、数据库检索技术等，提供一系列便捷的服务功能。

二、空间管理服务

空间管理服务主要包括门禁管理、阅览室占座服务。

(一) 门禁管理

门禁管理在智慧图书馆中的主要目标是确保图书馆的安全、有序以及方便地为读者和工作人员提供服务。图书馆一般在一楼大厅入口处设置门禁，读者需要刷卡才能进入，后台依靠门禁管理系统，通过物联网技术，实现读者身份数据的调用。以下是门禁管理的一些主要功能。①身份验证。门禁管理系统通过身份识别技术，确保只有具有合适权限的人员才可以进入图书馆或某些特定区域，这不仅保证了图书馆的安全，还能确保读者和工作人员在图书馆内有一个宁静、有序的环境。②访问记录。所有进入和离开图书馆的人员的信息都会被记录下来，这对于事后查询、安全审查以及流量统计都非常有用。③人流控制。在高峰时段或特殊活动期间，门禁管理系统可以协助工作人员控制图书馆内的人流量，确保图书馆不会过度拥挤，并保持秩序。④特殊区域管理。图书馆内有一些特定的研究室、阅览室或存储区，这些区域只对特定的读者或工作人员开放。门禁管理系统可以确保这些区域的安全和专属性。⑤紧急情况响应。在火警、安全威胁或其他紧急情况下，门禁管理系统可以迅速锁定或解锁出入口，从而有助于疏散人员或防止不良行为。

(二) 阅览室占座服务

阅览室占座服务旨在优化利用阅览室座位，为读者提供更好的阅读体验。占座管理系统一般使用流程简单，操作方便，只需扫描动态二维码，即可对该座位进行计时管理，真正实现对被占的"空置"座位的充分利用。阅览室占座服务主要有以下功能，如图7-2所示。

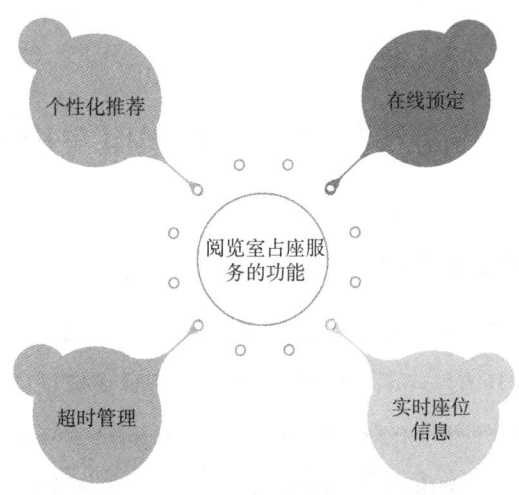

图 7-2　阅览室占座服务的功能

（1）在线预定。通过智慧图书馆的移动应用或官方网站，读者可以提前预定阅览室的座位，确保有一个合适的位置进行学习和研究。

（2）实时座位信息。通过传感器技术，图书馆可以实时显示每个座位的使用状态，如是否被占用、预定或空闲，这使读者在选择座位时更加明确和方便。

（3）超时管理。为了避免长时间未使用的座位被占用，系统会设置超时规则。如果读者在规定的时间内未使用座位，系统将自动释放该座位，供其他读者使用。

（4）个性化推荐。根据读者的历史使用习惯和偏好，系统还可以为其推荐合适的座位或阅览室。

第二节　智慧图书馆知识服务模式

一、智慧图书馆知识服务内涵

智慧图书馆知识服务代表了传统图书馆服务模式的进步和变革。在这种服务中，图书馆已经从简单的文献流通场所和信息咨询提供者转变为深入的知识内容分析和整合者，能够更好地满足读者对知识探索的深层次需求。同时，它能够精准地根据用户的需求和喜好为其提供个性化的知识服务，带来更加丰富的使用体验。智慧图书馆知识服务强化了其作为决策支持工具的功能，通过提供翔实、准确和及时的信息和知识，可以确保用户在决策时拥有充分的信息依据，从而提高决策的质量。这种服务不再是孤立的、零散的信息提供，而是呈现为一个整体的、系统化的知识服务体系，支持用户从信息检索到知识应用的整个过程。智慧图书馆知识服务充分利用了图书馆的丰富信息资源和专业服务优势，确保满足社会创新发展的多样化和高级化的知识需求。它不仅体现了图书馆在社会经济发展中的积极作用，还显著提高了图书馆的服务能力，使得图书馆能够更好地应对信息时代的挑战，满足公众对知识和信息不断增长的需求。

二、智慧图书馆知识服务特征

（一）资源特征：以海量异构数据为基础资源

随着信息数据的增长，图书馆服务正面临前所未有的创新机遇。如今的知识服务不仅仅是简单的信息收集和传递，更是关于如何有效地处理、分析、存储以及与用户进行交互的艺术,从而提高信息的质量和满足用户的多样化需求。随着数字技术的进步,信息资源的存储和管理方式正在从传统模式迅速转变为数字化模式。而大数据的崛起,尤其是海量异构数据,已经对过去的数据处理方法产生了颠覆性的影响,这种转变实质上促使了知识服务的全面革新。面对这种变革,利用大数据资源不仅为图书馆的服务模式提供了新的创新动力,也为智慧图书馆在知识服务领域的持续发展铺设了坚实的基石。

(二)技术特征:注重知识融合技术的应用

知识融合技术不仅涉及对多种数据资源的集成和整合,还包括数据的处理、分析和提取,确保知识能够在适当的时机和适当的上下文中以适当的格式被用户访问和应用。智慧图书馆强调利用最新的技术手段进行知识的挖掘和传播。例如,通过语义分析技术,智慧图书馆能够识别文献中的关键概念、实体和关系,从而更准确地满足用户的查询需求。通过机器学习和人工智能算法,图书馆可以根据用户的行为和偏好,提供个性化的推荐服务。知识融合技术也能够确保不同格式和来源的数据无缝集成,使得用户在一个统一的界面上可以获得他们所需要的所有信息。这种集成不仅仅是将各种数据放在一起,更重要的是,它能够确保数据之间的相互关联和上下文关系得到恰当的表示和处理。

(三)内容特征:以"元服务"揭示知识本体底层关联

符号化、抽象化的原始关联数据将作为智慧图书馆知识服务的主要处理对象。知识服务不再局限于对学科内容和特征信息的处理,而是对其符号化的本质核心元素进行分析处理,实现一种新型"元服务"模式。该服务模式借助于现代技术,如数据挖掘、知识发现,对信息资源进行加工处理,以获取标准化、数字化的资源要素,为知识服务的实现打下良好的资源基础。可以说,"元服务"打破了传统信息处理对文献的依赖性,可以从数据符号层面对数据进行全面的分析处理,精准地提炼出知识信息的本质要素,从而显著地提升知识服务的精准性与有效性。

(四)客体特征:细化信息颗粒度实现服务精准化

依托现代信息技术,智慧图书馆的知识服务信息处理对象的颗粒度得到进一步细化,有助于服务内容和服务模式的创新性发展。知识服务处理的对象更加关注其本体、语义等本质特征,不再局限于文献资料等载体外壳,而是提炼和整合数据本质元素。因此,图书馆馆员需发挥其专业优势,全方位、多维度地收集、分析和整合数据,以更好地保证知识服务的质量。知识服务创新发展客观上离不开相关支撑技术的创新发展,进而保证信息服务的科学性。

(五)主体特征:具备知识创造能力的智慧型馆员

智慧图书馆知识服务的主体是专业人才,人才的专业技术水平对图书馆知识服务的质量起着决定性作用。随着现代信息技术在图书馆服务中的广泛应用,图书馆馆员所需的技能和知识结构也经历了明显的变革,他们不仅要熟练管理各类知识资源,还需熟练掌握各种软件工具,能够对繁杂的数字资源进行深入分析。在这样的背景下,图书馆馆员必须具备对数字资源的科学处理能力,从中提取核心要素,确保在减少冗余的同时,提高知识服务的质量。

三、智慧图书馆知识服务模式的构建

（一）知识生产层面：拓展知识资源建设渠道

智慧图书馆在用户生成内容上采用了一种社会化的合作模式，与各类知识社区建立了连接，以汇聚公众的创意和智慧。借助区块链技术，图书馆能确保各类知识内容的原创性、授权和保护，为用户提供了一个安全、可靠的平台来生产、分享和利用知识。在 AI 技术生产内容方面，智慧图书馆采用借助 AI 技术来促进内容的生成，尤其在知识查找、管理、分享和决策制定方面。用户可以利用 AI 的强大功能，更高效地搜索、整理和交流知识，同时得到有针对性的决策建议，从而更容易产出新知识。

（二）知识组织层面：关联整合多源知识内容

为实现多源知识内容的关联整合与智慧化管理，对来自各个源头的知识内容进行一致性的处理变得尤为重要，特别是对于原生的数字资源和新型数字资源，持续、完整地捕获其动态数据是至关重要的，因为这不仅丰富了智慧图书馆的知识结构，还能增强其内容的多样性和实时性。

首先，图书馆可利用 AI 等前沿技术构建一套具有统一标准、数据互通和有效监管的图书馆知识存储管理机制，这种知识管理机制不只是对知识项目的集成，还融合了相关事件、利用记录等与知识相关的信息，确保资源的有序组织和知识的优化展现。其次，图书馆可通过运用语义网络和 AI 技术，打造一个整合了全网数据的智慧知识图谱，通过构建多角度、多维的标签体系，在互联网上自动实现语义关联和标准化管理，从而在内容级别上形成紧密的知识关联网。最后，图书馆可构建一个能够覆盖各种终端的知识内容协同建设和共享框架，该框架可以支持数据查找、处理和分析等功能的调用。在智慧图书馆的背景下，知识组织应充分利用大数据分析、区块链等前沿技术，对知识资产进行深入探索、整合和优化服务，以增强其在图书馆建设和服务中的价值。其中，将原本可以被无限复制的知识内容，通过技术手段转化为具有唯一标识和追踪能力的数字资产单元是关键。此外，图书馆可通过提供知识资源的封装注册、分散式存储、知识深化处理、资源调配及侵权追溯等全方位服务，建立一个集中的知识资源管理枢纽。这不仅能进一步增强图书馆在多元信息来源背景下的知识组织、知识检索和知识创新的能力，还能促进与社会知识平台的无缝连接。

（三）知识发现层面：实现用户一站式知识检索发现

为实现多样态知识资源的融通与供需对接，智慧图书馆的知识服务不仅要以图书馆提供的公益性知识资源和服务为核心，还应与商业及非营利性知识服务机构合作，为其提供开放的技术接口，建立一个双方都能从中受益的运营机制，联合打造互联网信息与知识服务"超市"，为用户提供一站式的高品质知识检索发现体验。

首先，为确保多种知识服务模式的持续健康发展，智慧图书馆需要构建一个全面的管理与运营规则体系。这一体系涵盖从知识创作、审核、发布到推广、用户互动、交易，以及权益分配等各个环节，旨在协调多方利益，确保各方的权利得到充分的保护。在此基础上，公益性、商业性和非营利性的知识服务形式可以融合并共同发展，从而提供用户一站式的知识检索发现体验。其次，智慧图书馆不仅可以提供原始的文献资源，更重要的是，它通过对这些文献进行深度挖掘和智力加工，还能为用户提供真正有价值的知识产品。这些产品深入挖掘文献中的知识元素，如事实、数据和结论，还关注文献所蕴含的逻辑推理和结构关系，这些都属于"隐性知识"。利用图书馆馆员在提供参考、情报传递和提升用户信息素养等方面的专业知识和经验，图书馆能根据用户的实际需求，提供有针对性的知识产品。这不仅增强了图书馆的知识内容价值，还进一步满足了用户对知识的个性化和多元需求。

（四）知识传播层面：加强用户知识交互

智慧图书馆作为知识的宝库和传播中心，在知识传播层面怎样优化和加强用户之间的知识交互变得尤为重要。对此，智慧图书馆可以从以下三个方面着手。一是在全网知识服务平台构建方面，平台不仅要依赖图书馆自身丰富的资源，而且要积极引入外部的高质量知识资源。例如，从科研机构引入的宝贵科学数据，从商业实体获取的商业资源，以及从第三方平台引入的公开网络资源，都能为图书馆带来新的生命力。同时，借鉴虚拟社区的交互特性，图书馆可以打造一个线上线下相结合的互动环境，通过这种虚实结合的方式，提供知识生产工具，让用户在一个虚拟的知识生态中自由交流和创新。二是在用户知识交互方面，图书馆利用现代技术，如数据网络和语义搜索，可以极大地提高知识的传播与交换效率。不仅如此，数据网络为用户提供了一个方便快捷的交互平台，而语义搜索则能帮助用户更准确地找到所需的知识资源。三是在提升知识传播的效率与精准性方面，图书馆利用 AI 和机器学习技术，通过对用户的行为、兴趣和历史数据进行深度挖掘，可以为他们提供更加个性化的知识服务。例如，通过用户画像分析，图书馆可以获取用户的详细标签和属性，然后根据这些信息为他们提供定制化的知识资源和服务。

（五）知识存储层面：实现知识数据存储

为了确保知识内容的可信性、不可篡改性，特别是对于关键或高价值的数据，采用分布式存储方法是至关重要的。在智慧图书馆的知识存储体系中，以下几类数据要给予高度关注。一是资源数据。这类数据主要包括知识资源的对象数据和元数据。除了传统的图书馆所拥有的文本、图像、音频和视频等资源外，现代的智慧图书馆还应该整合并存储其他相关数据，如知识图谱、虚拟现实资源及与知识资源相关联的数据。二是用户数据。这类数据是用户在使用智慧图书馆的资源和服务过程中产生的，不仅包括用户自己创造的原生数字资源，还涵盖用户的基本信息和行为数据。这些数据对于图书馆来说具有巨大的价值，因为它们可以帮助图书馆更好地理解用户的需求，提供更为个性化和精准的服务。三是业务数据。该类数据涵盖了图书馆各业务系统的运行数据。其中较为典型的例子就是流通数据，它记录着资源的出借、归还等状态，为图书馆的资源管理提供了关键支撑。四是管理数据。这指的是图书馆在日常运营和提供服务过程中生成的各种与管理相关的数据。这些数据不仅反映了图书馆的运营状况，还是体现服务效率和效果的直接指标。

为了确保这些数据的可靠性和真实性，将它们上链变得尤为关键。上链意味着数据将被加密和分布式存储在一个去中心化的网络中，从而确保其不可篡改性和可靠性，这不仅可以为数字资产提供完整的溯源，更能保障数据的隐私和确权流转。

第三节 智慧图书馆移动服务模式

一、移动环境下图书馆移动服务重塑的必要性

（一）图书馆发展的需要

随着移动设备，如智能手机和平板电脑在全球范围内的普及，人们正处于一个信息消费模式急剧转变的时代。相比于传统的 PC 和笔记本电脑，移动设备具有无处不在的便携性，让用户可以在任何地点、任何时间进行信息检索和消费。无论是在公交车上、咖啡店里，还是在等待的间隙，人们利用移动设备都可以轻松地获取所需的信息，这种即时性与便捷性极大地满足了现代人快节奏的生活方式。移动设备的普及也催生了大量专为移动环境设计的应用程序和服务，这些应用大大丰富了用户的信息消费体验，提供了更加个性化、具有互动性和社交性的内容，使得用户的信息消费模式从被动转向主动，从单一转向多样。对图书馆而言，这种信息消费习惯的转变提出了新的挑战和机遇。为了不被这股移动浪潮所淹没，图书馆必须重新审视其服务模式，确保其服务能够适应移动环境下用户的新需求，这就要求图书馆不仅要提供移动的网站和应用，还要优化其信息资源的结构和格式，使其更加适合在小屏幕上阅读和交互。此外，图书馆还需要加强与用户的沟通和互动，利用移动设备的特性，如位置服务、推送通知等，为用户提供更加精准和即时的服务。

(二) 用户服务的需要

在移动环境下，用户的服务需求和消费模式发生了深刻的变化，使图书馆移动服务的重塑成为刻不容缓的需要。首先，随着移动互联网的发展，用户已经习惯了随时随地获取信息的便捷性，这也意味着他们对图书馆服务的期望不再局限于传统的物理空间和时间。其次，用户对于即时性和实时互动的需求日益增强，他们不仅要查找资料，还需要与其他用户或图书馆工作人员即时沟通和交流，而这种互动和沟通的模式更适合在移动环境下实现。再次，当今的用户更加注重个性化和定制化的服务，他们希望能够得到与自己兴趣、需求和背景相匹配的信息推荐和资源，而移动服务能够更好地收集用户的使用习惯和偏好，为其提供更为贴切的服务。最后，移动服务还能够为用户提供更为丰富和多样的交互方式，如语音搜索、AR/VR体验、移动支付等，极大地丰富了用户的使用体验。另外，移动服务还能够更好地结合社交媒体和社区功能，为用户提供更为丰富的社交化阅读和学习体验。因此，为满足用户日益增长的移动服务需求，图书馆必须对其服务模式进行重塑，确保在移动环境下为用户提供高效、便捷和个性化的服务。

二、智慧图书馆移动服务模式的种类

基于移动终端的智慧图书馆移动服务模式主要包括以下几种，如图7-3所示。

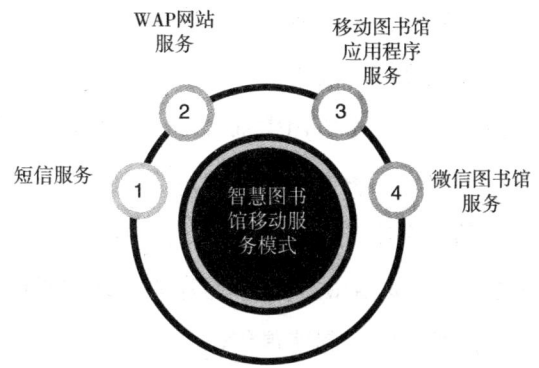

图 7-3 智慧图书馆移动服务模式的种类

（一）短信服务

短信，作为一种通过手机进行文字或数字信息交流的手段，是手机早期且普及率极高的核心服务之一。它以高效的传输通道和用户友好的操作为众多行业，包括图书馆，提供了一个独特的沟通方式。图书馆提供的短信服务大致可以分为两大类：主动推送和按需咨询。在主动推送中，图书馆将各种重要信息，如最新的图书馆新闻、讲座预告、书籍到期或新书上架提醒、超期书籍的罚款提醒等，直接发送给用户，确保他们能够第一时间得知相关情况。这种服务形式不仅方便了用户，也增强了图书馆与用户的互动和联系。图书馆还可以为用户提供需求驱动的短信咨询服务，允许用户通过短信查询馆藏、预约书籍、查看自己的借阅记录，或者咨询图书馆的开放时间和常见问题。这为用户提供了更加便捷的服务渠道，特别是在无法亲临图书馆或访问图书馆官网时。由于短信技术是早期移动通信的基石，因此，与其他更先进的通信方式相比，图书馆的短信服务相对更加成熟。无论是国内还是国外的图书馆，这项服务都得到了广泛应用，但不同地区的图书馆在短信服务的侧重点上存在差异。例如，国外图书馆更注重通过短信提供实时的参考咨询，而国内图书馆更多的是使用短信进行各种提醒服务。

短信服务因其普及度高、成本低、操作灵活、稳定性较强以及具有广泛的扩展性，使得它在许多应用中都显示出强大的实用性，尤其是在图书馆领域，用户无须进入图书馆就能通过简单的文字信息实现与图书馆的互动。尽管短信服务有诸多优势，但它也存在一些局限性。首先，短信主要支持文本格式，复杂的信息、图片或其他多媒体内容无法通过短信进行传输。短信容量的限制使得传递的信息难以包含详尽内容，有时候无线通道的阻塞也可能造成短信发送延迟。更重要的是，传统的短信服务在互动性上存在局限，用户大多数时候是在被动地接收信息，而不能实现即时的双向沟通。因此，在未来的图书馆服务中，短信服务需要与其他技术相结合，以弥补其固有的不足。

（二）WAP 网站服务

WAP 即无线应用协议，是简化的无线 Internet 协议。与传统的网页相比，基于 WAP 的页面设计更为简洁和高效，为移动设备用户提供了一个优化的浏览体验。数字图书馆将这一技术与其服务相结合，形成了一种针对移动用户的专门服务模式。基于 WAP 协议，数字图书馆可以创建专为移动设备优化的网站，确保无论用户在何处，都能获得最佳的服务体验。这些基于 WAP 的服务包括但不限于图书馆区域的导航引导、最新图书推荐、实时馆藏查询、最新资讯发布以及线上读书活动等。更为重要的是，WAP 技术使得用户在移动设备上进行的操作，如书目的检索、图书的预约以及续借等，变得更为方便快捷。

（三）移动图书馆应用程序服务

在当今的数字化时代，智能手机和移动阅读设备已经成为大多数人日常生活的一部分。相应地，移动设备应用程序的涌现和发展为数字图书馆提供了新的、广阔的服务机会。移动图书馆应用程序模式具有以下优势。①检索便捷。用户仅需在移动设备上下载并安装相应的APP，便可以轻松启动并进行检索。无论是输入关键词，还是直接扫描条形码，APP都能为用户提供即时的检索结果，为用户节省了大量宝贵的时间。这种无缝的检索体验，相较于传统的短信和WAP方式，无疑是一个巨大的进步。②用户体验良好。相比之下，WAP服务通常需要通过浏览器打开，会受到网络延迟、兼容性问题等影响，用户体验相对较差。而APP的一键登录功能、清晰的界面设计及流畅的操作逻辑则使其在用户体验方面远远超越WAP。③即时性强。在阅读或学习的过程中，用户可以通过APP直接与其他读者交流、分享心得或发表评论。这种即时的社交互动不仅为用户提供了更为深入的阅读体验，还能够加强用户社群之间的联系，提高用户的忠诚度和黏性。

（四）微信图书馆服务

微信是当前人们应用极其广泛的社交软件，数字图书馆利用微信公众平台能够实现移动服务功能。由于微信公众平台能够传播文字、图片、视频等多种信息类型，数字图书馆将其用于开展移动服务，能够向用户推送更丰富的服务信息。数字图书馆可利用微信公众平台向用户发送图书馆资讯、个人订阅信息等，利用该平台庞大的用户基数扩大自身影响力，提高信息传播效率。另外，微信公众平台支持用户与管理员的实时交流，数字图书馆也能够为用户提供参考咨询服务，在减轻图书馆通信成本压力的同时，还能提高用户与图书馆交互的时效性。

三、智慧图书馆移动服务模式的比较分析

在上述四种服务模式中，短信服务是较早被引入并广泛采用的模式，用户不需要任何额外的设备或应用，只需一个普通的手机，就可以

接收和发送信息，这使得短信服务在早期受到了广泛的欢迎和应用。随着技术的进步和用户需求的变化，短信服务的局限性逐渐显现。短信的内容受到字数的限制，这意味着其传递的信息量相对较小。虽然早期短信服务的成本相对较低，但随着其他通信平台如微信的兴起和发展，它们提供了更多功能、更广泛的互动性，并且在成本方面与短信相当甚至更低。因此，即便短信服务在早期为图书馆带来了诸多便利，但随着时间的推移，其局限性使得图书馆逐渐减少对其的依赖，转向更先进、功能更多的通信平台。

WAP 网站服务在数字图书馆领域得到了广泛应用，其功能明显超越了简单的短信服务。WAP 的强大之处在于其结构的灵活和开放的协议，使得图书馆可以为用户提供更为丰富多样的在线资源和服务。但 WAP 服务并非没有缺陷。用户需要通过移动设备的浏览器手动输入网址来访问 WAP 网站。与直接点击应用图标相比，这无疑增加了用户的操作复杂度。此外，由于依赖于浏览器和网络，WAP 服务在访问速度和下载流量上不如专门为移动设备设计的应用程序，这也会影响用户的使用体验。

移动图书馆应用程序为用户带来了前所未有的便捷，利用这些应用程序，读者可以直接通过智能设备进行图书检索、资料查询和信息分享。这种新的服务模式不仅使得信息获取变得更加迅速，还在布局、界面设计和操作流程上进行了优化，充分考虑了移动用户的使用习惯和体验需求。但移动图书馆应用开发也面临一些挑战。首先，由于存在多种手机操作系统，如 Android、iOS 等，这就要求图书馆为不同的系统开发和维护多个版本的应用，这无疑增加了研发的难度和成本。其次，移动应用的开发技术虽然在不断进步，但仍有待完善，这意味着研发过程会遇到技术瓶颈或问题。最后，应用程序的维护和更新工作是持续的，需要团队不断对其进行监控、修复和优化，这样才能确保用户得到最佳体验。

微信图书馆服务在现代数字时代中蓬勃发展，为用户带来了前所未有的体验。它具备出色的自适应技术，用户无论使用什么样的设备，都能享受到流畅、清晰的页面展示。更出色的是，微信服务能够在各种智能设备之间实现同步，为用户提供了无缝的跨平台体验。这一模式的开发和应用成本相对较低，同时，二次开发的技术门槛也不高，这为图书馆提供了巨大的灵活性和扩展性。微信的普及率极高，这为图书馆服务的推广和宣传提供了有力的平台，也增强了用户的黏性。与此同时，微信的实时互动功能为用户提供了即时咨询的渠道，进一步增强了用户体验。然而，微信图书馆服务在实际应用中还面临着一些挑战。例如，一些图书馆由于缺乏技术专长的人员，难以进行二次开发，不能充分发挥微信服务的潜能；没有专业的运维团队来持续维护和优化服务，会导致服务中断或其他技术问题，影响用户体验。这些客观因素都在一定程度上限制了微信图书馆服务的深度应用和推广。

表7-1梳理了上述四种智慧图书馆移动服务模式，并对各自的主要服务功能和服务内容进行了对比。

表7-1 智慧图书馆移动服务模式比较

服务模式	服务特点	服务功能	服务内容	优势	劣势
短信服务模式	早期应用较为广泛	提醒服务	新闻、讲座通知、图书到期提醒、新书通报、超期罚款催缴等	结构简单，交互方便，成本相对低廉，具有普遍性、灵活性、实用性、高稳定性	功能简单，字数受限，无法传播音视频，无法即时交互，隐私性差
		咨询服务	馆藏查看、预约到达、借阅情况、图书馆开馆时间、常见问题咨询等		

续 表

服务模式	服务特点	服务功能	服务内容	优 势	劣 势
WAP 网站服务模式	应用较广，可提供比短信服务更强的功能	咨询服务	馆藏查看、图书馆开馆时间、常见问题咨询等	具有系统结构的灵活性和协议的开放性，可满足个性化服务，可在线互动，服务内容较丰富，不受移动终端操作系统限制	维护不易，使用麻烦，成本较高，体验不佳；访问速度受限，下载流量需付费
		借阅管理	借阅信息查询、续借预约图书		
		资源检索	馆藏资源检索、电子资源检索		
移动图书馆应用程序服务模式	为图书馆用户提供多元化的移动服务方式	借阅管理	借阅信息查询、续借预约图书	一键登录，检索、查询、在线利用更灵活方便，布局清晰，有利于用户进行信息获取和分享	占内存，开发技术未成熟，版本更新难，经费投入大，研发成本高
		资源检索	馆藏资源检索、电子资源检索		
		在线利用	在线阅读文献、直接获取资源		

续 表

服务模式	服务特点	服务功能	服务内容	优 势	劣 势
微信图书馆服务模式	为图书馆用户提供更多元化的移动服务方式	信息推送	讲座活动通知、资源推介	一键登录，使用、开发成本低，二次开发简单，易推广，黏性大，即时互动性强，体验佳，应用成效明显	缺乏技术人员，二次开发参差不齐，缺少专门的运维团队，无法全面利用微信功能
		交流互动	信息自动查询、实时咨询服务		
		借阅管理	借阅信息查询、续借预约图书		
		资源检索	馆藏资源检索、电子资源检索		

四、智慧图书馆移动服务模式发展趋势

可以预见，在未来的图书馆移动服务领域，实时性、智能化、个性化和多元化将成为主导和核心，这些属性不仅是技术和服务的自然演进，也反映了用户日益增长的期望和需求。随着用户需求的快速变化和技术的进步，仅依赖单一的移动服务模式将难以满足未来的发展。图书馆必须尝试并采纳一种更加灵活和综合的策略，这就需要根据自身的实际情况和能力，选择并整合多种移动服务模式，甚至开发全新的融合服务。

根据上述比较分析可以看出：随着新媒体技术和移动互联网的紧密结合，图书馆的移动服务不断地进行创新和升级。从最初的短信服务，到 WAP 网站服务，再到移动图书馆应用程序服务，直至现如今的微信图书馆服务，这一发展轨迹充分展示了技术进步带来的可能性。受到技术、资金、用户体验等多方面的限制，短信和 WAP 网站在很多图书

馆中已经不再是首选，逐渐被边缘化。与此同时，经过多年的迭代和完善，移动图书馆应用程序已经展现出了其独特的价值，其界面设计的多样性、清晰的布局、便捷的操作使其成为当前图书馆移动服务的重要模式。用户只需一键便可登录，实现对资源的统一检索、查询，甚至可以直接在线阅读全文。这种服务模式不仅大大提升了资源的利用效率，也为用户提供了前所未有的便利性，使其在获取和分享信息时更为自如，在诠释"移动的图书馆"上更具专业性和完整意义。微信图书馆作为现代图书馆服务的创新形式，因其成本小、效益高、互动友好、推广潜力巨大以及开放性和用户黏性强而受到广泛欢迎。它的设计初衷更倾向于为用户提供与图书馆之间的即时互动通道，完全契合了当下社交互联网的发展趋势。移动图书馆应用程序和微信图书馆两者各有千秋，但如果能够进行有效的融合和互补，将为用户创造一个更为完善、更具深度的服务体验。因此，许多图书馆都同时选择这两种服务模式。笔者认为，随着微信图书馆功能的逐渐完善与升级，再加之技术开发水平的日益提升，图书馆可以尝试将移动图书馆的现有功能整合进微信图书馆，如资源检索和在线利用，开发出基于微信的移动图书馆，用户不再需要跳转至多个平台或下载多个应用，而是仅在微信这一个平台上便可以享受到从资源检索、在线阅读到实时咨询的全套服务，真正实现一站式应用图书馆。

第四节　智慧图书馆嵌入式学科服务模式

一、智慧图书馆嵌入式学科服务的内涵

嵌入式学科服务，是对图书馆传统服务模式的深化与延伸，它的核

心思想是将图书馆服务深入到学科研究和教学活动中,形成与学科教师、研究人员、学生等目标用户的紧密合作和互动,从而更好地满足他们的信息需求。在这个过程中,图书馆员不再仅仅是资源的守护者或检索专家,他们成为学者和研究者的合作伙伴,帮助他们获取、管理和利用信息资源,从而更好地进行学术创新。

该服务模式的特点在于其专业性和针对性,图书馆的嵌入式学科服务需要图书馆员对特定的学科或研究领域有深入的了解,这样他们才能更好地为学者和研究人员提供定制化的服务。例如,一个专注于生物医学研究的图书馆员不但需要掌握与该领域相关的数据库、工具和方法,还要与学者和研究人员保持紧密的联系,了解他们的最新需求和研究动态。除了对特定学科的深入了解,嵌入式学科服务还强调与用户的紧密合作,这就要求图书馆员深度参与学者和研究人员的工作中,如参加研究小组会议、协助设计研究计划或提供文献检索培训。这种紧密的合作关系不仅使图书馆员更好地理解用户的需求,也让学者和研究人员更加深刻地认识到图书馆的价值和重要性。

总的来说,图书馆嵌入式学科服务是图书馆服务创新的方向之一,它强调了图书馆在现代学术研究中的核心地位。通过深度参与学术研究的全过程,图书馆不仅可以为用户提供更为专业和有针对性的服务,也可以更好地展现其在学术生态中的价值和重要性。

二、新环境对智慧图书馆嵌入式学科服务的要求

在移动互联网浪潮下,图书馆面临着前所未有的挑战和机遇。用户在这一环境中展现出对学科知识更深入、更个性化的需求,这对图书馆提供的传统服务提出了更高的要求。图书馆在新型服务能力建设的过程中有必要重新审视嵌入式学科服务的驱动要素,制定与实际情况相符的服务策略,保障服务要素与用户需求的有效衔接,提高服务的针对性。

（一）有效对接用户需求

随着数字化信息资源的普及，图书馆已经逐渐从单一的文献借阅中心转变为一个多功能的公共信息传播平台。在这个新的角色中，图书馆不仅提供传统的书籍借阅服务，还为读者创造了一个互动的环境，允许他们在线查找信息、参与数字图书馆的话题讨论，甚至分享自己的见解。事实上，当下的读者越来越倾向于无纸化阅读，乐于利用手机或平板电脑等移动设备，而不是传统的纸质图书。对此，图书馆已经积极响应这一趋势，运用大数据技术深入研究用户的在线阅读习惯，从而更好地了解不同用户群体的需求。例如，通过分析社交媒体和搜索引擎的数据，图书馆可以发掘有价值的信息，并据此为各学科服务提供相应的依据。同时，为了进一步增进与读者的关系，许多图书馆也在积极推广各种阅读活动，努力打造一个集休闲、学习、交流和体验为一体的多功能服务空间。这不仅有助于增强读者的阅读体验，还可以帮助图书馆更准确地掌握他们的阅读偏好，从而为他们提供更为精准和个性化的服务。

（二）嵌入式学科服务过程

在图书馆的广阔知识海洋中，用户有着各式各样的学科背景，他们的学科知识需求也千差万别。其中，大量的用户热切关心其学科领域的前沿动态，期盼迅速接触最新的研究成果，以洞察学科的走向。针对这一背景，图书馆应深度融入用户的学习与科研环境。图书馆的这一嵌入式服务，以解决实际问题为核心，与用户携手共同探索特定学科的发展走向，这种合作形式不限于传统的信息查询或资源推荐，而是进一步延伸到与用户共同进行的学科调研活动中。在这样的协同模式之下，学科信息被系统地采集、筛选、整理，最终孕育出反映学科特色的精品服务。当图书馆的学科服务与数字技术紧密结合时，用户获取学科信息变得前所未有的便利。但这同样为图书馆在信息管理与服务领域提出了更高的挑战。此时,学科馆员的角色也不再局限于传统意义上的信息提供者,他们需要更加深入地融入用户的实际环境中,建立和用户之间的紧密沟通。只有确保无障碍的交流,学科馆员才能真正理解并满足用户的需求,为他们在学习和科研的道路上提供有力的支撑。

(三)倡导融合与创新

图书馆开展学科服务的主要目标在于针对某个学科提供精准的服务。传统的图书馆学科服务模式,基于学科的分类和狭窄的领域知识,已经难以满足现代用户多样化、综合化的知识需求。学习和科研的方法正在被重新定义,多学科的交叉和融合已经成为科研新常态,而其背后的驱动力正是信息技术的跨界融合和创新驱动。基于此背景,图书馆的学科服务也必须适应新变化和进行相应的变革,图书馆不再仅仅简单地提供某一学科的专业资料,而是要在多学科的交互中找到新的创新点,提供更加精准和个性化的服务。为了做到这一点,图书馆必须将先进的信息技术与传统的学科服务深度结合,制定更加切合时代特点的服务策略。与此同时,图书馆在开展学科服务时,需要加强与各学科用户之间的沟通与联系。通过与用户的深度合作,了解其真实的需求和痛点,然后再结合新技术手段,为用户提供真正有价值的服务。此外,图书馆不仅要注重提供单一学科的信息,更要关注多学科间的交互与融合,发掘其中的创新点,满足用户日益增长的综合知识需求。

三、智慧图书馆嵌入式学科服务模式的内容与形式创新

借助先进的信息技术,图书馆可以深入挖掘、分析用户的兴趣和需求,进一步细分用户群体,实现物理空间与虚拟空间的无缝融合,提高用户的关注度及学科服务中的知识转化率。

(一)服务内容精准定位

对于图书馆而言,不同的搜索引擎和网络平台具备各自独特的算法和用户行为特征。为此,图书馆必须根据这些平台特点进行定制化分析,将服务内容与用户需求实现高度匹配,这并不仅仅是技术层面的升级,更是一次以用户为核心的服务理念的重塑。当大数据技术与即时通信工具相结合时,图书馆就可以将信息资源高效整合,使得嵌入式学科服务与用户的实际关注点和需求实现无缝衔接。在这样的背景下,个性化的服务内容和模式创新不再是一个空泛的概念,而是可以迅速应用和执行的实践策略。图书馆的未来不仅仅在于收藏和传播知识,更在于如何准确地识别和满足用户的信息需求。大数据为图书馆提供了这样的可能性,使得学科服务能够更精准地定位,更有针对性地满足用户独特和多样化的需求。

(二)基于新媒体的交互方式

在当前移动互联网的大背景下,新媒体(如微信和微博)已不仅仅是社交平台,更是图书馆拓展用户群、增强互动性的重要渠道。这些平台充分满足了当代用户对于"碎片化阅读"的喜好,为信息的轻松分享、转载和交流提供了空间。图书馆作为知识与信息的宝库,急需适应这一趋势,将学科服务嵌入这些现代通信工具中。通过嵌入式学科服务,图书馆可以更为直接地理解和满足用户的实际需求。新媒体不仅拥有即时通信和快速分享的功能,还为图书馆提供了一个独特的、与用户进行更为紧密沟通的窗口。这种点对点的互动服务让图书馆能够深入了解用户的喜好,并在此基础上利用智能终端为其推送更为个性化的信息和资源。

另外,新媒体也为图书馆提供了一个展示最新资讯、分享专业知识的平台，它不仅能够提高图书馆的知名度，还可以助力打造与学科服务紧密相关的专业内容，进一步吸引目标用户。更为重要的是，图书馆可以依靠新媒体建立起专门的社群，加强与用户之间的交流和互动。这种社群模式不仅强化了嵌入式学科服务的精准度，还增强了其互动性，使得图书馆服务更加生动和人性化，与用户形成更为紧密的联系。

（三）虚拟空间与物理空间的融合

移动互联网的发展已经深刻地改变了人们获取和传播学科知识的方式，它也成为推动图书馆从传统的实体服务走向O2O（线上到线下）服务模式的重要动力。这种服务模式的实现，旨在打通图书馆的线上线下服务，以达到为用户提供无缝、高效的学科知识服务的目的。

为更好地服务于学科研究，图书馆可以采取主动策略，与各大科研机构携手合作。这种合作不仅仅局限于资源共享，更涉及共同创建一种集成的学术合作空间，使得学科馆员能够直接参与科研的各个环节，为研究人员提供实时的线下专业服务。另外，在线环境为图书馆提供了巨大的机遇。图书馆需更加深入地洞察其用户的多元需求，进而打造多种类型的虚拟交流群组，这样不仅可以满足用户不同的交流习惯，也方便他们在线上进行深度的学术讨论和互动。通过这种方式，图书馆能够有效地嵌入用户的线上环境，为其提供更为精准的学科服务。在这样的O2O服务模式中，学科馆员的角色也随之发生了变化，他们不再仅仅是实体空间的守护者，还需承担起虚拟空间的策划与管理工作，确保线上和线下的服务能够流畅对接，从而让用户在两种空间之间自如切换，不断地获取和分享有价值的学科信息。

四、智慧图书馆嵌入式学科服务模式运行的关键点

随着现代信息环境的快速变革，用户对学科服务的需求持续变化。

要想满足这种日益增长和多样化的需求,图书馆必须追求更广泛的合作并创新其服务方式。这不仅涉及与科研机构和高等教育机构的紧密协作,还包括图书馆内部各种资源、知识和人力的优化配置。智慧图书馆嵌入式学科服务模式的高效运行,需要把握以下两个关键点。

(一)沟通

为了更好地满足用户的个性化需求,学科馆员需要与用户建立密切的联系,深入了解他们的实际需求,但由于学科背景和沟通能力的差异,学科馆员与用户之间通常会出现沟通不畅的情况。而大数据技术的应用为学科馆员提供了一种新的方法,可帮助他们更准确地识别和理解用户需求。通过对用户的学科背景、科研成果、查新频率以及在线行为等数据进行收集、分析和整合,图书馆能够制定更为精准的策略,为不同的用户群体提供量身定制的服务。这些大数据分析结果不仅体现了对用户需求的深入了解,更为学科馆员制定策略、优化服务提供了可靠的依据。但仅仅依赖技术并不足够,学科馆员自身的主动沟通与宣传推广能力也至关重要,他们需要在科研过程中与用户建立起稳固的关系,主动听取用户的反馈,确保提供的服务能够真正满足用户的需求。为了做到这一点,学科馆员不仅要确保沟通渠道的多样性与畅通性,还要定期进行宣传和推广活动,使更多的用户了解并参与图书馆的各种活动。与此同时,学科馆员还要及时反馈和更新服务内容,确保服务始终保持与用户需求的匹配度。

(二)分工协作

在智慧图书馆嵌入式学科服务的实践中,明确的分工和各自的责任界定至关重要,这不仅为提高服务质量打下了坚实的基础,也确保了每个参与者都能够发挥其专长和价值。

首先，明确的岗位职责可以确保每个团队成员都清晰地了解自己的职责和预期成果，从而更加高效地进行工作。而岗位权责清单的制定既满足了新型服务模式下的工作要求，也为保障和提升学科服务的水平提供了支撑。其次，尊重并肯定每位服务人员的价值和贡献，是激发其工作热情和创造力的关键。为他们创造一个能够充分发挥专长和才能的环境，不仅能提高个人的工作满足感，还能为整个团队带来更高效的工作效果。再次，强调用户为中心并注重团队合作是提升服务水平的重要方向。图书馆应该秉持协同合作和信息共享的原则，加强与用户的交流和沟通，确保服务内容真正贴近用户需求。团队成员需要共同确立服务目标，确保每个环节都为用户带来价值。最后，学科馆员在提供服务时，应持有开放和包容的态度，主动融入用户的学术研究活动中。这不仅能使他们更深入地了解用户需求，还有助于他们融入教育和研究社群，从而使嵌入式学科服务更为高效和具有针对性。

为了进一步优化学科服务，图书馆应重点优化资源配置，促进知识融合与共享，以及确保各服务主体间的协同合作。资源的优化配置不仅是提高工作效率的必要手段，而且是推动知识融合与共享的基础。通过这种方式，图书馆能够将分散的、各自独立的知识资源整合为一个更为统一、完整的知识体系，从而更好地满足用户的信息需求。而知识的融合与共享也需要各个服务主体之间的密切协作。协同合作的程度直接影响资源整合的效率和质量。因此，各个服务主体之间的沟通与合作显得尤为重要。只有他们能够有效地协同合作，才能确保知识的有效对接和服务的高效提供。

第八章　智慧时代图书馆管理与服务创新的融合之道

第一节　以人为本管理与服务的融合发展

一、智慧图书馆实施以人为本管理的重要意义

智慧图书馆管理的主要目的之一在于增强其在社会和经济中的影响力，确保图书馆的功能得到扩展和发挥，这不仅仅是为了图书馆自身的进步，更是为了适应和满足社会在不断发展变化中对文献信息的多样化需求。为了达到这一目标，图书馆必须对其管理模式进行创新，将以人为本的理念深入每一个细节中。智慧图书馆实施以人为本管理的重要意义主要包括以下几点。

第一，图书馆以人文关怀为基点，从读者的需求出发，设计合理的建筑布局和服务流程，创造一个舒适、开放且亲近的环境，使得读者在此不仅能找到所需的资料，还能感受到图书馆为他们创造的人性化空间。对于图书馆馆员,一个人性化的工作环境不仅能提高工作效率,还能激发他们的创新精神。在智慧图书馆中,技术与人的结合应当是无缝的。馆员在舒适的工作环境中更容易产生新的思考和创意,进而为读者提供更高效、更个性化的服务。

第二,传统图书馆在服务上或多或少仍停留在"有求必应"的层面,而在当前信息爆炸的时代,图书馆需要更主动地为读者提供服务,真正做到"一切为了读者,为了读者一切,为了一切读者"。这样的服务理念意味着图书馆要更深入地了解读者的需求,提供个性化、多元化的服务,从而真正增强读者对图书馆的依赖和喜爱。鼓励读者更积极地利用图书馆不仅可以为他们提供更丰富的资源和服务,还能获得他们对图书馆事业的支持和热爱。在此背景下,图书馆馆员的角色也随之发生了变化,不再仅仅是资料的守护者,而成为连接读者与知识的桥梁。当馆员感受到他们的工作对读者有实际的帮助和意义时,他们的信心、责任感及创造力都将得到极大的激发和提升。

第三,图书馆馆员作为图书馆的内部力量,他们的需求、情感和工作满意度直接影响图书馆的运营效率和服务品质。作为领导者,馆长在这其中的角色十分关键。他们应当深入了解馆员在工作、学习和生活中的各种需求,做到真正的关心和帮助。只有当馆员感受到被尊重、被关心时,他们才会全身心地投入工作,对图书馆的建设和服务充满热情。加强与馆员的沟通和交流不仅能够及时了解他们的需求和建议,还能够为他们提供一个表达自我的平台,让他们真正觉得自己是图书馆的一分子,而不仅仅是执行者。如此,图书馆便可培养出"有盼头、有想头、有奔头"的团队,这是推动图书馆事业向前发展的关键。毛泽东同志曾指出:"一切物质因素只有通过人的因素,才能加以开发利用。"① 这一

---

① 毛泽东.论十大关系[M].北京:商务印书馆,1978:20-30.

观点凸显了人的核心地位。图书馆以人为本的管理就是要围绕着这个核心，努力创造一个温馨、和谐的环境。只有当图书馆馆员和读者都感觉像在"家"中时，图书馆的各项资源和技术才能得到最大程度的利用，进而促进图书馆事业的健康、持续发展。

二、图书馆以人为本管理模式的设想

（一）精心设计图书馆建筑布局

以《图书馆建筑设计规范》（JGJ 38—2015）为参考标准，我国图书馆的外观应是庄重而典雅的，展现出一种朴素和与大自然和谐相融的美感。设置喷泉、花圃和草地，可以为忙碌于工作的人们提供一个宁静的角落，使读者在追求知识的同时能享受大自然的美好。图书馆内部的设计应该是明亮和宽敞的，确保每个角落都充满自然光，这样的设计不仅有助于阅读，还能使整个空间显得更为开放和友好。馆内还应放置知名人士和科学家的肖像、精美的绘画作品等，以此彰显其深厚的人文和艺术内涵，从而为读者创造一个沉浸式的学术与文化环境。沙发、盆景、茶座和饮水机等设施，可以为读者提供一个舒适的休息和交流空间，让他们在紧张的学习之余放松心情，进行交流与讨论。这样的设计使得图书馆不再仅仅是一个寻找文献资料和学习知识的场所，更是一个可以休闲、交往和探索的社交空间。

为了使读者能够快速熟悉图书馆的建筑布局和借阅规则，图书馆应在入口及其他重要位置设置图书馆的布局图和读者须知，这在指导读者借阅的同时，也对其在馆内的行为做出了明确的规范。为了满足读者对信息检索的需求，图书馆应设立足够数量的电子目录检索机，并在旁边附上详细的检索说明。这种"人、机、书"的一体化服务模式，旨在帮助读者在最短的时间内找到所需的资料，从而提高图书馆的使用效率。

随着多媒体资料的普及，图书馆应加大对多媒体室的投资，包括多媒体文献资源的存储区、听力和视听资源的使用区以及管理服务区。为了满足移动学习的趋势，图书馆应在这个区域提供无线网络接口，为带有笔记本电脑的读者提供便捷的上网服务。而在图书馆的公共区域，如走廊和休息室，设置触摸屏以供读者查询天气、交通等日常信息是一个很好的想法，这不仅可以满足他们的实时信息需求，也使得图书馆更为贴近读者的日常生活。另外，馆员作为图书馆的直接运营者，他们的工作环境直接关系到工作效率和创新能力。因此，图书馆馆员的工作用房应宽敞舒适，进而激发他们对工作的热情和创意。

（二）满足读者需求

第一，重视读者需求。读者在图书馆管理中始终处于核心位置。印度图书馆学之父阮冈纳赞提出图书馆学五定律，其中的"书是为了用的""每位读者都有其书""每本书都有其读者""节省读者的时间"[①]这四项定律都围绕着读者的需求和权益展开，凸显出读者在图书馆工作中的核心地位。这些定律不仅是图书馆管理的基石，还体现了图书馆的人文关怀和服务精神。图书馆不仅仅是一个提供知识的场所，它更是一个社交、交流和学习的空间，因此，图书馆馆员的角色不应仅限于信息提供者，他们更应成为读者的朋友和伙伴。阳光的微笑、专业的服务、真诚的关心，这些都是馆员展现其专业素质和敬业精神的方式。这样的服务态度不仅能够满足读者的需求，还能够构建馆员与读者之间的深厚信任和友好关系。

第二，研究读者需求。不同性质的图书馆具有不同的读者群，这些

---

① 阮冈纳赞.图书馆学五定律[M].夏云，王先林，等译.北京：书目文献出版社，1988：33-64.

读者群各具特点，他们的需求和兴趣也各不相同。因此，为他们提供量身定制的服务既是一项挑战，也是对图书馆馆员专业能力的考验。这就需要图书馆馆员具备高度的信息素养，不仅包括获取、评估和使用信息的能力，还包括对各类信息资源的深入了解，从而迅速、准确地为读者提供他们所需要的信息，满足他们的独特需求。图书馆馆员应当始终站在读者的角度，预测和预见其需求，努力提供超出预期的服务，这种"先知先觉"的服务理念能够确保读者对图书馆的满意度和忠诚度，进而提高图书馆的整体形象和声誉。

三、实现以人为本管理的对策

在智慧时代，为了有效落实以人为本的管理理念，图书馆可以从以下几方面入手，如图 8-1 所示。

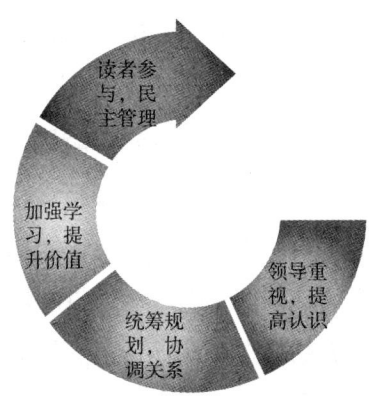

图 8-1　图书馆实现以人为本管理的对策

（一）领导重视，提高认识

图书馆事业的稳步发展与充足的资金支持密不可分。因此，为了确保持续的资源流入，图书馆需要与外部实体建立和维护良好的关系。强化对外交流，提升图书馆的公共形象，不仅有助于获得上级部门和领导的认可，还能赢得社会各界的信任和支持。这种广泛的支持可以为图书馆带来必要的资金，从而支持其进行软硬件设施的建设，为读者提供更优质的服务环境。同时，图书馆馆员是图书馆发展的关键力量，衡量他们的价值不仅应基于知识和能力，更要看重他们的品德和业绩。在这方面，图书馆需要建立一个全面的评价体系，确保每位图书馆馆员都得到公正的评价和认可。

对于图书馆馆员的成长，图书馆管理层应采取多方位的策略。在业务方面，管理层应为他们提供必要的培训和学习机会，确保他们的知识和技能始终保持在行业前沿。在工作实践中，管理层应鼓励他们独立思考，发挥创新精神。从管理角度看，建立激励机制是关键，这不仅能提高图书馆馆员的工作热情，还能增强他们对图书馆事业的归属感。

（二）统筹规划，协调关系

图书馆的运营并非简单的任务，而是一个系统性的工程，其中"以人为本"的理念应贯彻始终。在这个复杂的系统中，优化人力、物力和财力资源的分配并做出相应的决策是至关重要的。这意味着图书馆管理层要全面规划和权衡，确保每一项决策都是为了服务于读者。科学的图书馆管理远不止是资源的分配，还需要协调各种关系：管理者与被管理者之间、正式组织与非正式组织之间，以及所有这些组成部分的目标与图书馆的整体目标之间。其中，正式组织和非正式组织间的人际关系尤为关键，管理层需要确保非正式组织不会对正式组织造成破坏性的影响，同时利用非正式组织中的积极因素，为图书馆创造一个健康和积极的工作环境。全员聘用制度可以进一步提升工作效率和馆员的责任心，通过明确的选拔、培训和激励策略，可以确保每一位图书馆馆员都充分认识到自己的职责并为此付出努力。正确地调配人力资源，确保每一位员工都能在适合他们的位置上发挥出自身的潜力，这对于图书馆的成功运营至关重要。

(三) 加强学习，提升价值

在当前的知识经济时代，复合型人才的需求日益凸显，尤其在图书馆这样的知识中心。随着社会的飞速发展，图书馆馆员面临的挑战也随之增多。为应对这些挑战，馆员必须重新审视自己的学习态度和策略，树立起终身学习的理念。

首先，终身学习不仅是一种自我完善的选择，更是一种职业发展的必要条件。随着科学技术的发展，知识更新的速度越来越快。图书馆馆员如果停滞不前，就很容易被时代所淘汰。因此，持续学习、积累新知识和掌握新技能，不断地适应和领先于时代的发展，成为每一位馆员的必修课。其次，学习不再仅限于传统的教室内。现代的学习方式多种多样，从线上课程到工作坊，从研讨会到实践经验分享，学习的渠道和途径五花八门。馆员应具备开放的心态，通过多种形式吸取新知，不断充实自己，从而为读者提供更优质的服务，也为图书馆创造更大的价值。

(四) 读者参与，民主管理

读者和图书馆馆员都是图书馆事业发展中不可或缺的角色，两者共同构建和维护图书馆的文化和秩序。作为图书馆事业发展的主体，他们之间互动和关系不仅关乎图书馆的正常运作，还涉及图书馆如何更好地服务于社会。图书馆馆员是图书馆的守护者和服务者，需要深刻理解并恪守图书馆的规章制度，确保每一个服务流程都精确、高效且无障碍。这不仅体现在知识的传递上，还体现在如何为读者提供一个舒适、公正和开放的环境上。为了做到这一点，馆员需要将服务手段、行为和方式进行标准化，确保每位读者都能享受到公平、高质量的服务。为了维护图书馆的管理秩序，馆员与读者需要共同努力。馆员需要培养读者的主体意识和利用图书馆的积极性,而读者则应尊重图书馆的规章制度,与馆员建立起相互信赖的关系。

图书馆在当今社会中的地位与其所积累的社会声誉紧密相连,为了确保其可持续发展,其核心的管理哲学应该是以人为本,而关键则在于提供优质的服务和拥有一支充满活力的专业团队。图书馆馆员在整个图书馆系统中占有不可或缺的地位,他们不仅是技术专家,还是信息筛选、整理和传播的关键人物,他们所拥有的专业知识、技能和服务精神是任何高新技术都难以替代的。因此,可以说,图书馆馆员实际上是图书馆最宝贵的"隐形资产",他们为图书馆带来了持续而稳定的发展动力,确保了图书馆在不断变化的环境中保持其核心价值和影响力。面对数字化和网络化带来的挑战,图书馆需要调整管理策略,更加注重人的价值和贡献,这不仅意味着要给予图书馆馆员足够的培训和支持,使其适应新的技术环境,还意味着要确保图书馆能为读者提供更加个性化和高效的服务。

第二节 开拓智慧图书馆网络信息服务新方法

一、注重网络信息服务

图书馆的数字化转型使其网站不再仅仅是一个对外的宣传窗口,实际上,现代图书馆的网站已经转变为一个全功能的线上图书馆,能够为读者提供直接、便捷和深入的信息服务。这种线上平台充分体现了智慧图书馆的核心精神——服务。智慧图书馆所拥有的广泛资源和提供的高标准服务是其对外呈现的一大特色,当这些资源和服务通过其网站为读者提供时,图书馆网站自身就成为一个强大的在线服务平台,从而真正做到了为读者提供"随时、随地"的服务。要实现这样的服务,图书馆网站的设计和建设必须以读者为中心,这意味着除了要充分展现图书馆本身的功能和特色外,还需要充分利用网络技术的优势,为读者创造一个易于浏览、搜索和获取信息的线上环境。只有这样,智慧图书馆才能真正满足现代读者的需求,实现其提供的全方位、高效的服务。网络信息服务需要体现出以下几方面。

(一)让读者满意

让读者满意的服务才是有效的服务。图书馆网站是读者与图书馆之间的数字桥梁,它不仅反映了图书馆的形象和功能,还是读者获取信息的主要渠道。因此,当考虑图书馆网站的设计和内容配置时,读者的需求和习惯应始终放在首位。

对于介绍性内容,如图书馆简介和库室介绍,这些信息往往稳定且不经常更新。尽管它们对于初次访问图书馆网站的读者来说很有价值,但对于常客,这些内容不是他们的主要关注点。因此,这类栏目可以被有策略地安置在页面的边缘,确保它们在需要时容易被找到,但不占据主要的屏幕空间。有些栏目虽然不需要经常更新,但它们的使用率非常高,如导读台和书刊荐购,为读者提供了宝贵的阅读方向,因此它们应该被放置在网站的显眼位置,使读者能够方便地访问。那些需要经常更新且对读者来说非常关键的信息,如最新消息和时事动态,应被放置在网站首页的核心位置。因为这些内容具有时效性和相关性,它们通常是读者最关心的部分,应该被突出显示。

(二)注重网络资源的导航

在互联网时代,网站设计的合理性、实用性和用户友好性对图书馆的功能和影响力至关重要。拥有丰富的数字资源只是第一步,如何有效地组织、呈现并确保读者能够方便快捷地获取所需的信息，是图书馆网站设计时的核心问题。

一个智慧图书馆网站应具备大量的数字资源，这意味着它不仅应该存储数量庞大的资料，而且要确保这些资料是与时俱进的。但仅仅拥有资源并不足够，重要的是如何有效组织这些资源，这就涉及资源的分类、编制标签和索引，使读者能够方便地通过搜索、浏览找到他们所需的信息。对于智慧图书馆网站，导航的简洁和直观是非常重要的。数字资源，尤其是与学术研究相关的资源，是图书馆的核心功能之一，因此，与这些资源相关的链接和栏目应该被设计在网站的显眼位置。闽南师范大学图书馆的网站设计就是一个很好的例子，该网站以图书馆主建筑为背景，将主要的菜单，如概况、资源、服务等置于顶部，非常显眼；它还在中心位置设有下拉菜单，允许读者选择电子资源或纸质资源，确保读者可以轻松导航到所需的资源。图书馆网站的设计不仅应该考虑功能，还应该兼顾审美和用户体验。闽南师范大学图书馆的网站在下方以图标的方式展示各种特色数据库，这种设计既简洁又直观，能够让读者一目了然地知道图书馆提供哪些特色服务和资源。

（三）为读者提供多种咨询途径

咨询服务是智慧图书馆的主要服务之一，尤其在读者检索和利用资源时遇到疑问或障碍的情况下，可以快速得到专业的指导和帮助。目前，许多图书馆已经认识到这一服务的重要性，并逐步在馆内建立了专门的咨询管理机构，这些机构通常由经验丰富、受过专业培训的馆员组成，他们的主要任务是解答读者在使用图书馆资源和服务过程中遇到的各种问题。因此，网上虚拟咨询特别是在线实时咨询因为有极大的便利性，已被越来越多的大学图书馆采用，这种方式的咨询服务既增强了图书馆的吸引力，又提升了图书馆的社会服务价值。

二、探索网络信息服务新途径

智慧图书馆网站作为连接读者与图书馆资源的桥梁，不应仅是一个信息发布平台，还应是为读者提供深入、广泛服务的工具。因此，构建一个真正以读者为中心的图书馆网站是至关重要的。栏目设置、内容建设、页面布局等智慧图书馆网站的每一个细节都应该围绕读者的需求和期望进行。

（一）吸引读者选择和使用图书馆网站

要吸引读者主动选择和使用图书馆网站，首先需要确保图书馆提供的信息服务既具有广度又具有深度。简而言之，为读者解决实际问题和提供有用信息是关键。从读者阅读心理出发，为激发读者访问和阅读的兴趣，图书馆可以从以下几方面入手。一是满足读者各方面的文献信息需求。许多图书馆拥有丰富的学术资源和事实型数据库，这些高质量、可靠的文献资料为读者提供了学术研究的有力支撑。但是，仅仅依靠这些资源并不足以全面满足读者的多元化需求。再加之很多图书馆网站的功能相对有限，其内容也不够广泛。为了满足读者更多元的阅读需求，图书馆需要不断扩展其信息服务的范围。这意味着除了学术资源，图书馆也应加强对时事、学科前沿趋势信息的提供，并整合与生活、休闲相关的文献资源。二是为读者提供高质量的虚拟参考咨询服务。图书馆应建立一套高效的在线咨询系统，以便使读者在搜索、使用资源或解决与图书馆相关的问题时，能够迅速地获得专业、准确的帮助。三是智慧图书馆要有使用的便捷性和适时性。为了确保使用的便捷性，智慧图书馆的网站设计应以用户为中心。常用功能和资料应被明确标注并置于显著位置，以便读者在首次访问时即可轻松找到。而对于读者的咨询和反馈，图书馆应建立一个即时响应机制，确保每位读者都能感受到图书馆的关注和支持。

（二）设计差异化和专业化的图书馆网站

图书馆网站一般每天都会接待来自各行各业的读者，为满足具有各种不同需求和背景的读者，图书馆网站在内容设计上必须展现出高度的差异化和专业化。对于普通读者，他们可能并不需要查询高深的专业知识，而更倾向于寻找容易理解、通俗易懂的信息。因此，面向这一类读者的栏目和文章应当采用通俗的语言进行编写，这不仅可以增强其阅读体验，还能确保他们可以快速准确地获取所需信息，从而提高图书馆资源的使用效率。对于专业读者，他们通常追求的是深度和专业性，而且他们在某一领域有着深厚的背景和丰富的知识，因此，对他们而言，专业术语不仅能够精确表达，还能够帮助他们更快地找到与其研究相关的资料。图书馆网站利用这些专业术语不仅可以准确传达信息，还可以为专业读者节省大量筛选和阅读的时间。为了实现这种双重目标，图书馆网站在设计内容时应该明确其受众，并针对不同的读者进行有针对性的内容规划和表达。这种多层次、多样化的内容策略不仅能够满足各种读者的需求，还能够提高图书馆的整体服务水平，实现真正地为读者服务的宗旨。

（三）充分考虑读者的阅读习惯和心理

读者在浏览图书馆网站时，往往会被大量的信息所包围，但并不代表所有信息都能引起他们的兴趣。事实上，大多数人在阅读时都倾向于关注自己真正感兴趣或急需的内容，而对其他信息则选择视而不见或快速跳过。这种现象并非偶然，而是读者为了有效利用时间和资源，采取的一种自我筛选机制。在这种快节奏的阅读模式下，直觉和第一印象尤为关键。在极短的时间内，读者会根据网页的设计、标题和摘要，做出是否深入阅读的决策。因此，对于图书馆网站而言，如何在第一时间吸引并留住读者，成为一个关键问题。这就要求图书馆网站在设计和内容组织上充分考虑读者的阅读习惯和心理，确保重要和热门的内容能迅速被读者发现和锁定，从而提高网站的用户体验和使用效率。一方面，每个栏目的设计要追求简洁明了，确保用户在首次访问时，可以迅速地理解每个栏目的主题和功能。简洁不仅是指视觉上的整洁，也是指信息的直观和易于获取，以帮助用户迅速锁定自己感兴趣的内容；另一方面，为了优化用户体验，网站需要对栏目进行精简和优化，将用户访问频率高、反馈良好的栏目置于显著位置，而那些使用频率较低的栏目可以适当淡化或合并。这种设计策略本质上是尊重和理解用户的需求，为他们提供真正需要的内容。此外，为了进一步吸引读者眼球和提高阅读兴趣，图书馆可以运用多种技术手段对标题进行处理，如调整色彩、增加动态特效，使其更为醒目。

（四）充分发挥网络快速更新的优势和图书馆的文献优势

首先，随着社会的快速发展和科技的不断进步，世界每天都在发生变化。图书馆网站需要敏锐地捕捉这些变化，进行及时的信息更新和整合，确保所提供的内容是全面、系统并与时俱进的。这样，读者可以将图书馆网站作为一个权威和可靠的信息来源。其次，一个优秀的图书馆网站不仅仅可以提供信息，更能够引导读者进行深入探索。通过巧妙地链接主题与相关文献，图书馆可以帮助读者拓宽知识视野，并避免他们在海量信息中迷失，这种链接应当既集中又适度，以便于读者迅速找到他们感兴趣的内容。最后，图书馆珍藏的文献不应该被埋没。通过网站，图书馆有机会重点展示和推荐其藏品中的珍贵文献，使其得到更好的利用。智慧图书馆应该充分利用网络平台，为读者创造一个每次访问都充满新鲜感的环境。这种新颖和多样化的体验不仅能吸引读者多次访问，更能激发他们的阅读兴趣，实现图书馆的知识传播和推广目标。

（五）与读者形成互动关系

越来越多的图书馆开始在其网站上提供文艺性和娱乐性的内容，以满足用户的不同需求。这些内容旨在提供一个休闲和欣赏的空间，让人们在寻求知识的同时能领略文化和艺术的魅力。当网站的设计和内容能够触动人们的审美情感时，阅读就不再仅仅是为了获取信息，更多的是为了享受阅读带来的愉悦感。由于互联网海量信息的特性，人们经常会在浏览中发现一些他们之前并不了解却非常感兴趣的内容。这种意外的发现往往能激发人们的好奇心，驱使他们深入阅读。这种阅读不只是出于兴趣，更多的是带有一种功利性，希望从中获取某种有价值的信息或知识。因此，图书馆网站应该设计得既有吸引力又能提供丰富和有深度的内容，使人们在浏览过程中能够不断地产生新的体验和兴趣。

传统、呆板、缺乏个性和新颖性的智慧图书馆网站难以有效吸引用户目光，因此，图书馆网站应该在版式设计、风格、内容上具有独特的个性，让每个网页栏目都有合适的位置，都含有丰富、深刻的情感意味。也就是说，每个图书馆都有其独特的文化和背景，这应当在其网站的设计中得到体现。版式设计应追求与众不同，每个栏目的位置都应经过精心策划，确保符合逻辑且直观。网站的风格和内容也应充满情感和情趣，使得读者在浏览时能够感受到图书馆的魅力和温馨。图书馆网站的核心价值之一是与读者进行互动，除了传统的咨询功能，网站可以设置论坛、评论区和实时聊天工具，鼓励读者提问、分享想法和交流感受。这不仅可以为读者提供一个交流的平台，还能帮助图书馆更好地了解读者的需求和反馈。考虑到汉语的丰富表达性和审美特质，图书馆网站可以采用一系列创新手段丰富读者的阅读体验。例如，使用动听的背景音乐和语音解说,同时结合优美的文字和图像,使得网站内容更具吸引力,让查询每一篇文献都成为一次审美的享受。

第三节 智慧图书馆管理与服务能力提升的实现路径

一、要持续完善服务规范和标准

服务在各行各业中都被视为核心元素,对于图书馆来说,这一点尤为重要。就像在计算机系统中,软件和硬件共同构成一个完整的操作环境,服务领域也不例外。服务人员的职业素养、他们对于客户体验的深度理解可以被视为"软件",而服务规范和标准则是不可或缺的"硬件"。因此,持续完善服务规范和标准成为提升图书馆服务质量的重要任务。

(一)针对技术发展调整标准

随着科学技术的飞速发展,图书馆服务在短时间内经历了前所未有的变革。从传统的实体书架到数字化资源,从手动索引到智能搜索引擎,这种技术的革新不仅带来了更加便捷的信息获取方式,还为读者带来了更为丰富多彩的学习体验。电子书、在线数据库、多媒体材料和互动教育工具都已成为图书馆服务的重要组成部分。然而,这些新的技术和服务方式对图书馆的管理、服务规范和标准提出了新的挑战。例如,与实体书相比,电子书的存储、归类、借阅和续借流程有所不同,涉及数字版权管理等技术问题。同时,在线资源的获取、存储和访问也有其特有的需求,如需考虑带宽、访问权限和版权问题。因此,为了确保图书馆能够有效地管理这些新型资源并为读者提供优质的服务,现有的规范和标准必须进行调整和更新。这不仅可以确保资源的安全和稳定，还能帮助图书馆人员更有效地为读者提供服务。在使用新技术的过程中，图书馆还应倾听读者的反馈和建议，确保规范和标准真正符合他们的需求和期望。

（二）以用户为中心的服务标准

以用户为中心的服务标准不仅是一个管理理念，还是一种确保图书馆服务始终与其核心使命和目标保持一致的方式。在制定或修订服务标准时，考虑读者的需求和期望是至关重要的，因为他们是图书馆的终端受益者。每一项资源、工具和服务的设计初衷都应有一个共同点，那就是为读者创造价值。这需要图书馆在制定标准时，深入了解读者的使用习惯、信息检索方式和学习偏好。图书馆在这一过程中要避免假设和猜测。例如，不是假设读者喜欢某种搜索界面，而是应该通过用户测试来确定最佳的界面设计。同样，不是猜测哪种资源最受欢迎，而是根据借阅和在线访问数据决定资源的采购和优先级。

此外，图书馆需要建立有效的反馈机制，定期收集读者对服务和资源的评价。这可以通过问卷调查、面对面访谈或在线评论等方式实现。这种直接的反馈为图书馆提供了宝贵的数据，有助于了解服务中的短板和潜在的需要改进的方面。

（三）面向未来的服务规范

制定面向未来的服务规范是图书馆适应时代发展、确保持续创新的关键策略。随着科学技术的迅猛发展，信息传播和获取的方式也在持续变化，因此，图书馆在制定服务规范时，必须将视角延伸到未来，确保规范的灵活性和适应性。

首先，考虑到未来的技术趋势，图书馆需要研究和预测新兴的信息技术，如人工智能、区块链、增强现实和虚拟现实等，了解这些技术将如何影响信息检索、存储和传播。对于这些潜在的变化，图书馆应预先准备好相应的应对策略，确保当新技术真正得到应用时，图书馆能够迅速适应并为读者提供高质量的服务。其次，随着社会文化的变迁和全球化的进一步深入，用户的需求和习惯也在不断变化。图书馆需要预测这些变化，并强化服务规范的多样性和包容性，确保能够适应各种背景和需求的用户。最后，随着数字化和网络化的深入发展，数字出版、开放获取和远程访问等模式逐渐成为主流。图书馆需要在服务规范中加强对这些模式的支持和整合，确保用户无论身处何地都能方便地获取和使用资源。

二、强调素质和工作能力，重塑图书馆管理制度

图书馆的运营质量与服务品质在很大程度上取决于每位工作人员的个人意识和行为。正因如此，图书馆在人力资源策略上需要着重加强素质教育和培训，确保持续为读者提供高质量的服务，促进员工个人成长与发展。明确的管理制度是确保每位员工了解并遵循图书馆标准和期望的基石，制度需要详细、具体，并针对图书馆的运营特点进行优化。只有当员工清楚地知道他们的职责和期望时，他们才能在日常工作中做出正确的判断和决策。而制度的制定和执行只是开始，为了确保每位员工都能够理解并遵循这些制度，图书馆需要定期进行培训和评估。这些培训不仅要涵盖图书馆的操作程序和技术，还要涉及服务态度、团队合作、沟通技巧等方面。这样，员工不仅能提供专业的服务，还能以更友好的态度、更有耐心地与读者互动。为了加强员工的道德素养，图书馆可以定期举办道德教育和培训活动，鼓励员工分享他们的经验和教训，并为他们提供一个反思和学习的机会。此外，图书馆还可以通过奖励和认可那些表现出色的员工，鼓励所有员工持续提高自己的道德标准。

每个员工都是团队的一部分,他们每一个人的行动、决策和工作态度都会影响整个团队的效果。因此,员工应对自己的工作持有高度的责任心。当上级分配任务时,员工应以最快的速度并确保质量地完成。如果遇到困难或障碍,他们应该立即向上级汇报,并清晰地解释无法完成任务的原因。透明的沟通可以避免误解和误会,确保团队的运作不会因为个别成员的问题而受到影响。员工应该对同事表示尊重,无论在工作中还是在日常交往中。言辞应该礼貌,避免使用攻击性或贬低的语言。在团队中,员工之间应该建立紧密和谐的关系,互相支持,互相帮助。这样的团队关系会促进更高效的协作,确保团队目标得以顺利达成。对待上级,员工应该及时沟通,积极响应,这表示员工对工作的热情和对上级的尊重。当上级提出建议或批评时,员工应该认真听取、反思并采取必要的行动,建立与上级之间的信任关系。对待下级,上级要平等对话,给予他们清晰、明确的指导和期望,确保他们知道自己的角色和责任。同时,上级还应该鼓励下级提出建议和反馈,这样可以促进团队的不断进步。

三、自觉扩大服务外延,重视延伸服务并力求落在实处

在医疗领域中,外科医生在手术台上成功移除病变部位通常被视为其主要责任,但当医生超越这一标准,密切关心病人的后续康复并长期关注其健康,这种超越本职的关心无疑为医生的服务赋予了更深的意义。同样,图书馆的核心也是服务。高品质的服务既是图书馆的核心竞争力,也是其持续发展的关键。但仅仅提供服务是不够的,如何管理并持续提升这些服务同样重要,没有良好管理的服务很难达到高水准。因此,图书馆管理者不仅要关注服务,还要管理服务,自觉扩大服务外延,重视延伸服务,并且要将服务落到实处,做到让读者满意。图书馆扩大服务外延可以从以下几方面入手,如图 8-2 所示。

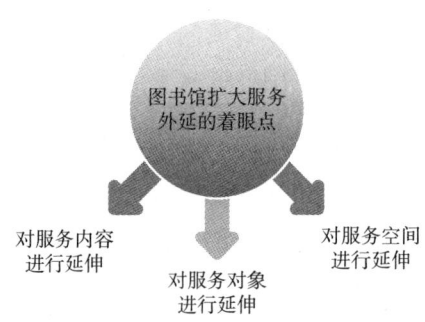

图 8-2　图书馆扩大服务外延的着眼点

（一）对服务内容进行延伸

图书馆服务的延伸首先表现在服务内容上，除了传统的借阅服务，图书馆还需要提供电子书、数字资源、在线数据库等多种格式的知识服务。与此同时，利用现代信息技术，图书馆可以为读者提供远程访问、在线咨询、电子书架、虚拟参观等多样化的服务。例如，为远程读者提供远程登录、数字资源下载和在线参考咨询等服务。

（二）对服务对象进行延伸

服务对象的延伸是图书馆逐渐从单一功能向综合功能转变的重要标志。随着信息化时代的到来和社会的日益开放，图书馆逐渐认识到，仅仅为学者和学生服务已不能满足社会的广泛需求。广大的公众、企事业单位、政府部门等都对知识和信息有着旺盛的需求，图书馆有责任和能力满足这些需求。

面向公众，图书馆可以举办各种读书活动、文化沙龙、主题讲座等，旨在普及文化知识，推广阅读，提高民众的文化素养和审美水平。对于企事业单位，图书馆可以提供行业研究、市场分析、技术咨询等专业服务，帮助他们在激烈的市场竞争中获得先机。政府部门则可以通过图书馆获取各类政策研究、国情分析、历史资料等，为决策提供有力的信息支持。社会公众对文化、娱乐、教育、培训的需求也在不断扩大。为此，图书馆还可以与各种教育机构、培训中心、文化单位等合作，开展线上线下的教育培训项目，如开设远程教育课程，举办手工艺课、音乐会、影视展映活动等。

（三）对服务空间进行延伸

图书馆服务空间的延伸，实际上是对知识共享与传播的一种创新。随着技术的进步和社会需求的多样化，图书馆不再局限于传统的实体空间，而是向数字领域和跨领域拓展，这种变化不仅涉及图书馆自身的业务变革，还是与社会各个领域的紧密互动。与其他图书馆和研究机构的合作，如资源共享，可以扩大单一图书馆的资源池。通过资源的数字化和网络化，各个机构可以相互借阅、共享数据，促进学术研究和创新。此外，图书馆可以与这些机构共同组织线上和线下的学术活动、研讨会、培训班等，共同推进知识的普及和传播。与文化艺术机构的合作，可以为图书馆带来全新的文化体验。例如，图书馆可以与博物馆、艺术馆、剧院等合作，开展特色展览、艺术表演、创意工坊等活动，让读者在获取知识的同时，也能够享受到丰富的文化艺术体验。这种跨界合作模式不仅为图书馆带来了新的服务内容和形式，也增强了图书馆的社会影响力。通过与不同领域的机构合作，图书馆能够更好地满足用户的多元化、个性化需求，也能为社会创新和文化发展做出积极的贡献。

参考文献

[1] 阚丽红. 智慧图书馆建设与服务创新研究 [M]. 长春：吉林文史出版社，2022.

[2] 贾虹. 智慧图书馆及其服务创新研究 [M]. 北京：中国农业出版社，2022.

[3]《图书情报工作》杂志社. 智慧城市与智慧图书馆 [M]. 北京：海洋出版社，2018.

[4] 严栋. 智慧图书馆概论 [M]. 大连：辽宁师范大学出版社，2021.

[5] 林立. 智慧图书馆的理论与实践 [M]. 福州：福建科学技术出版社，2021.

[6] 张海波. 智慧图书馆技术及应用 [M]. 石家庄：河北科学技术出版社，2020.

[7] 谢福明. 智慧图书馆建设与应用研究 [M]. 长春：吉林出版集团股份有限公司，2021.

[8] 王志红，侯习哲，张静. 智慧图书馆建设与阅读推广研究 [M]. 哈尔滨：

哈尔滨出版社，2021.

[9] 陶功美.智慧图书馆建设及新兴技术的应用研究[M].长春：吉林人民出版社，2021.

[10] 王东亮.智慧图书馆与阅读推广工作研究[M].北京：中国国际广播出版社，2021.

[11] 高桂雅.大数据时代智慧图书馆科学化服务体系构建[M].长春：吉林出版集团股份有限公司，2021.

[12] 陈群."互联网+图书馆"智慧服务研究[M].长春：吉林出版集团股份有限公司，2022.

[13] 陈伟，张霞，王仲皓.图书馆智慧化服务模式探究[M].长春：吉林人民出版社，2021.

[14] 李杏丽.智慧社会建设背景下大数据与图书馆管理研究[M].长春：吉林摄影出版社，2022.

[15] 傅春平.公共图书馆智慧服务的探索与实践：以深圳市福田区总分馆为例[M].广州：世界图书出版公司，2020.

[16] 郑辉，赵晓丹.现代公共图书馆智慧服务平台建构研究[M].长春：吉林人民出版社，2020.

[17] 胡雅凌.大数据挖掘下的图书馆智慧服务[M].北京：北京工业大学出版社，2018.

[18] 薛政宽.区块链视域下智慧图书馆建设方向研究：以山西省图书馆为例[D].太原：山西财经大学，2023.

[19] 袁枭.人脸识别在智慧图书馆中的应用研究[D].青岛：青岛大学，2022.

[20] 黄少吟.高校图书馆智慧信息服务的发展动力要素研究[D].南昌：南昌大学，2022.

[21] 胡清鑫.南宁市图书馆智慧服务研究[D].南宁：广西民族大学，2022.

[22] 曲冬梅.山东智慧图书馆云运营现状及改进对策研究[D].昆明：云南

大学，2022.

[23] 常悦.5G背景下的图书馆智慧服务研究[D].郑州：郑州大学，2022.

[24] 潘茹荣."十四五"时期我国公共图书馆智慧服务探究[D].沈阳：辽宁大学，2022.

[25] 李昊.河北省公共图书馆智慧图书馆建设调查研究[D].保定：河北大学，2022.

[26] 杨斌成.人工智能在公共图书馆智慧化服务中的应用及现状研究[D].上海：华东师范大学，2022.

[27] 李佳燕.我国省级公共图书馆智慧服务研究[D].合肥：安徽大学，2022.

[28] 陈心怡.基于大数据的高校图书馆智慧搜索服务模式研究[D].天津：天津理工大学，2022.

[29] 余思新，陈群.数字赋能下智慧图书馆的价值取向研究[J].图书馆，2023（7）：31-36.

[30] 张文勇，陈果.数智环境下智慧图书馆信息服务技术架构和保障策略探析[J].图书馆，2023（7）：37-42，67.

[31] 单英迪，赵丽梅.智慧图书馆服务的数据伦理悖论研究[J].图书馆研究与工作，2023（7）：5-9，24.

[32] 杨晓菲，孔悦凡，孙继莆.智慧图书馆区块链安全框架模型设计与分析[J].农业图书情报学报，2023，35（4）：79-89.

[33] 刘泽，孙文娉，邵波.我国智慧图书馆理论研究与实践应用综述[J].图书情报工作，2023，67（13）：4-13.

[34] 邵波，王怡，王进.智慧图书馆建设进程与发展方向：以南京大学为例[J].图书情报工作，2023，67（13）：14-20.

[35] 刘泽，邵波.面向智慧图书馆的学科资源门户建设研究[J].图书情报工作，2023，67（13）：21-28.

[36] 李江.基于深度学习的智慧图书馆智能信息服务系统分析[J].网络安全和信息化，2023（7）：88-90.

[37] 宋宇，李正钧. 基于聚类分析的智慧图书馆研究热点探究 [J]. 内蒙古科技与经济，2023（12）：125-127，130.

[38] 樊春玲. 大数据背景下智慧图书馆建设路径的思考 [J]. 国际公关，2023（12）：124-126.

[39] 马凌云. 新时代高校智慧图书馆服务平台的构建策略：评《智慧图书馆建设与服务创新研究》[J]. 中国高校科技，2023（6）：101.

[40] 宋智翔. 智慧图书馆环境下读者信息管理与保护研究 [J]. 网络空间安全，2023，14（3）：61-66.

[41] 张世杰. 聚焦大数据时代开启智慧图书馆新篇章 [J]. 文化产业，2023（17）：118-120.

[42] 梁晓婷，李荣. 多系统整合模式在某医院图书馆文献资源管理中的探索 [J]. 中国病案，2023，24（6）：26-28.

[43] 黄先涛. 三级医院图书馆质量控制体系框架构建与思考 [J]. 河北北方学院学报（自然科学版），2023，39（6）：49-51.

[44] 夏昊. 论医院图书馆做好电子档案管理工作的措施 [J]. 办公自动化，2023，28（12）：37-39.

[45] 王烨，崔强. 智慧图书馆建设背景下读者服务模式创新研究 [J]. 湖北开放职业学院学报，2023，36（11）：27-29.

[46] 苏永. 智慧图书馆建设中馆员职业能力的回溯评析 [J]. 内蒙古科技与经济，2023（11）：130-132.

[47] 路龙惠，许蔷，任旭明. 智慧图书馆私有云平台网络及网络安全设计：以国家图书馆为例 [J]. 网络安全技术与应用，2023（6）：134-137.

[48] 卢青琳. 智慧图书馆服务途径实现及构建应用分析 [J]. 图书馆学刊，2023，45（4）：86-91.

[49] 李雨霏，王媛媛. 高质量发展背景下医院图书馆智慧化转型探究 [J]. 河北北方学院学报（社会科学版），2023，39（2）：90-92.

[50] 陈敏. 智慧图书馆建设背景下公共图书馆阅读推广策略研究 [J]. 赤峰学院学报（自然科学版），2023，39（4）：25-28.

[51] 姚巍. 新一代智慧图书馆的功能与业务体系建设研究 [J]. 理论观察, 2022 (11): 150-152.

[52] 冀晓萌. 基于智慧图书馆环境的智慧馆员队伍发展策略思考 [J]. 河南图书馆学刊, 2022, 42 (11): 90-92.

[53] 张义祥. 人工智能驱动下的智慧图书馆创新研究 [J]. 河南图书馆学刊, 2022, 42 (11): 100-102.

[54] 方军. 大数据背景下智慧图书馆的服务创新研究 [J]. 品位·经典, 2022 (21): 63-65.

[55] 王学光, 马爱芝. 探讨基于物联网的智慧图书馆服务架构设计和实现 [J]. 文化创新比较研究, 2022, 6 (31): 143-146.

[56] 张阳. 智慧图书馆大数据可视化服务与实践: 以武汉纺织大学图书馆为例 [J]. 武汉纺织大学学报, 2022, 35 (5): 92-96.

[57] 陆康, 刘慧, 杜京容, 等. 数据治理: 我国智慧图书馆高质量发展新机遇 [J]. 图书馆, 2022 (10): 30-34.

[58] 沈其蓉. 探究我国医院图书馆管理及完善策略研究 [J]. 兰台内外, 2022 (31): 82-84.

[59] 乔幸娟, 崔明. 物联网和"云计算"技术下智慧图书馆的构建研究 [J]. 江苏科技信息, 2022, 39 (28): 48-51.

[60] 冷雪卓, 崔文波, 张涛. 基于 LDA 的智慧图书馆文献主题识别及演化路径研究 [J]. 图书情报导刊, 2022, 7 (9): 58-66, 77.

[61] 崔佳宁. 5G 时代高校智慧图书馆发展面临的机遇与挑战研究 [J]. 中国新通信, 2022, 24 (18): 110-112.

[62] 王炳森. 新时代医院图书馆职能嬗变与创新发展 [J]. 现代医院, 2022, 22 (7): 1012-1016.

[63] 李春艳. 医院图书馆核心读者服务工作优化策略探究 [J]. 河南图书馆学刊, 2022, 42 (7): 103-104, 117.

[64] 唐恭秋. 信息化时代医院图书馆精细化管理与服务质量提升探究 [J]. 江苏科技信息, 2022, 39 (18): 33-35.